일주일
법인세 신고

일주일 법인세 신고

2019년 4월 16일 초판 발행
2023년 5월 24일 3판 발행

지 은 이 │ 윤상철, 김동현, 주인규
발 행 인 │ 이희태
발 행 처 │ 삼일인포마인
등록번호 │ 1995. 6. 26. 제3-633호
주   소 │ 서울특별시 용산구 한강대로 273 용산빌딩 4층
전   화 │ 02)3489-3100
팩   스 │ 02)3489-3141
가   격 │ 20,000원

ISBN 979-11-6784-174-2 93320

궁금해? 일주일만 읽어봐

개정판

일주일
법인세 신고

윤상철 · 김동현 · 주인규 지음

SAMIL | 삼일인포마인

법인세를 왜 배워야 할까?

법인세를 배우기 위해 책을 펼쳐든 수강생에게 저자가 해주어야 할 이 대답은 당연하게도 이 책이 만들어진 이유와도 같다. 법인의 소득에 과세하기 위해 만들어진 법인세법은 사업을 통해 얻은 이익을 투자자에게 배분하는 법인에게 피할 수 없는 굴레와도 같다. 그리고 법인세는 투자자에게 나누어줄 이익에서 차감되어 결국 세후수익률을 낮추는 결과를 낳는다. 투자자의 부를 극대화하기 위해 설립된 법인에게 법인세가 사업의 운영과 투자의 의사를 결정하는 중요한 판단 대상이 되는 이유가 여기에 있다.

법인세의 절세라는 독자의 기대를 생각하며 책을 쓰기로 마음먹은 지 반년이 지나 세법의 조문으로 책의 뼈대를 겨우 갖추기 시작했다. 거기에 독자들의 이해를 높이고자 유권해석과 판례를 더해 살을 붙여 나갔다. 그렇게 서서히 사람의 모습이 갖추어졌을 때 독자들의 기억에 오래도록 남을 이야기를 전하고자 세법의 해석에 대한 저자들의 의견을 최대한 담아보았다. 시중의 많은 법인세의 책으로부터 무미건조한 감정을 느꼈을 독자들에게 현장에서 경험했던 실무의 내용을 친숙하게 전달하고자 노력했다.

이 책이 회사에서 동고동락했던 저자들의 기억을 돌이켜 준 덕분에 머리말을 쓰는 감회가 남다르다. 부디 이 책을 읽은 독자들에게도 법인세법의 이해와 더불어 세법을 바라보는 합리적인 시각이 이야기처럼 자연스럽게 전달되길 기대해 본다.

차례

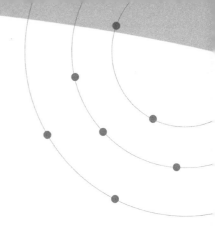

법인세편

1. 세무조정 준비하기

(1) 세무조정의 종류와 소득처분

1) 과세대상 소득의 종류

법인세법에서는 법인의 소득을 네 가지로 구분하여 법인의 신고·납부 의무를 규정하고 있다. 내국법인은 사업연도가 지나면 각 사업연도소득에 대한 법인세를 신고·납부하여야 하고, 「독점규제 및 공정거래에 관한 법률」 제31조 제1항에 따른 상호출자제한기업집단에 속하는 내국법인은 추가로 미환류소득을 신고하여야 한다. 그리고 사업연도 중에 비사업용토지나 주택을 양도한 경우에는 추가로 토지등 양도소득을 신고하여야 한다. 본 교재에서는 각 사업연도소득을 중심으로 서술하며 미환류소득과 토지등 양도소득은 별도 단원에서 내용을 다룰 것이다.

항 목	내 용	신고의무 발생 시기
각 사업연도소득	사업연도마다 신고하는 기본 소득	모든 법인 사업연도 종료 시
미환류소득	요건을 충족한 회사의 미환류소득	해당법인 사업연도 종료 시
토지등 양도소득	비사업용토지와 주택의 양도소득	양도한 사업연도 종료 시
청산소득	청산시기까지 과세되지 않은 소득	잔여재산가액 확정 시

보론 ⋮⋮ **세무대리인의 역할**

세무대리인은 납세의무자인 법인의 법인세 신고를 대리하는 조정반에 소속된 회계사, 세무사, 변호사를 의미한다. 일반적으로 회계법인이나 세무법인, 세무사 무소가 규정에 따른 세무대리인에 해당한다. 아래의 요건에 해당하는 회사는 세무조정계산서를 세무대리인에게 맡겨야 한다.
1. 직전 사업연도의 수입금액이 70억 원 이상인 법인 및 「주식회사 등의 외부감사에 관한 법률」 제4조에 따라 외부의 감사인에게 회계감사를 받아야 하는 법인
2. 직전 사업연도의 수입금액이 3억 원 이상인 법인으로서 법 제29조부터 제31조까지, 제45조 또는 「조세특례제한법」에 따른 조세특례(같은 법 제104조의8

에 따른 조세특례는 제외한다)를 적용받는 법인
3. 직전 사업연도의 수입금액이 3억 원 이상인 법인으로서 해당 사업연도 종료일 현재 법 및 「조세특례제한법」에 따른 준비금 잔액이 3억 원 이상인 법인
4. 해당 사업연도 종료일부터 2년 이내에 설립된 법인으로서 해당 사업연도 수입금액이 3억 원 이상인 법인
5. 직전 사업연도의 법인세 과세표준과 세액에 대하여 법 제66조 제3항 단서에 따라 결정 또는 경정받은 법인
6. 해당 사업연도 종료일부터 소급하여 3년 이내에 합병 또는 분할한 합병법인, 분할법인, 분할신설법인 및 분할합병의 상대방 법인
7. 국외에 사업장을 가지고 있거나 법 제57조 제5항에 따른 외국자회사를 가지고 있는 법인

2) 회계와의 관계와 세무조정의 종류

회계와 법인세 둘 다 회사가 벌어들인 돈과 쓴 돈, 남긴 돈에 관심이 많다. 그래서 회계와 법인세법에서는 각자 회사가 남기는 돈을 계산하기 위한 논리와 방법을 개발해 나갔다. 그래서 회계에서는 번 돈을 수익, 쓴 돈을 비용, 남긴 돈을 이익이라고 표현하는 한편, 법인세법에서는 익금, 손금, 소득이라는 이름으로 표현하고 있다.

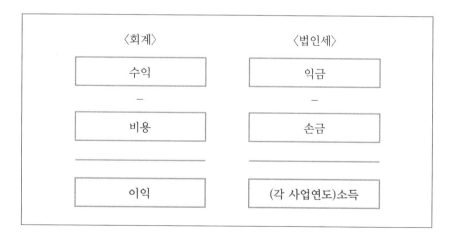

〈회계〉	〈법인세〉
수익	익금
−	−
비용	손금
이익	(각 사업연도)소득

그렇다면 회계에서의 이익과 법인세법에서의 소득을 계산해보면 동일한 금액이 산출될까? 답은 그렇지 않다. 어떤 때는 이익이 양수이지만 소득이 음수가 나오거나 그 반대의 경우도 볼 수 있다. 왜 이런 일이 일어나는 걸까?

회계에서 이익을 표시한 표는 손익계산서인데, 이 재무제표는 회사를 둘러싼 이해관계자들에게 보여주기 위해서 만들어졌다. 그리고 이들에게 도움이 될 만한 회사의 재무정보를 가공하는 과정에서 회계가 발전시켜온 기록의 원칙은 '발생주의'와 '수익·비용대응원칙'이다. 반면에 법인세법에서는 회사의 과세소득을 정확히 계산하기 위한 목적으로 법인세법을 지속적으로 개정하여왔다. 과세소득을 정확히 계산하기 위해 법인세법에서 정한 원칙이 '권리·의무 확정주의'이다. 결과적으로 회계와 법인세법은 각기 다른 목적으로 회사의 이익과 소득금액을 계산해나가기 시작했고, 이러한 차이로 인해 같은 회사의 회계상의 이익과 법인세법의 소득금액이 달라지게 되었다.

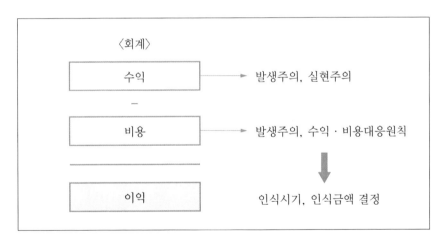

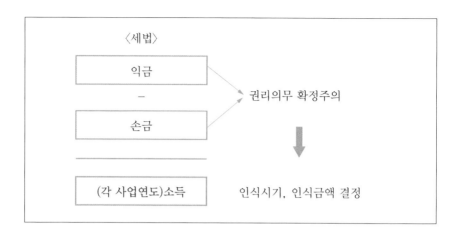

그렇다면 이러한 비교를 하는 이유는 무엇일까? 현재 법인세법은 회계에서 계산된 이익에서 출발하여 세무조정을 통해 법인세법의 소득금액을 계산해내고 있기 때문이다. 회계와 법인세법은 서로 다름에도 여전히 회사가 영업활동의 성과를 계산하는 비슷한 과정을 거치기 때문에 법인세법에서는 익금과 손금을 별도로 구하는 것보다 회계에서의 수익과 법인세법의 익금의 차이를 조정하고 비용과 손금의 차이를 조정하여 결과적으로 이익에서 소득금액을 계산하고 있다. 이렇게 회계의 이익에서 소득금액을 계산하는 것을 '세무조정'이라고 한다.

3) 세무조정의 종류

세무조정은 회계에서 구한 이익에서 법인세법의 소득금액을 계산하기 위해 하는 조정이므로, 결국 얼마의 금액을 더할 것인지 뺄 것인지를 결정하는 것이 가장 중요할 것이다. 더하는 금액만큼 이익보다 소득금액이 높아져 법인세를 더 내게 될 것이고, 빼는 금액만큼 소득금액이 낮아져 법인세를 덜 내게 된다. 결국 세무조정은 이익에서 소득금액을 계산해낼 때 더하는 금액과 빼는 금액으로 나눌 수 있고 세법에서는 더하는 금액을 가산조정, 빼는 금액을 차감조정이라고 부른다.

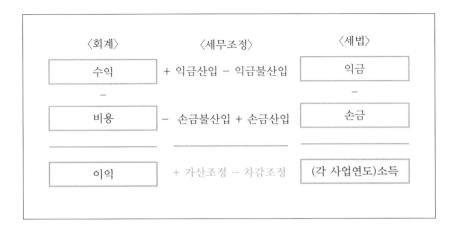

중요하지는 않지만 여기서 한 가지 짚고 넘어갈 내용이 있다. 가산조정은 소득금액이 증가하는 세무조정인데 이는 익금에서 발생할 수도 있고 손금에서 발생할 수도 있는데, 이 둘을 법인세법에서는 구분하여 이용하고 있다. 만약에 회계에서 수익이 아니지만 법인세법에서 익금에 해당할 경우에 하는 가산조정을 '익금산입'이라고 표현하고, 회계에서 비용이지만 법인세법에서 손금에 해당하지 않는 경우에 하는 가산조정을 '손금불산입'이라고 표현한다. 반대의 경우에는 '손금산입', '익금불산입'이 될 것이다. 이들은 각자의 가산조정이 익금에서 나온 것인지 손금에서 나온 것인지를 구분하는 실익이 있지만 실무에서는 효익이 크지 않으니 단순히 가산조정, 차감조정으로 표현해도 괜찮을 것이다. 세무조정에서는 굳이 세무조정 항목을 네 가지로 나눌 필요가 없기 때문에 세무조정 항목을 기록하는 [15호 소득금액조정합계표]에도 가산항목과 차감항목을 서로 묶어 한꺼번에 기록하도록 하고 있다. 따라서 이후에 서술할 때에는 공식적인 세무조정의 이름을 쓰겠지만 실무상 아래와 같이 혼용하여도 문제가 없다는 것을 기억해주길 바란다.

분류	세무조정 항목
가산 항목	익금산입, 손금불산입
차감 항목	손금산입, 익금불산입

4) 소득처분과 원천징수

세무조정이 끝난다면 회사의 각 사업연도소득금액을 확정하고 이어서 법인세액을 구할 수 있겠지만, 법인세법에서는 납세의무자들에게 세무조정을 할 때에 해야 할 의무를 한 가지 더 두고 있다. 이를 '소득처분'이라고 부르는데, 소득처분이란 세무조정의 금액이 누구에게 귀속되었는지 확인하는 절차를 말한다. 회계에서 계산된 이익은 주주의 사업활동을 회사가 대신한 결과로 얻은 성과이므로 주주에게 귀속되는 몫에 해당한다. 그런데 회계의 이익에서 법인세법의 소득금액을 계산하는 과정에서 발생하는 차이(즉, 세무조정의 금액)는 회계상의 이익에 포함되어 주주에게 귀속되지 않고 다른 곳으로 흘러들어갈 수도 있다. 세법에서는 그 세무조정의 금액이 누구에게 귀속되었는지 따져 그에게 세금을 거두고자 한다.

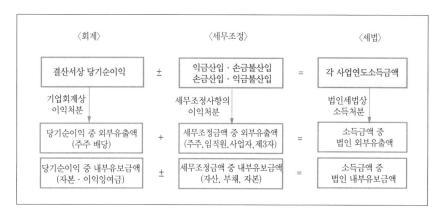

정리하자면 회계에서의 이익은 분명 주주에게 귀속된다고 볼 수 있지만 법인세법에 따라 수행하는 세무조정 금액은 별도로 누구에게 귀속되

없는지 정해야 할 필요성이 생기게 된다. 그렇기 때문에 이러한 차이 금액인 세무조정이 발생할 때마다 그 금액이 누구에게 귀속되었는지 정해주는 절차를 수행하도록 하고 법인세법에서는 이를 소득처분이라고 부르는 것이다.

세무조정의 금액이 누구에게 귀속되었는지에 따라 외부 유출되는 경우, 사내에 유보되는 경우로 크게 나눌 수 있고, 세부적으로 귀속자의 종류에 따라 소득처분의 이름을 다르게 규정하고 있다.

내부와 외부	귀속자	소득처분	사후처리
내부	자산/부채	유보	유보 이월 관리
	자본	기타	-
외부	주주	배당	원천징수
	임직원	상여	
	제3자	기타소득	
	사업자/기타	기타사외유출	-

소득처분을 마치고 나면 회사는 법인세를 신고할 때 소득처분의 내역과 귀속자를 같이 신고하는데 법인세법에서는 회사에게 소득처분의 금액이 실제로 지급된 것으로 보고 원천징수를 하도록 하고 있다. 회사에서 근로자에게 급여를 지급할 때 원천징수의 금액을 차감하고 지급하는 것과 같이 법인세를 신고할 때 세무조정을 하고 소득처분된 금액은 그 때에 지급된 것으로 보아 법인세 신고일의 다음달 10일까지 원천징수하여 납부하는 것이다.

5) 법인세의 계산구조

각 사업연도소득금액을 계산하기 위해 해야 하는 세무조정항목은 다양하지만 회사가 수행한 거래의 종류나 복잡성, 회사의 규모에 따라 해당

회사에서 수행해야 하는 세무조정은 서로 달라지게 된다. 따라서 내용을 학습한 다음에는 회사에서 일어난 거래를 이해할 수 있어야 알맞게 세무조정을 수행할 수 있을 것이다.

사업연도별로 납부할 세액을 계산하기 위해서는 손익계산서의 당기순이익에서 시작하여 각 사업연도소득금액, 과세표준, 산출세액, 총납부세액, 추가납부세액의 순서대로 계산을 해야 한다. 각각의 금액을 계산하기 위해 필요한 세무조정의 항목들 별로 교재의 내용이 기록되어있다.

[정리하기: 법인세 계산구조]

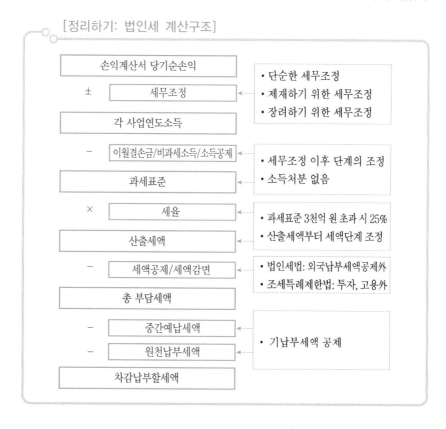

법인세법의 세무조정 항목들은 그러한 조정을 하는 취지나 목적이 있게 마련인데, 학습에 편리하도록 취지 등에 따라 세무조정을 분류하여 배워보도록 하자.

6) 용어정리

항 목	정 의
익금	법인세에서 과세하는 수익으로 순자산의 증가 중 비과세를 제외한 금액
손금	법인세에서 손비처리된 비용으로 순자산의 증가 중 비과세를 제외한 금액
익금산입(불산입)	세법상 익금에 포함되는 항목을 회계상 수익에 포함시키지 않았거나(익금산입), 익금에 해당하지 않는 항목을 수익으로 계상한 경우(익금불산입) 수행하는 세무조정
손금산입(불산입)	세법상 손금에 포함되는 항목을 회계상 비용에 포함시키지 않았거나(손금산입), 손금에 해당하지 않는 항목을 비용으로 계상한 경우(손금불산입) 수행하는 세무조정
소득금액	한 과세기간의 과세표준계산의 기준이 되는 개념으로서 그 사업연도에 속하는 익금의 총액에서 손금의 총액을 공제한 금액
과세표준	과세물건을 세액을 계산하기 위해 가격, 수량, 중량, 용적 등으로 수치화한 것으로 각 세목의 세액 계산의 기준이 되는 금액
발생주의	현금주의와 상반된 개념으로 현금의 수수와는 관계없이 수익은 실현되었을 때 인식되고, 비용은 발생되었을 때 인식되는 개념. 따라서 수익은 경영활동의 결과에 따라 창출된 재화나 용역을 뜻하므로 생산적 급부의 완성에 의하여 수익의 발생이 인식되어야 하며, 비용은 생산활동을 위하여 직・간접으로 감소 또는 희생된 경제적 가치를 뜻하므로 재화의 사용 또는 소비에 의하여 비용의 발생이 인식되도록 함.
수익・비용대응	수익과 비용은 그 발생원천에 따라 명확하게 분류하고, 각 수익항목과 이에 관련되는 비용항목을 대응표시하여야 한다는 회계에서 비용을 인식하는 원칙

항 목	정 의
권리·의무확정주의	각 사업연도나 과세기간의 소득을 그 사업연도 등의 기간 동안에 수취할 권리가 확정된 수익과 그 기간에 지급하여야 할 의무가 확정된 비용을 비교함으로써 수익과 비용을 인식·파악한다는 기준
소득처분	세무조정사항으로 발생한 소득이 법인 내부에 남아 있으면 이를 기업회계상 순자산에 가산하여 세무상 순자산을 계산하고, 법인 외부로 유출되었으면 소득귀속자를 파악하여 소득세를 징수하는 제도
원천징수	소득세 및 법인세에 있어서 납세방법의 일종으로 채용된 제도이며, 특정의 소득지급자는 그 소득을 지급할 때에 지급받는 자가 부담할 세액을 일정한 기간 내에 국가를 대신하여 징수하여 국가에 납부토록 하는 것
사업연도	법인의 소득금액을 계산하는 기간적 단위
세액공제	과세소득에서 세율을 적용하여 산출된 세액에서 세액감면을 공제한 후 특정목적에 의해 세법에서 규정한 액만큼 공제하는 것
이월공제	소득이 생기지 아니하여 납부할 소득세 또는 법인세가 없거나 제반 조세감면에 대한 법인세 또는 소득세의 최저한세의 적용으로 그 과세연도에 공제받지 못하는 경우에 투자를 완료한 과세연도의 소득세 또는 법인세에서 공제받지 못한 세액공제액에 대하여는 투자를 완료한 과세연도의 다음 과세연도개시일부터 5년 이내에 끝나는 각 과세연도에 이월하여 공제해주는 제도
과세요건	국가가 과세권을 행사하기 위해 꼭 필요한 몇 가지 요소
세무조정	기업회계상의 당기순이익을 기초로 관련 세법의 규정에 따라 세무조정사항을 가감하여 세무회계상의 과세소득을 계산하는 절차

(2) 중소기업과 중견기업, 대기업

1) 한마디 정의

법인의 규모에 따라 차등과세를 하기 위해 조세특례제한법에 규정한 법인의 구분 방식

2) 취지와 내용

① 취지

법인세법은 법인의 소득에 과세하기 위한 일차적인 목표 외에 법인으로 하여금 정부의 정책에 호응하도록 유도하는 역할을 하기도 한다. 이를 위해 법인세법에서는 손금산입이나 비과세, 세액공제, 세액감면과 같은 인센티브를 주기도 하고, 익금산입이나 가산세와 같은 불이익을 주기도 한다. 이때 인센티브를 줄 때 법인이 행한 거래나 투자, 고용에 비례하여야 효과를 극대화할 수 있을 것이다. 또한 법인의 규모에 따라 인센티브에 차등을 두어 상대적으로 여유가 있는 대기업보다 중소기업에게 더 큰 인센티브를 주도록 설계한다면 더 많은 법인이 정책에 참여하도록 할 수 있기도 하고 중소기업을 지원한다는 또 다른 정책 목표를 달성할 수도 있을 것이다. 그래서 법인세법을 포함한 세법에서는 법인의 규모에 따라 세법의 적용을 차등화하기 위해 법인을 분류하는 방법을 고안하였다. 그래서 조세특례제한법에는 법인을 소기업과 중기업, 중견기업, 대기업으로 분류하는 기준을 정하고 있다. 법인의 분류를 알아야 법인세법을 더 정확히 적용할 수 있다. 그러므로 아래의 내용을 참고하여 법인의 분류를 정확히 이해하여 보도록 하자.

② 주요 내용

회사의 규모를 세법에 따라 분류하기 위해 필요한 판단기준과 방법은 아래와 같다.

항 목	내 용	용 도
판단 순서도	규모에 따라 회사를 분류하는 순서는?	회사 규모에 따른 분류 파악(대기업, 중견기업, 중소기업)
업종별 매출액	업종에 따라 매출액 규모 이내여야 해.	
독립성 기준	일정 규모 이상의 모회사가 있으면 안 돼.	

항 목	내 용	용 도
관계기업 기준	모회사 자회사의 매출규모 합산 시 매출액 기준을 충족해야 해.	

　이하의 내용은 세법에 규정된 법인을 분류하는 요건들이다. 먼저 판단의 순서를 확인하고 아래 항목별로 해당 사항이 있는지 확인하는 방법으로 접근하길 바란다.

㉮ **판단 순서도**

[정리하기: 법인 분류 판단 순서도]

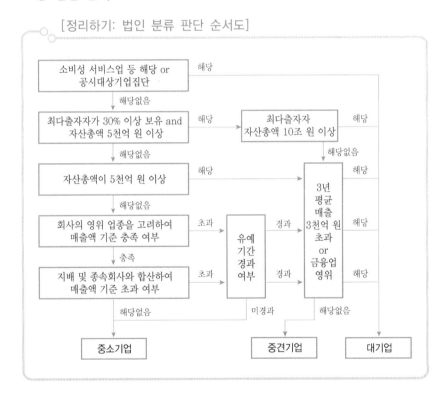

㈏ 업종별 매출액

먼저 회사의 매출액이 아래 기준의 업종별 매출액 기준 이내에 들어오는지 확인하여야 한다. 만약 회사의 매출액이 업종별 매출기준을 초과한다면 대기업 또는 중견기업에 해당하며, 기준 이내라면 다음 기준을 충족하는지 봐야 한다. 이때 회사의 업종이 무엇인지 판단해야 하는데, 업종은 회사의 주된 매출액이 발생하는 업종을 '한국표준산업분류'에 따라 확인하여야 한다. 그리고 세법에서는 회사의 업종이 호텔업 및 여관업(「관광진흥법」에 따른 관광숙박업은 제외), 주점업(일반유흥주점업, 무도유흥주점업 및 「식품위생법 시행령」 제21조에 따른 단란주점 영업만 해당)을 영위하는 경우 중소기업으로 보지 않는다.

해당 기업의 주된 업종	매출기준
의복, 의복액세서리 및 모피제품 제조업, 가죽, 가방 및 신발 제조업, 펄프, 종이 및 종이제품 제조업, 1차 금속 제조업, 전기장비 제조업, 가구 제조업	1,500억 원 이하
농업, 임업 및 어업, 광업, 식료품 제조업, 담배 제조업, 섬유제품 제조업(의복 제조업은 제외한다), 목재 및 나무제품 제조업(가구 제조업은 제외한다), 코크스, 연탄 및 석유정제품 제조업, 화학물질 및 화학제품 제조업(의약품 제조업은 제외한다), 고무제품 및 플라스틱제품 제조업, 금속가공제품 제조업(기계 및 가구 제조업은 제외한다), 전자부품, 컴퓨터, 영상, 음향 및 통신장비 제조업, 그 밖의 기계 및 장비 제조업, 자동차 및 트레일러 제조업, 그 밖의 운송장비 제조업, 전기, 가스, 증기 및 공기조절 공급업, 수도업, 건설업, 도매 및 소매업	1,000억 원 이하
음료 제조업, 인쇄 및 기록매체 복제업, 의료용 물질 및 의약품 제조업, 비금속 광물제품 제조업, 의료, 정밀, 광학기기 및 시계 제조업, 그 밖의 제품 제조업, 수도, 하수 및 폐기물 처리, 원료재생업(수도업은 제외한다), 운수 및 창고업, 정보통신업	800억 원 이하
산업용 기계 및 장비 수리업, 전문, 과학 및 기술 서비스업, 사업시설관리, 사업지원 및 임대 서비스업(임대업은 제외한다), 보건업 및 사회복지 서비스업, 예술, 스포츠 및 여가 관련 서비스업, 수리(修理) 및 기타 개인 서비스업	600억 원 이하
숙박 및 음식점업, 금융 및 보험업, 부동산업, 임대업, 교육 서비스업	400억 원 이하

상기 업종별 매출액은 회사가 2개 이상의 사업을 영위하는 경우에는 매출액이 높은 업종을 주된 업종으로 본다.

㉑ 독립성

독립성 기준은 회사가 단독적인 경영의사결정을 수행할 수 있는 상황인지를 파악하기 위해 기업집단에 속해 있는지 여부, 대규모 법인이 최다출자자인지 등을 확인한다. 만약 기업집단이나 모회사로부터 독립하지 못한 경우 결국 모회사와 경제적 실질이 하나라고 판단할 수 있고 그렇다면 중소기업에 대한 지원을 해줄 필요가 없기 때문이다. 따라서 독립성 기준을 정하고 이 기준을 충족하지 못하면 중소기업으로 분류할 수 없게 된다.

[정리하기: 독립성의 판단]

아래에 하나라도 해당하는 기업은 독립성 기준에 따라 중소기업에서 제외한다.

• 「독점규제 및 공정거래에 관한 법률」 제14조 제1항에 따른 공시대상기업집단에 속하는 회사 또는 같은 법 제14조의3에 따라 공시대상기업집단의 소속회사로 편입·통지된 것으로 보는 회사

• 자산총액이 5천억 원 이상인 법인(외국법인을 포함하되, 비영리법인 및 제3조의2 제3항 각 호의 어느 하나에 해당하는 자는 제외한다)이 주식등의 100분의 30 이상을 직접적 또는 간접적으로 소유한 경우로서 최다출자자인 기업. 이 경우 최다출자자는 해당 기업의 주식등을 소유한 법인 또는 개인으로서 단독으로 또는 다음의 어느 하나에 해당하는 자와 합산하여 해당 기업의 주식등을 가장 많이 소유한 자를 말하며, 주식 등의 간접소유 비율에 관하여는 「국제조세조정에 관한 법률 시행령」 제2조 제2항을 준용한다.
  1) 주식 등을 소유한 자가 법인인 경우: 그 법인의 임원
  2) 주식 등을 소유한 자가 1)에 해당하지 아니하는 개인인 경우: 그 개인의 친족

• 관계기업에 속하는 기업의 경우에는 관계기업과의 매출액이 상기의 업종별 매출액 기준에 맞지 아니하는 기업

㉘ 관계기업

독립성 여부를 판단할 때 관계기업 여부를 판단하도록 하는데, 관계기업의 판단은 아래의 정의를 참고한다.

[정리하기: 관계기업의 정의]

- 관계기업: 「주식회사 등의 외부감사에 관한 법률」 제4조에 따라 외부감사의 대상이 되는 기업이 「중소기업기본법 시행령」 제3조의2에 따라 다른 국내기업을 지배함으로써 지배 또는 종속의 관계에 있는 기업의 집단
- 지배 또는 종속의 관계: 기업이 해당 사업연도 말일 현재 다른 국내기업을 다음 각 호의 어느 하나와 같이 지배하는 경우 그 기업과 그 다른 국내기업(이하 "종속기업"이라 한다)의 관계를 말한다. 다만, 「자본시장과 금융투자업에 관한 법률」 제9조 제15항에 따른 주권상장법인으로서 「주식회사 등의 외부감사에 관한 법률」 제2조 제3호 및 같은 법 시행령 제3조 제1항에 따라 연결재무제표를 작성하여야 하는 기업과 그 연결재무제표에 포함되는 국내기업은 지배기업과 종속기업의 관계로 본다.
- 지배기업이 단독으로 또는 그 지배기업과의 관계가 다음 각 목의 어느 하나에 해당하는 자와 합산하여 종속기업의 주식등을 100분의 30 이상 소유하면서 최다출자자인 경우
  가. 단독으로 또는 친족과 합산하여 지배기업의 주식등을 100분의 30 이상 소유하면서 최다출자자인 개인
  나. 가목에 해당하는 개인의 친족
- 지배기업이 그 지배기업과의 관계가 제1호에 해당하는 종속기업과 합산하거나 그 지배기업과의 관계가 제1호 각 목의 어느 하나에 해당하는 자와 공동으로 합산하여 종속기업의 주식등을 100분의 30 이상 소유하면서 최다출자자인 경우
- 자회사가 단독으로 또는 다른 자회사와 합산하여 종속기업의 주식등을 100분의 30 이상 소유하면서 최다출자자인 경우
- 지배기업과의 관계가 제1호 각 목의 어느 하나에 해당하는 자가 자회사와 합산하여 종속기업의 주식등을 100분의 30 이상 소유하면서 최다출자자인 경우

만약에 이러한 관계기업에 해당하는 법인이 있는 경우 해당 관계기업을 고려하여 업종별 매출액 기준을 충족하여야 하는데, 이때 관계기업과의 매출액은 아래와 같이 계산한다.

[정리하기: 관계기업의 평균매출액] 중소기업기본법 시행령【별표2】

관계기업의 평균매출액등의 산정기준(제7조의4 제1항 관련)

1. 이 표에서 사용하는 용어의 뜻은 다음과 같다.
   가. "형식적 지배"란 지배기업이 종속기업의 주식등을 100분의 50 미만으로 소유하고 있는 것을 말한다.
   나. "실질적 지배"란 지배기업이 종속기업의 주식등을 100분의 50 이상으로 소유하고 있는 것을 말한다.
   다. "직접 지배"란 지배기업이 자회사(지배기업의 종속기업을 말한다. 이하 이 표에서 같다) 또는 손자기업(자회사의 종속기업을 말하며, 지배기업의 종속기업으로 되는 경우를 포함한다. 이하 이 표에서 같다)의 주식등을 직접 소유하고 있는 것을 말한다.
   라. "간접 지배"란 지배기업이 손자기업의 주주인 자회사의 주식등을 직접 소유하고 있는 것을 말한다.

2. 지배기업이 종속기업에 대하여 직접 지배하되 형식적 지배를 하는 경우에는 지배기업 또는 종속기업의 평균매출액등으로 보아야 할 평균매출액등(이하 "전체 평균매출액등"이라 한다)은 다음 각 목에 따라 계산한다.
   가. 지배기업의 전체 평균매출액등은 그 지배기업의 평균매출액등에 지배기업의 종속기업에 대한 주식등의 소유비율과 종속기업의 평균매출액등을 곱하여 산출한 평균매출액등을 합산한다. (2014. 4. 14. 개정)
   나. 종속기업의 전체 평균매출액등은 그 종속기업의 평균매출액등에 지배기업의 종속기업에 대한 주식등의 소유비율과 지배기업의 평균매출액등을 곱하여 산출한 평균매출액등을 합산한다. (2014. 4. 14. 개정)

3. 지배기업이 종속기업에 대하여 직접 지배하되 실질적 지배를 하는 경우에는 지배기업 또는 종속기업의 전체 평균매출액등은 다음 각 목에 따라 계산한다.
   가. 지배기업의 전체 평균매출액등은 그 지배기업의 평균매출액등에 종속기업의 평균매출액등을 합산한다.
   나. 종속기업의 전체 평균매출액등은 그 종속기업의 평균매출액등에 지배기업의 평균매출액등을 합산한다.

4. 지배기업이 손자기업에 대하여 간접 지배를 하는 경우에는 지배기업 또는 손자기업의 전체 평균매출액등은 다음 각 목에 따라 계산한다.
   가. 지배기업의 전체 평균매출액등은 그 지배기업의 평균매출액등에 지배기

업의 손자기업에 대한 주식등의 간접 소유비율과 손자기업의 평균매출액
등을 곱하여 산출한 평균매출액등을 합산한다.

나. 손자기업의 전체 평균매출액등은 그 손자기업의 평균매출액등에 지배기
업의 손자기업에 대한 주식등의 간접 소유비율과 지배기업의 평균매출액
등을 곱하여 산출한 평균매출액등을 합산한다.

5. 제4호에서 지배기업의 손자기업에 대한 주식등의 간접 소유비율은 다음과 같
다. 다만, 자회사가 둘 이상인 경우에는 각 자회사별로 계산한 소유비율을 합
한 비율로 한다.

가. 지배기업이 자회사에 대하여 실질적 지배를 하는 경우에는 그 자회사가
소유하고 있는 손자기업의 주식등의 소유비율

나. 지배기업이 자회사에 대하여 형식적 지배를 하는 경우에는 그 소유비율
과 그 자회사의 손자기업에 대한 주식등의 소유비율을 곱한 비율

상기 규정에 따라 결정된 관계기업의 평균매출액이 업종별 매출액 기
준을 초과한다면 중소기업으로 분류할 수 없게 된다.

㉙ 중소기업 유예기간

회사가 중소기업으로 세법에서 정하는 지원을 받던 중에 중소기업의
요건을 더 이상 충족하기 못하게 되는 경우 회사에게 적용되는 세법상의
과세 금액이 크게 달라질 수 있다. 따라서 세법에서는 회사가 일정한 기
준에 따라 중소기업의 요건을 충족하지 못하게 되는 경우 유예기간을 주
어 조세혜택을 유지하도록 하고 있으며, 유예기간은 최초 1회에 한하여
적용되고 사유 발생 사업연도 이후 3개년까지 적용된다.

(3) 법인세의 신고와 주요 서식

법인세는 신고·납부 방식으로 운영되어 납세의무자인 법인이 법인세
신고기한까지 직접 법인세를 계산하여 신고하고 납부하여야 한다. 그렇
기 때문에 과세관청은 회사가 성실하게 납세의무를 이행하는지 확인할
필요가 있는데, 법인의 숫자가 많아 검증이 어려울 수밖에 없을 것이다.

따라서 세법에서는 납세의무자인 회사가 신고한 과세표준과 세액을 용이하게 확인하기 위해 법인세를 신고하는 단계부터 모든 법인이 신고 내역을 통일된 서식에 작성하도록 하였다.

아래에는 법인세를 신고하기 위해 작성해야 할 기본 서식과 주요 세무조정 서식의 번호를 열거하였다. 자세한 작성 요령은 해당 단원을 확인하도록 하자.

1) 기본 서식

서식 번호	주요 내용
1호	회사 명세
3호	세액계산식
15호, 15호 부표1, 15호 부표2	세무조정 명세
10호(갑)	원천징수 내역
50호(갑), 50호(을)	자본금과 적립금 조정 및 유보 명세
55호	소득자료 명세서

2) 주요 세무조정 서식

서식 번호	주요 내용
16호의2	수입배당금 익금불산입
19호(갑), 19호(을)	인정이자
20호(4)	감가상각비조정명세서합계표
21호, 22호	기부금
23호(갑), 23호(을)	기업업무추진비
26호(갑), 26호(을)	업무무관자산 등 지급이자
29호, 운행기록부	업무용승용차 관련비용
32호, 33호	퇴직급여충당금, 퇴직연금충당금
34호	대손충당금

서식 번호	주요 내용
39호	재고자산, 유가증권 평가
40호(갑), 40호(을)	외화자산·부채 평가

3) 주요 세액공제 서식

서식 번호	주요 내용
8호(갑), 8호(을), 8호 부표3	세액공제 및 감면 내역
8호 부표5, 8호 부표5의2	외국납부세액공제 계산서
8호 부표5의3, 8호 부표5의4	
조특 114호	미환류소득
조특 1호, 조특 2호	공제감면 신청서
조특 3호(1), 조특 3호부표1	연구인력개발비 세액공제
조특 8호의9	통합투자세액공제
조특 10호의8	고용 증대 기업에 대한 세액공제
조특 10호의4	정규직 전환근로자 임금증가 공제
조특 11호의5	중소기업 고용증가 인원에 대한 사회보험료 세액공제

4) 기타서식

서식 번호	주요 내용
16호, 17호	수입금액조정
47호(갑), 47호(을)	주요계정명세서
51호	중소기업 기준검토
52호(갑), 52호(을)	특수관계자 거래명세서
54호, 54호 부표	주식등변동상황명세서
58호	중간예납
전산조직	전산조직 운용

5) 서식 간의 관계

세무조정을 하고 나면 해당 사업연도에 어떠한 세무조정이 발생하였는지 [15호 소득금액조정합계표]에 기록한다. 15호에 기록된 금액은 [3호 법인세 과세표준 및 세액조정계산서]에 이전되어 3호 서식에서 해당 사업연도 소득금액과 세액을 계산하게 된다. 그리고 세무조정 중에 발생하는 소득처분도 15호 서식에 기록하는데, 소득처분 중 유보나 사외로 유출되는 금액은 [50호(을) 자본금과 적립금 조정명세서(을)]과 [55호 소득자료명세서]에 기록하여 유보의 추인과 원천징수 시 이용하게 된다.

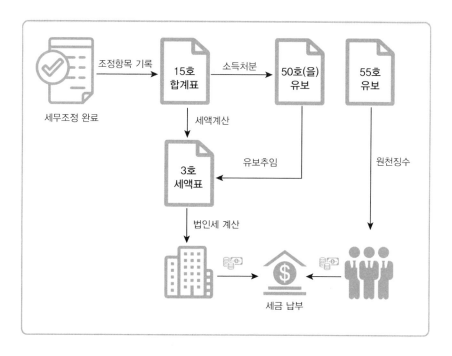

2. 단순한 세무조정

(1) 세무조정의 성격에 따른 분류

회계기준과 법인세법상 규정에 차이가 발생하는 경우 세무조정을 통하여 법인세 신고서식에 이를 반영하여야 하는데, 회계기준과 법인세법 규정의 차이 원인에 따라 세무조정의 종류가 달라지므로 이를 먼저 정리해보자. 앞서 회계와 법인세법은 존재 목적이 다르고 수익과 비용, 익금과 손금을 계산하는 원칙이 다르기 때문에 세무조정이 발생할 수 있음을 배웠다. 그것은 이를테면 둘 사이에 이익과 소득을 바라보는 논리의 차이에서 발생하는 세무조정으로 볼 수 있다. 이는 논리의 차이가 생기는 이유를 이해한다면 별도의 계산 없이 간단하게 할 수 있기 때문에 그러한 방법으로 배워볼 것이다.

다음의 세무조정 분류는 '제재하기'와 '장려하기'이다. 법인세법에서는 회사들에게 특정한 행동을 하거나 하지 않도록 유도해나가는 규정을 다수 두고 있다. 예를 들어 국내에 있는 회사들이 회사의 중요한 투자자인 주주들을 위해 경제적 이익을 주는 경우를 생각해보자. 주주는 공식적으로 회사로부터 배당을 받을 수 있지만, 회사는 중요한 투자자인 주주를 위해 배당 외에 경제적 이익을 주는 경우가 많이 있었다. 회사는 이런 지출액을 비용처리하지만 법인세법에서는 회사의 업무와 관련 없이 지출한 금액을 손금으로 인정하여 주지 않는다. 이러한 지출액은 주주들과 채권자들 사이에 형평을 해치고 채권자들의 투자금액을 위태롭게 할 뿐 아니라 이렇게 회사의 현금을 유출시켜 회사의 재무를 악화시킬 수도 있고 결과적으로 법인세액도 줄게 되기 때문이다. 따라서 법인세법에서 법인들로 하여금 그러한 지출을 지양하도록 유도하고자 법인세 계산 시 비용처리를 인정하지 않고 세액을 증가시키도록 했다. 이를 회사의 행동을 '제재하기' 위한 규정으로 다음 단원에서 자세히 배울 것이다.

비슷한 방식으로 법인세법은 정부의 정책에 발맞추어 기부를 하거나 투자나 고용을 하는 경우에 법인세를 줄여주도록 함으로써 그러한 행동을 장려하도록 하는 규정을 가지고 있다. 그런데 이렇게 법인세를 줄여줄 때 정부는 두 가지 방식을 선택할 수 있다. 하나는 소득을 줄여주는 것과 다른 하나는 세액을 줄여주는 것이다. 아직 법인세액의 계산 구조를 배우지 않았기 때문에 당장 차이를 이해하기는 어렵겠지만 앞서 배운 세무조정의 방식으로 소득금액을 감소시키는 방식과는 달리 세율을 곱한 세액단계에서 줄여주는 세액공제 방식이 있다는 것을 기억해보자.

세무조정 종류	단원명
① 논리의 차이	단순한 세무조정
② 제재하기	회사에 제재를 하기 위한 세무조정
③ 장려하기/세액 공제	장려하기 위한 세무조정, 장려하기 세액공제

(2) 권리의무 확정주의와 사례

어떤 회사가 주식 1주를 시세차익을 볼 목적으로 구매하고 계속 보유 중이라고 해보자. 주식을 구입한 가격과 거래시장에서 주식의 가격이 변동된 내역은 아래와 같다.

상태	날 짜	주식가격	회계이익	법인세 소득
구입	2021년 1월 12일	1,000,000원	–	–
보유	2021년 12월 31일	1,300,000원	300,000원	–
보유	2022년 12월 31일	890,000원	△410,000원	–
처분	2023년 4월 6일	890,000원	–	△110,000원

회사는 2021년 1월에 주식을 구입하고 2023년 4월에 주식을 처분하였다. 만 2년이 넘는 기간 동안 회사는 주식을 보유하였고 주식의 가격은

취득했을 때의 가격보다 높아지기도 했지만, 결국 더 싸게 팔아 회사의 입장에서는 손해를 보게 되었다. 이 주식거래를 바라보는 회계와 법인세법의 입장을 비교하여 보자.

회계에서는 발생주의의 입장에 따라 시가를 쉽게 확인할 수 있는 상장주식은 매 연도 말의 시가로 재무상태표와 손익계산서에 표시하도록 하고 있다. 결국 주식의 시가가 증감하는 만큼 변동액을 손익계산서에 이익과 손실로 기록하기 때문에 2021년도의 평가이익과 2022년도에 평가손실을 기록하게 된다.

상태	날 짜	주식가격	재무상태표 주식 금액	
			회계	법인세법
구입	2021년 1월 12일	1,000,000원	1,000,000원	1,000,000원
보유	2021년 12월 31일	1,300,000원	1,300,000원	1,000,000원
보유	2022년 12월 31일	890,000원	890,000원	1,000,000원
처분	2023년 4월 6일	890,000원	-	-

반면에 법인세법에서는 권리·의무확정주의에 따라 자산의 평가를 원칙적으로 인정하지 않는다. 만약에 평가이익을 과세대상인 소득금액에 포함시킬 경우 회사는 단지 자산을 보유하고 있을 뿐인데 회사가 통제하지 못하는 시가의 변동으로 평가이익에 대한 법인세를 납부하여야 하고, 만약에 법인세를 납부할 현금이 없다면 최악의 경우 자산을 판매해야 할 수도 있는 것이다. 따라서 법인세법은 회계에서 인식한 2021년도의 평가이익과 2022년도의 평가손실을 인정하지 않고 재무상태표의 주식의 장부금액을 여전히 1,000,000원으로 본다. 따라서 2021년도와 2022년도에 회계에서 인식한 이익(손실)금액만큼 세무조정이 발생한다.

상태	연도	회계이익	법인세소득	세무조정
보유	2021	300,000원	-	[익금불산입] 주식 300,000원 △유보
보유	2022	△410,000원	-	[손금불산입] 주식 410,000원 유보
처분	2023	-	△110,000원	[손금산입] 주식 110,000원 △유보

　주식거래의 마지막인 처분 시에 회사는 보유한 주식을 전년도 말에 평가한 금액으로 팔았기 때문에 그만큼의 현금을 수령하고 별도의 이익이나 손실을 인식하지 않는다. 전년도 말에 평가손실을 인식함으로써 이미 회계에서 바라보는 주식의 가격을 낮추어 놓았기 때문이다. 하지만 법인세법에서는 처분하기 직전까지 주식은 여전히 취득금액과 동일하기 때문에 처분한 금액과의 차액이 처분손실로 기록되어야 한다. 따라서 회계에서 기록하지 않은 처분손실을 세무조정 해주게 된다. 결국 자산과 관련된 유보금액이 자산의 처분 시에 추인되면서 저절로 처분손익의 세무조정을 하게 되기 때문에 앞서 설명한 유보관리는 법인세법의 권리·의무확정주의를 지키기 위해 꼭 필요한 절차라고 할 수 있다.

　앞서 살펴본 것과 같이 회계와 법인세법에서 수익과 비용을 인식할 때 이용하는 원칙이 달라지면서 빈번하게 발생하는 세무조정들을 이번 단원에서 주로 배울 것이다. 이번 단원의 세무조정은 별도의 규정이 있거나 계산식이 복합하는 등의 제반사항이 없으므로, 세무조정을 하는 이유를 이해하는 방식으로 배워보도록 하자.

보론 :: 유보의 정의와 특징(추인)

　앞서 서술된 사례에서 사업연도별로 회계의 이익과 법인세소득을 맞추어 주기 위해서 세무조정이 발생하고 유보로 처분됨을 확인하였다. 이제 위의 상황을 재무상태의 측면에서 이해해보자. 사업연도 말 회계와 법인세법에서 기록하는 주식의 장부금액이 다른데, 회계는 연도 말 시가로 평가하고 법인세법은 평가를 인정하지 않기 때문에 발생하는 현상임을 보았다. 이로 인해 이익과 소득의 차이도 발생하고 세무조정이 발생하였다. 그렇다면 2021사업연도 말 현재 세무상 주식의 장부금액은 어떻게 알 수 있을까? 취득금액을 알 수 없을 때에는 재무상태표의 주식의 장부금액에서 기존에 평가되었던 누적금액을 가감하여 계산할 수 있을 것이다. 그 평가의 누적금액은 바로 세무상 유보의 잔액으로 파악할 수 있다. 즉, 2021년도 말의 회계상 장부금액은 1,300,000원이지만 세무조정의 결과로 △300,000원의 유보가 발생하였고 이 둘의 합계인 1,000,000원이 법인세법의 주식 장부금액이 된다. 2022년도에도 마찬가지이다. 따라서 유보는 해당 자산이나 부채의 회계상 장부금액과 세무상 장부금액의 차이라고 할 수 있고, 유보를 회계상 장부금액에 합산하여 세무상 장부금액을 계산해낼 수 있다.

상태	날짜	회계 장부가	유보잔액	법인세 장부가
구입	2021년 1월 12일	1,000,000원	-	1,000,000원
보유	2021년 12월 31일	1,300,000원	△300,000원	1,000,000원
보유	2022년 12월 31일	890,000원	110,000원	1,000,000원
처분	2023년 4월 6일	890,000원		

그럼 2023년도에 주식을 처분하는 시점을 보자. 주식은 2022년도 말 회계상 장부금액으로 처분되었으므로 회계에서 인식되는 처분손익은 없지만 세무상 장부금액은 취득금액과 같기 때문에 세무상으로는 처분손실이 110,000원 발생하는 것을 보았다. 이때 이 처분손익의 차이는 처분직전 주식으로 인해 발생한 유보의 잔액과 동일하다는 것을 알 수 있다. 즉, 유보의 가장 중요한 특징 중 하나는 유보가 기록된 자산이나 부채가 처분되는 등의 사유로 재무상태표에서 제거되는 시점에는 유보잔액만큼의 손익 차이가 발생하며, 그 부호가 반대라는 것이다. 결국 그로 인해 유보의 잔액은 소멸되어 사라지게 된다. 이렇게 유보가 기록된 자산이나 부채가 제거됨에 따라 유보의 잔액이 반대조정으로 사라지는 것을 '유보의 추인'이라고 한다. 유보의 가장 중요한 특징으로 세법에서는 유보를 관리하기 위해 [50호(을) 자본금과 적립금 조정명세서] 서식에 유보를 기록하도록 하고 있고, 회계에서도 유보의 추인으로 인해 미래에 변동되는 세액만큼 당기에 [이연법인세자산·부채]를 기록하도록 하고 있다.

(3) 단순한 세무조정의 종류

이번 단원의 세무조정 항목들은 회계와 법인세법의 인식 기준 차이로 발생하기 때문에 재무상태표와 손익계산서에서 항목들을 찾아낸다면 그 금액을 바로 세무조정할 수 있다. 예를 들어 위의 재무상태표와 손익계산서를 가진 회사의 세무조정을 한다면 표와 같이 세무조정을 바로 할 수 있다. 아래의 세무조정이 어떻게 결정되는지는 이하의 항목별 논지를 이해하고 '간단한 세무조정 방법' 단원에서 자세히 배워보도록 하자.

재무제표	계정과목	세무조정
재무상태표	미수이자	[익금불산입] 미수이자 10,000원 △유보
	이연법인세자산(변동)	[손금산입] 이연법인세자산 10,000원 △유보
	이연법인세부채(변동)	[익금산입] 이연법인세부채 10,000원 유보
	충당부채	[손금불산입] 충당부채 10,000원 유보
	매도가능증권평가손익	[익금산입] 매도가능평가이익 10,000원 기타 & [손금산입] 매도가능증권 10,000원 △유보 ━━━━━━━━━━━━━━━━━━━━━ [손금산입] 매도가능평가손실 10,000원 기타 & [익금산입] 매도가능증권 10,000원 유보
손익계산서	법인세비용	[손금불산입] 법인세비용 10,000원 기타사외유출
	단기매매증권평가손익	[익금불산입] 단기매매이익 10,000원 △유보 or [손금불산입] 단기매매손실 10,000원 유보

(4) 단순한 세무조정의 취지

1) 취지 ① 법인세비용

손익계산서의 이익 계산 구조를 보면 제일 마지막에 빼는 항목이 '법인세비용'이다. 그런데 만약 앞서 보았던 손익계산서의 법인세비용이 1억 원이라면 그 사업연도에 회사가 납부한 법인세 총 납부액이 1억 원일까?

그럴 수도 있지만 아닐 가능성이 높다. 회계에서 정한 법인세비용은 발생주의에 따라 기록하기 때문에 그 사업연도에 납부하지 않아도 납부할 원인이 생겼다면 법인세비용을 인식한다. 예를 들어 [나]의 주식거래가 있는 회사의 2023년 법인세비용을 계산해보자. 손익계산서의 당기순이익이 주식의 평가이익만 존재하고 영업이익은 0인 상태라고 한다면 법인세율을 10%라고 가정할 때 법인세비용과 당기순이익은 아래와 같이 계산될 것이다.

[손익계산서]	[법인세계산서 case1.]
매출액 매출원가 매출총이익 판매비와관리비 영업이익 0 영업외수익 300,000원 법인세차감전순이익 300,000원 법인세비용 30,000원 당기순이익 270,000원	당기순이익 270,000원 익금불산입 단기매매증권평가이익 300,000원 각 사업연도소득 △30,000원 ?
	[법인세계산서 case2.]
	당기순이익 270,000원 익금불산입 단기매매증권평가이익 300,000원 손금불산입 법인세비용 30,000원 각 사업연도소득 0

그런데 법인세법에서는 주식의 평가를 제외한 다른 세무조정항목이 없다면 실질적으로 소득금액도 없게 된다. 그렇다면 소득금액을 0으로 만들기 위해 회계에서 인식한 법인세비용만큼 추가적으로 손금불산입의 세무조정을 하여야 한다. 즉, 법인세비용은 회사가 특정한 거래를 했기 때문에 발생한 비용이라기보다는 거래의 결과로 남은 이익의 일정 비율로 계산된 금액에 해당할 뿐이다. 그렇다면 법인세법에 따르면 특별한 거래 없이 회계의 발생주의에 따라 계산된 법인세비용은 확정된 비용이라고 보기 어렵다. 무엇보다도 납부할 법인세액은 법인세법의 세무조정의 결과로 확정되기 때문이다. 따라서 세무조정을 하는 단계에서 손익계산서의 법인세비용은 미확정비용에 해당하고 법인세법에서 각 사업연도에 납

부하였거나 납부할 법인세는 손금으로 인정하지 않으므로 손금불산입 세무조정을 하게 된다.

항 목	내 용
① 법인세비용	손익계산서의 법인세비용 [손금불산입] 법인세비용 100,000원 기타사외유출

회계에서는 발생주의의 관점에서 법인세비용을 회계처리하기 때문에 실제로 해당 사업연도의 법인세 납부액과 법인세비용의 금액이 달라질 수 있다. 예를 들어 앞서 살펴본 주식의 평가로 인해 회사는 2023년도에 소득금액이 11만 원 감소하여 다른 과세소득이 충분하다면 20%의 법인세율하에서 2만 2천 원의 법인세를 절감하게 될 것이다. 하지만 회계에서는 주식의 평가로 이미 2021년도에 이익이 30만 원이 증가하였고 2022년도에 41만 원의 손실을 보게 된다. 그렇다면 주식의 투자로 인해 회계에서는 2021년도에 6만 원의 법인세비용이 증가되고 2022년도에 8만 2천 원의 법인세비용이 감소하게 될 것이다.

상태	날짜	주식가격	회계이익	법인세 소득
구입	2021년 1월 12일	1,000,000원	–	–
보유	2021년 12월 31일	1,300,000원	300,000원	–
보유	2022년 12월 31일	890,000원	△410,000원	–
처분	2023년 4월 6일	890,000원	–	△110,000원

회계의 손익이 변동됨에 따라 이미 법인세의 증가와 감소는 발생한 사건이 되기 때문이다. 단지, 실제로 현금을 납부하는 시기가 다를 뿐이다. 결국 주식의 투자로 전체기간의 이익이나 소득금액의 합계는 차이가 없지만 세무조정의 결과로 유보가 발생하여 향후에 유보가 추인될 때 소득

금액이 변동될 것을 예상할 수 있게 되고, 그렇게 예상되는 변동금액을 재무상태표의 자산과 부채로 기록하게 된다. 이를 이연법인세자산과 이연법인세부채라고 한다. 이연법인세의 회계처리는 '세금과공과' 단원에서 자세히 살펴보도록 하자.

2) 취지 ② 미수이자(수익)

회사는 사업활동 중에 여유현금이 생기는 경우 회사와 주주 가치 증가를 위해 이를 자금 스케줄에 맞추어 금융상품에 투자하거나 주주에게 배당하는 의사결정을 한다. 만약에 회사가 금융상품 중 정기예금에 가입한 경우 가입기간과 이자율에 따라 회사가 인식할 이자수익이 기간에 맞추어 결정된다. 회사가 가입한 정기예금의 조건이 아래와 같을 경우 회계에서는 정기예금의 가입일부터 사업연도 말까지 기간 경과분 2개월에 대해 발생주의에 따라 이자수익을 인식하고 미수이자라는 자산을 기록한다.

[이자수익의 기간경과분 미수이자]	
① 정기예금의 조건 　원금: 100,000,000원 　가입일: 2023년 11월 1일 　만기일: 2024년 1월 31일 　이자율: 1역 월간 1%	② 사업연도 말 회계처리 　〈차변〉 미수이자 2,000,000원 　〈대변〉 이자수익 2,000,000원

법인세법에 따르면 정기예금과 같은 이자수익은 실제 이자를 받는 날에 인식하도록 원칙을 정하여 사업연도 말에 인식한 기간 경과분 이자수익과 미수수익의 금액을 인정하지 않는다. 하지만 이럴 경우 회계와 법인세법의 이자수익 인식시기가 달라지게 되어 빈번한 수익항목에 속하는 이자수익을 매번 세무조정해야 하는 문제가 생긴다. 그래서 법인세법에서는 이자수익뿐 아니라 선급비용과 같이 수익과 비용의 인식에서 회계와 차이가 생기는 항목들은 대부분 회계의 발생주의도 인정하도록 하는

규정을 두고 있다. 그런데 이자수익의 경우 회계의 기간 경과분 미수수익을 인정할 경우 큰 문제가 발생한다. 회사에게 지급하는 이자수익은 지급하는 자가 원천징수를 하도록 하고 있기 때문이다. 원천징수는 이자소득을 받는 회사를 대신하여 지급하는 은행이 미리 법인세를 빼고 지급한 후 세무서에 납부하는 것을 말한다. 따라서 이미 법인세를 납부한 이자소득이라면 원천징수를 할 수 없다.

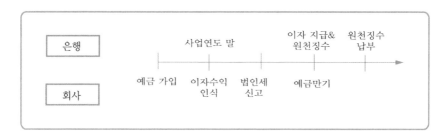

예를 들어 만기 6개월의 정기예금을 11월에 가입한 경우 12월 31일에 회계에서는 이자를 수령하지 않아도 2개월치 이자수익을 인식하도록 한다. 만약에 법인세법에서 이 이자수익을 과세소득에 포함하여 법인세 신고를 한다면 4월 말에 이자를 지급하는 은행은 6개월치의 이자 중에 앞선 2개월치의 이자가 신고되었는지 일일이 확인하고, 만약 신고하였다면 그 부분에 대한 원천징수를 하지 말아야 할 것이다. 이러한 불편함을 막기 위해 원천징수 대상인 이자소득은 원칙으로 돌아가 미수수익을 인정하지 않는다. 원천징수의 자세한 내용은 해당 단원에서 확인하도록 하자.

항 목	내 용
② 미수이자	재무상태표의 미수수익(미수이자) 금액 [익금불산입] 미수이자 100,000원 △유보

참고로, 미수수익 세무조정의 예외로 해외 관계사에게 대여한 금액이 있는 경우 회계상 계상된 미수수익을 세무상으로도 인정하여 세무조정이 발생하지 않는다. 이는 법인세법상 기간 경과분에 대한 이자수익은 법인세법에 따라 원천징수되는 소득만 인정하지 않으므로, 현지 세법 및 조세조약에 따라 원천징수되는 해외 관계사 대여 미수수익의 경우 법인세법에 따라 원천징수되는 소득에 해당하지 않으므로 기간경과분 이자수익 계상을 세무상 인정하는 것이다.

3) 취지 ③ 충당부채

회사가 휴대전화를 제조하여 판매한다고 해보자. 휴대전화와 같이 고가의 전자기기는 보통 구매자에게 일정 기간 동안 보증수리 약정을 맺는다. 구매자의 잘못 없이 제품에 문제가 생긴다면 이에 대해 무상이나 저가로 수리해주는 것이다. 그렇다면 판매자가 아래와 같은 조건으로 휴대전화를 판매하였다면 향후에 발생할 보증수리의 금액을 대략적으로 예측할 수 있게 된다.

[판매보증충당부채]	
① 판매조건 제품 1대당 가격: 1,000,000원 판매기간: 2023.1.1.~12.31. 판매수량: 100대 과거 보증수리 대수 비율: 5% 과거 대당 보증수리비: 1,000원	② 사업연도 말 회계처리 〈차변〉 전입액(비용) 5,000원 〈대변〉 판매보증충당부채 5,000원

회계에서는 제품의 판매를 통해 매출이 발생할 때 향후에 발생할 것으로 예상되는 보증수리 비용을 매출액 인식 시점에 같이 인식하여 수익·비용대응원칙을 만족하는 회계처리를 하도록 한다. 이때 미래에 발생할 것으로 예상되는 금액만큼 비용(판매보증충당부채 전입액)을 인식하고

같은 금액의 충당부채를 인식한다. 그렇다면 회계에서 충당부채의 회계 처리에서 발생하는 이러한 비용을 법인세법에서는 어떻게 바라볼까? 법인세법에서는 이러한 비용이 확정된 비용이 아니라고 보고 손금으로 인정하지 않는다. 사실 충당부채의 회계상 정의도 '지출의 금액이나 시기가 불확실한 부채'인 것을 생각한다면 당연한 결과일 것이다. 따라서 상기 재무상태표에 기록된 모든 충당부채의 금액은 세무조정을 하게 된다. 그런데 법인세법에서는 충당부채 중에서도 대손충당금, 퇴직급여충당부채와 같은 것들은 한도 이내로 손금을 인정하고 있다. 이는 법인세법의 다른 취지가 있는데, 해당 세무조정 단원에서 자세히 살펴보도록 하자.

항 목	내 용
③ 충당부채	재무상태표의 충당부채 잔액 [손금불산입] 판매보증충당부채 100,000원 유보 [손금불산입] 반품충당부채 100,000원 유보 [손금불산입] 복구충당부채 100,000원 유보 [손금불산입] 소송충당부채 100,000원 유보 - 당기 이전에 충당부채 부인 유보 잔액 [손금산입] 판매보증충당부채 100,000원 유보 [손금산입] 반품충당부채 100,000원 유보 [손금산입] 복구충당부채 100,000원 유보 [손금산입] 소송충당부채 100,000원 유보

이때 충당부채의 세무조정에서 손익계산서에 인식된 비용을 부인하는 세무조정을 할 수도 있지만 재무상태표만을 이용하여 세무조정할 수도 있다. 예를 들어 2022년 말 재무상태표에 판매보증충당부채 100,000원이, 2023년 말에는 판매보증충당부채 300,000원이 기록된 경우 당기 중 보증수리가 발생하지 않았다면 2023년도의 손익계산서에는 판매보증비 200,000원이 계상되었을 것이다. 이때 손익계산서의 비용을 이용하여

200,000원을 부인할 수도 있지만 재무상태표상의 금액 차이인 200,000원을 부인할 수도 있을 것이다. 결국 재무상태표나 손익계산서 모두 회사의 거래를 이해하고 있다면 세무조정에 이용할 수 있을 것이다. 이후에 대손충당금 세무조정 편에서 총액법과 보충법의 세무조정에 대해서 좀 더 자세히 배워보도록 하자.

4) 취지 ④ 자산의 평가

가) 주식 등의 평가

앞서 예로 든 주식거래와 같이 회사가 보유한 자산의 평가는 법인세법에서 원칙적으로 인정하지 않는다. 이렇게 회사가 보유한 자산 중 평가가 빈번한 자산으로는 재고자산, 주식이 있는데 회계에서는 이 두 자산에 대해 기말 현재의 시가로 평가하도록 하고 있지만 법인세법에서는 몇 가지 예외를 제외하면 원칙적으로 두 자산의 평가를 인정하지 않고 있다.

따라서 회계에서 발생주의에 따라 평가하는 자산에 대해서는 반대의 세무조정을 수행하여야 한다. 단기매매금융자산(단기매매증권)을 예로 들어 세무조정을 한다면 아래와 같다.

항 목	내 용
단기매매금융자산	단기매매증권의 평가이익 [익금불산입] 단기매매 평가이익 100,000원 △유보

위에서 언급된 자산의 평가를 인정하는 예외규정은 자산의 종류에 따라 요건이 있는데 대표적으로 재고자산과 주식, 그리고 천재지변 등의 사유로 파손이나 멸실된 자산의 경우를 살펴보자.

계정과목	회계의 시가	법인세법 원칙	예 외
재고자산	순실현 가능가치		파손·부패의 사유로 정상가격으로 판매할 수 없는 재고에 대해 저가법 평가를 신고하는 경우 인정
주식	거래시장의 종가 혹은 시가	평가 불가 평가 불가	발행회사의 파산 등의 경우 인정
			주권상장법인이 발행한 주식등, 「중소기업창업지원법」에 따른 중소기업창업투자회사 또는 「여신전문금융업법」에 따른 신기술사업금융업자가 보유하는 주식등 중 각각 창업자 또는 신기술사업자가 발행한 것, 특수관계에 있지 아니한 법인이 발행한 주식을 발행한 법인에 부도가 발생한 경우
기타자산	회수가능가액		고정자산으로서 천재지변·화재 등 대통령령으로 정하는 사유로 파손되거나 멸실된 것
외화자산· 부채	마감환율		기말의 환율로 평가하는 것으로 신청하는 경우 인정(사업연도 종료일 현재의 매매기준율)

나) 외화자산·부채의 평가

위의 항목 중 화폐성 외화자산·부채의 평가는 별도의 서식을 두어 신고하도록 하고 있다. 서식에는 회사가 사업연도 말 현재 보유 중인 외화자산·부채의 명세와 평가내역을 기재하여야 한다.

계정과목	회계의 시가	법인세법 원칙	예 외
외화자산· 부채	마감환율	평가 불가	기말의 환율로 평가하는 것으로 신청하는 경우 인정(사업연도 종료일 현재의 매매기준율)

㈜에스에이치랩이 당기 말 현재 보유 중인 외화자산·부채와 평가내역은 아래와 같다. 회사가 화폐성 외화자산·부채의 평가방법을 별도로 신청하지 않은 경우 당해 사업연도의 외화자산·부채 관련 세무조정을 수행하고 서식을 작성하시오.

(1) 외화자산 명세

종류	외환금액	취득환율	장부금액	기말환율
외상매출금	USD 2,000	1,100원/USD	2,200,000원	1,000원/USD
외상매출금	JPY 300,000	1,000원/100Y	3,000,000원	1,200원/100Y

(2) 외화부채 명세

종류	외환금액	취득환율	장부금액	기말환율
외상매입금	CNY 10,000	164원/CNY	1,640,000원	180원/CNY

(3) 손익계산

항 목	평가이익	평가손실
외화자산	600,000원	200,000원
외화부채	–	160,000원

㉮ 세무조정

항목(순서)	내 용
① 평가이익	외화자산·부채의 평가이익을 익금불산입 [익금불산입] 외화자산의 평가이익 600,000원 △유보
② 평가손실	외화자산·부채의 평가손실을 손금불산입 [손금불산입] 외화자산의 평가손실 200,000원 유보 [손금불산입] 외화부채의 평가손실 160,000원 유보

㈏ 서식작성

■ 법인세법 시행규칙 [별지 제40호서식(을)]<개정 2012.02.28>

(앞쪽)

① 사업 연도	2023.01.01 ~ 2023.12.31	외화자산등평가차손익조정명세서(을)			법 인 명		(주)에스에이치랩	
					사업자등록번호		106-81-12345	

① 구분	② 외화종류	③ 외화금액	④ 장 부 가 액		⑦ 평 가 금 액		⑩ 평가손익 자산(⑨-⑥) 부채(⑥-⑨)
			⑤ 적용환율	⑥ 원화금액	⑧ 적용환율	⑨ 원화금액	
외화자산	USA	2,000	1,100	2,200,000	1,000	2,000,000	-200,000
	JPY	300,000	10	3,000,000	12	3,600,000	600,000
	합계			5,200,000		5,600,000	400,000
외화부채	CNY	10,000	164	1,640,000	180	1,800,000	-160,000
	합계			1,640,000		1,800,000	-160,000
통화선도							
	합계						
통화스왑							
	합계						
환변동보험							
	합계						
총 계							240,000

210mm×297mm[신문용지 70g / ㎡(재활용품)]

사업 연도	2023.01.01 ~ 2023.12.31	외화자산등평가차손익조정명세서(갑)	법 인 명	(주)에스에이치랩
			사업자등록번호	106-81-12345

1. 손익 조정금액

① 구 분	② 당기손익금 해 당 액	③ 회사손익금 계 상 액	조 정 ④차익조정 (③- ②)	조 정 ⑤차손조정 (②- ③)	⑥손익조정금액 (②- ③)
가. 화폐성 외화자산 • 부채 평 가 손 익		240.000			-240.000
나. 통화선도 • 통화스왑 • 환변동보험 평가손익					
다. 환 율 조 정 계 정 손 익 　　차익					
차손					
계		240.000			-240.000

2. 환율조정계정 손익계산 명세

⑦ 구 분	⑧ 최 종 상환 (회수) 기 일	⑨전기 이월액	⑩당기 경과일수 / 잔존일수	⑪손익금 해당액 (⑨×⑩)	⑫차 기 이월액 (⑨-⑪)	비 고
			———			
			———			
			———			
			———			
			———			
			———			
			———			
			———			
			———			
			———			
			———			
			———			
			———			
계　　차익						
차손						

210㎜×297㎜(신문용지54g/ ㎡(재활용품))

제15호와 제3호의 기록을 확인하세요! (249~252페이지)

5) 취지 ⑤ 미확정 자산·부채

지금까지 살펴본 '단순한 세무조정'의 항목들은 정형화된 논리를 이용한 세무조정 항목들이라 할 수 있는데 여기에서 더 나아가 법인세법의 권리·의무확정주의를 생각하며 세무조정대상 항목을 폭넓게 검토해보자.

권리·의무확정주의는 익금과 손금의 시기를 결정하는 원칙으로 수익과 비용은 다양한 계정과목과 형태로 거래가 발생할 수 있기 때문에 아래 수익과 비용의 사례를 살펴보고 준비해보도록 하자.

[판단하기: 확정된 수익]

서면-2016-법령해석법인-4219, 2017.6.13.

[제목]
모바일게임 퍼블리싱 계약에 따라 지급하는 판권수수료가 반환의무가 없는 권리취득대가에 해당하고 법인세법상 무형고정자산의 취득에 해당되지 않는 경우, 지급의무가 확정되는 계약일이 속하는 사업연도에 손금산입

[질의]
(사실관계)
○ 질의법인은 2013.8.16. 온라인과 모바일게임을 개발, 판매를 목적으로 중국의 정보기술(IT) 업체인 AA그룹에 의해 설립
○ 질의법인은 주로 중국 등 해외업체들이 개발한 모바일게임을 한국에 들여와 이용자(User)에게 온라인을 통하여 공급하는 모바일게임 전문 퍼블리싱(유통) 업체임.
○ 2015.7.1. 질의법인은 중국의 게임개발 회사와 모바일게임 BBB의 퍼블리싱(유통) 계약을 체결하였으며, 계약의 주요내용은 다음과 같음.
 〈1〉 판권지역: 대한민국 내
 〈2〉 계약기간: 지적재산권이 인도된 날부터 2년
 〈3〉 계약상 부여되는 권한: 해당 지역화된 게임의 사용, 마크의 사용, 노하우의 사용 등
　　ⓐ BBB 게임의 사용: 대한민국 내에서 배타적으로 게임을 유통할 수 있는 권한 부여. 단, 제3자에게 재실시권 제공·양도 불가
　　ⓑ 대한민국 내에서 해당 게임의 마크(Mark) 및 제목의 사용
　　ⓒ 해당 게임서비스의 개발과 운용을 위한 노하우의 사용

〈4〉 계약기간 종료 시
ⓐ 당사는 더 이상 해당 게임의 사용, 복제, 복사, 변형, 개선, 배포할 권리가 없음.
ⓑ 당사는 이 계약에 따라 부여된 모든 권리와 판권은 종료되고 특허보유업체(Licensor)에게 모두 되돌려 주게 됨.
〈5〉 계약대가

구 분	지급금액/지급시기
판권수수료* (License Fee)	계약 날인 후 중국게임개발회사(Licensor)로부터 청구서를 수령받은 날 이후 15영업일 이내에 지급
	카카오톡 버전이 아닌 구글플레이, T스토어, N스토어, App스토어에서 공식적인 서비스가 시작된 이후 지급
	카카오톡 버전인 구글플레이, T스토어, N스토어, App스토어에서 공식적인 서비스가 시작된 이후 지급
미니멈개런티 (Minimum Guarantees)	해당사항 없음.
사용료** (Royalty)	순매출액의 50% / 매월지급

* 판권수수료: 온라인 판권(License) 부여 대가로 수령, 당사에게 반환할 가능성은 거의 없음.
** 사용료(Royalty): 계약 체결 후 발생하는 순매출액의 일정비율(%) 등을 지급하는 것으로 구체적인 사용료 산정방식은 다음과 같음.

> 사용료 지급액 = [(총매출액 − 부가가치세 − 마켓수수료 − 채널링 수수료) × 사용료율(%)]
> − 사용료 소득에 대한 원천징수세액(10%)

(질의내용)
○ 내국법인이 모바일게임 퍼블리싱 계약에 따라 지급하는 게임 판권수수료(License Fee)의 손금귀속시기

[회신] 기획재정부의 해석(재법인-787, 2017.6.8.)을 참조하기 바람
판권수수료가 반환의무가 없는 권리취득대가에 해당하면서 「법인세법 시행령」 제24조에 따른 무형고정자산의 취득에 해당되지 않는 경우 「법인세법」 제40조에 따라 지급의무가 확정되는 계약일이 속하는 사업연도에 손금산입하는 것임.

[판단하기: 확정된 비용]

[질의]

(사실관계)

○ 질의법인은 건설공사 관련 상대방으로부터 손해배상소송에 피소(소송가액 4억 원)되어

○ 2014년 7월 법무법인 ○○을 소송대리인으로 선임하여, 1심 착수금 1천만 원·성공보수 1천 5백만 원을 지급계약하고 2015년 6월 1심 승소하였으나, 원고의 상고에 따라 2심이 진행(소송가액 변경, 31억 8천만 원)되어 2심 착수금 8백만 원·성공보수 계약을 그대로 유지하여 2016년 2월 2심에서 승소 후, 원고의 상고포기로 최종 승소가 확정됨.

○ 위 승소 판결에 따라, 법원에 소송비용확정 신청하여 법원으로부터 32백만 원을 소송비용으로 확정받아 잡이익으로 처리함(2016년).

○ 이와 관련하여 1·2심 착수금은 2014~2015년에, 성공보수금은 2016년에 손금산입하고, 소송비용 확정액 32백만 원은 2016년에 익금에 산입함.

(질의내용)

○ 소송확정 판결 전 법률대리인에게 지급한 착수금의 손금 귀속시기
  - 착수금 중 「민사소송법」에서 규정한 소송비용에 상당하는 금액을 선급비용(자산)으로 처리해야 하는지.

[회신]

  내국법인이 사업과 관련한 소송의 법률대리인에게 지급하거나 지급할 착수금(반환받을 권리가 없는 것에 한함)은 그 법률대리인과의 계약에 따라 지급의무가 발생한 사업연도의 손금에 산입하는 것임.

(5) 간단한 세무조정 방법

회계의 이익과 법인세법의 소득금액의 차이를 조정하는 것이 세무조정이므로 회계의 기록과 법인세법의 기록을 비교하여 간단히 세무조정을 하는 방법을 배워보자. 예를 들어 앞서 보았던 주식거래의 사례를 매도가능금융자산(이하 "매도가능증권")으로 가정하여 회계처리와 세무조정을 해보자.

상태	날짜	주식가격	회계이익	법인세 소득
구입	2021년 1월 12일	1,000,000원	-	-
보유	2021년 12월 31일	1,300,000원	300,000원	-
보유	2022년 12월 31일	890,000원	△410,000원	-
처분	2023년 4월 6일	890,000원	-	△110,000원

위의 거래에서 시점별로 해야 할 회계처리는 아래와 같다.

상태	날짜	회계처리	
		〈차변〉	〈대변〉
구입	2021년 1월 12일	매도가능증권 1,000,000원	현금 1,000,000원
보유	2021년 12월 31일	매도가능증권 300,000원	매도평가이익 300,000원
보유	2022년 12월 31일	매도평가이익 300,000원 매도평가손실 110,000원	매도가능증권 410,000원
처분	2023년 4월 6일	현금 890,000원 매도처분손실 110,000원	매도가능증권 890,000원 매도평가손실 110,000원

이때 법인세법의 거래를 별도로 기록한다면 아래와 같다.

상태	날짜	회계처리	
		〈차변〉	〈대변〉
구입	2021년 1월 12일	매도가능증권 1,000,000원	현금 1,000,000원
보유	2021년 12월 31일	-	-
보유	2022년 12월 31일	-	-
처분	2023년 4월 6일	현금 890,000원 매도처분손실 110,000원	매도가능증권 1,000,000원

세무조정을 간단히 하는 방법은 회계와 법인세법의 거래기록의 차이 중에 자산·부채·자본의 차이를 확인하는 것이다. 그리고 자산·부채·자본을 지우거나 추가한다면 빈칸이 어디에 생기는지 확인한다. 마지막으로 그 빈칸이 차변에 있다면 '손금산입', 대변에 있다면 '익금산입'으로 정하고 계정명을 쓴 뒤에 관련된 계정이 자산이나 부채라면 유보, 자본이라면 기타로 소득처분하고 그 외의 소득처분은 거래에 따라 다르게 정하면 되는 것이다. 그렇다면 위의 사례에서 거래 날짜별로 세무조정을 해보자.

상태	날짜	세무조정
보유	2021년 12월 31일	회계상 회계처리를 법인세법상 회계처리로 변경하기 위해서는 아래와 같은 세무조정 회계처리가 필요하다. 차변) 매도가능증권평가이익 300,000원 대변) 매도가능증권 300,000원 매도가능증권평가이익은 차변에 있으므로 대변의 계정을 익금산입으로 채우고, 동 계정은 자본항목이므로 기타로 소득처분하여야 한다. 매도가능증권은 대변에 있으므로 차변의 계정을 손금산입으로 채우고, 동 계정은 자산항목이므로 △유보로 소득처분하여야 한다. [손금산입] 매도가능증권 300,000원 △유보 [익금산입] 매도평가이익 300,000원 기타

법인세법에서는 평가와 관련된 회계처리가 원칙적으로 인정되지 않으므로 차변과 대변의 기록을 모두 지워야 한다. 그럼 이 중에 자산·부채·자본 항목을 차례로 지워보자. 먼저 차변에 기록된 자산인 매도가능증권의 기록을 지우면 빈칸은 차변에 생기므로 세무조정은 손금산입이다. 그리고 계정명은 매도가능증권이고 금액을 쓴 뒤에 관련 계정이 자산이므로 유보를 기록하면 된다. 손금산입일 때는 실무에서 △유보로 표기하지만, 단지 착오를 줄이기 위해 부호를 붙이게 된 것일 뿐이다. 다음으

로 대변에 기록된 자본항목인 매도가능금융자산평가이익을 지우면 대변이 빈칸이 되어 익금산입으로 기록한다. 그리고 계정명과 금액을 기록하고 자본이므로 기타로 소득처분하면 되는 것이다. 나머지 날짜의 세무조정도 같은 방식으로 한다면 아래와 같다.

상태	날짜	회계처리
보유	2022년 12월 31일	[익금산입] 매도가능증권 410,000원 유보 [손금산입] 매도평가이익 300,000원 기타 [손금산입] 매도평가손실 110,000원 기타
처분	2023년 4월 6일	[익금산입] 매도평가손실 110,000원 기타 [손금산입] 매도가능증권 110,000원 △유보

세무조정을 하는 방식은 개인의 공부 방법에 따라 달라질 수 있기 때문의 자신만의 방법을 찾는 것이 중요하다. 지금까지의 방법을 이용해도 좋지만 세무조정을 직접 여러 번 해보면서 자신에게 가장 편한 방법을 찾아보는 것도 좋을 것이다.

3. 회사를 제재하기 위한 세무조정

앞서 배운 세 가지 세무조정 종류 가운데 세무당국과 다툼이 발생하기 쉬운 부문이 지금부터 배울 '회사를 제재하기 위한 세무조정'이다. 법인세법에서 회사가 특정한 행동을 하지 않도록 하거나 특정한 비용의 지출을 줄이도록 유도하고자 할 때는 조세법률주의에 따라 법인세법을 통해 어떤 행동이나 비용을 제재할지 자세히 정하는 것이 필요하고, 전면적인 금지보다는 회사의 규모나 업종 등을 고려하여 제재의 수위를 조절하는 것이 필요하다. 따라서 제재하는 법인세법의 규정은 과세대상이나 과세요건을 정하고 세무조정의 금액을 계산하기 위해 법인의 규모에 맞게 한도를 두는 것과 같이 자세한 내용이 포함될 수밖에 없다. 이번 단원에서 배우게 될 제재의 항목들은 왜 제재하게 되었는지, 누가 대상인지, 제재 대상이 되는 행동이나 비용 항목은 무엇인지, 세무조정의 금액은 어떻게 계산하는지에 초점을 맞추어 자세하게 공부할 필요가 있다. 그리고 항목들을 중요한 순서로 배열하였으므로 이를 염두에 두고 학습해보자.

(1) 기업업무추진비

1) 한마디 정의

친목도모를 위한 홍보비는 한도 초과금액을 손금불산입 세무조정한다.

2) 읽어보기

회사의 목표가 이익을 높여 주주에게 더 많은 부를 돌려주는 것이라면, 이익을 늘리는 가장 효과적인 방법은 매출을 높여 시장점유율을 확대하는 것이라고 볼 수 있다. 결국 회사가 공급하는 물건이나 서비스의 판매량을 높여야 하는데 이를 위해 회사가 공급하는 물건이나 서비스의 소비자에 대한 접점을 늘리기 위해 마케팅비를 지출하거나 광고선전비를 지출하고, 회사의 제품을 샘플로 제공하는 방법을 사용할 수 있을 것이다. 이렇게 회사는 홍보를 위해 비용을 지출하고 제품을 제공하는 등의 손실을 감수하게 되는데, 법인세법에서는 이러한 손실이 과도해질 경우 회사 이해관계자들의 피해가 발생할 수 있고 나아가 회사제도에 대한 불신이 생길 수 있는 상황을 우려한다. 그래서 법인세법에서는 이러한 홍보와 관련된 비용을 정당한 홍보비와 제재대상 홍보비로 나누고 제재대상 홍보비의 지출 금액에 연간 한도를 정해 한도를 초과하여 발생한 제재대상 홍보비를 손금으로 인정하지 않도록 하고 있다. 이를 통해 회사의 홍보를 위한 과도한 지출을 방지하여 공정거래를 확립하여 시장경제 질서를 바로잡고자 한다. 이때 제재대상 홍보비를 법인세법에서는 '기업업무추진비'라고 이름 붙이고 다른 비용들과 구별하고 있다.

구 분	정 의	법인세법 적용
정당한 홍보비	광고선전비, 회의비, 판촉비 등 법인세법상 기업업무추진비가 아닌 홍보비	• 손금으로 인정
제재 홍보비 (=기업업무추진비)	거래처와 친목도모를 위해 지출하는 홍보비	• 한도 이내: 손금 인정 • 한도 초과: 손금불산입

3) 취지와 내용

① 취지

기업업무추진비는 그 성질상 임직원 또는 주주 등의 개인적인 접대, 이익의 은폐 또는 비자금 조성 등에 악용될 여지가 있고 과소비, 향락문화의 조장 등 각종 사회적 문제를 일으킬 소지를 안고 있기 때문에 조세 정책적 목적에서 불필요한 지출을 억제하여 회사의 재무 건전성을 높이고 투명한 자금집행을 도모하기 위해 법인세법에서 기업업무추진비를 제재한다.

② 주요 내용

기업업무추진비의 손금불산입 규정에서는 아래의 내용을 배울 것이다.

항 목	내 용	용 도
기업업무추진비 요건	뭐가 기업업무추진비지?	기업업무추진비를 모아 한도와 비교
법정 증빙	특별한 영수증을 받아야 해.	증빙 미수취 기업업무추진비 손불
한도계산	한도 초과 금액은 손금인정 못 받아.	기업업무추진비 한도 시부인 손불
기업업무추진비 사례	어떤 비용을 기업업무추진비로 볼까?	기업업무추진비로 보는 사례들

㉮ 기업업무추진비의 요건

서두에 제재대상 홍보비의 이유와 정의를 보았지만 아무래도 부족해보일 수 있다. 먼저 법인세법에서 정하는 기업업무추진비의 정의를 알아보자.

[판단하기: 기업업무추진비의 정의]

대법원 2000두2990, 2002.4.12.
법인이 사업을 위하여 지출한 비용 가운데 상대방이 사업에 관련 있는 자들이고 지출의 목적이 접대 등의 행위에 의하여 사업관계자들과의 사이에 친목을 두텁게 하여 거래관계의 원활한 진행을 도모하는데 있다면 기업업무추진비라고 할 것이나, 지출의 상대방이 불특정다수인이고 지출의 목적이 구매의욕을 자극하는 데 있다면 광고선전비라고 할 것이다.

정리하자면, 제재대상인 기업업무추진비의 요건은 세 가지이다.

기업업무추진비 요건	요건 미충족(손금여부)
① 사업을 위해 지출한 비용	업무무관비용(×)
② 상대방이 사업에 관련 있는 자	기부금(한도 이내 ○)
③ 친목을 두텁게 하여 거래관계의 원활한 진행 도모 목적	광고선전비(○)

첫 번째 요건은 지출한 비용의 사업관련성이다. 회사가 지출한 비용은 대부분 사업을 위한 목적이지만 일부 그렇지 않은 경우가 있을 수 있다. 이때 그 비용은 기업업무추진비는 아니겠지만 업무무관비용에 해당하여 원칙적으로 법인세법상 손금으로 인정되지 않는다. 이에 대한 자세한 내용은 업무무관비용 손금불산입 규정을 참고하자.

두 번째는 지출의 상대방이 사업과 관련한 자일 요건이다. 여기에서 '상대방'의 의미는 거래의 상대방, 즉 지출 거래가 일어나는 곳의 의미보다는 지출의 목적이 되는 상대방을 의미한다고 할 수 있다. 예를 들어 회사의 제품을 많이 구매하는 거래처가 있을 때 앞으로 더 많은 구매를 장려하는 의미로 선물을 구매하여 거래처에 제공하였다고 하자. 이때 선물 구매의 거래상대방은 선물을 공급한 회사이겠지만 선물을 제공하는 목적에 따른 상대방은 거래처가 될 것이다. 따라서 기업업무추진비 요건에서 등장한 상대방은 선물을 공급한 회사가 아닌 거래처를 의미한다고 할 수 있다. 기업업무추진비는 이러한 상대방이 사업에 관련 있을 것을 요건으로 하는데 일반적으로 회사의 매출처나 매입처라면 이 요건을 충족한다고 할 수 있다. 만약에 회사가 사업과 관련 없는 자를 위해 지출하였다면 이는 기부금에 해당하고 이에 대한 법인세법의 내용은 기부금 규정을 참고하자.

마지막은 지출 목적인데, 거래를 원활하게 하기 위한 친목도모 목적의 지출일 것을 요건으로 하고 있다. 실무적으로 보면 회사와 과세관청 사이에 기업업무추진비 과세에 대한 다툼은 이 요건에 대한 해석과 사실관계의 차이에서 대부분 발생한다고 할 수 있다. 예를 들어 회사의 제품을 도매업자들에게 공급하고 도매업자들은 이 제품을 최종 소비자에게 공급하는 거래가 있다고 하자. 제조회사는 도매업자들이 회사의 물건을 많이 팔아주길 기대하는 마음에 판매량 기준에 따라 판매장려금 지급 약정을 맺었다.

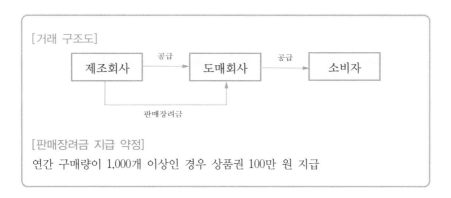

[거래 구조도]

제조회사 → (공급) → 도매회사 → (공급) → 소비자

판매장려금

[판매장려금 지급 약정]
연간 구매량이 1,000개 이상인 경우 상품권 100만 원 지급

연간 결산을 끝내고 보니 회사의 물건을 유통하는 도매회사 10곳 중에 3곳이 1,000개 이상 구매하여 그 회사들에게 각자 상품권 100만 원을 지급하였다. 그런데 구매량 상위 4번째 도매회사가 연간 999개의 제품을 구매한 것을 알고 회사는 고민 끝에 4번째 도매업자에게 상품권 50만 원을 지급하기로 결정하였다. 이 거래가 기업업무추진비에 해당하는지 여부를 어떻게 알 수 있을까?

항 목	판 단
① 상위 3개사의 약정 지급액	정당하게 지급한 판매장려금으로 전액 손금
② 4번째 회사의 추가 지급액	친목도모를 목적으로 지출한 기업업무추진비

결론부터 보자면 저자의 판단으로는 상위 3개사에게 지급한 상품권 금액은 전액 손금으로 인정할 수 있지만, 4번째 회사에 지급한 상품권은 기업업무추진비로 보아 한도 초과여부를 검토해 보아야 할 것이다. 상위 3개사에 지급한 것은 미리 약정한 내용을 지켜야 할 의무가 있고 도매회사의 판매량이 기준판매량에 도달하면서 의무가 확정되었기 때문에 지급하지 않으면 안 될 목적이 있지만, 4번째 회사에 지급한 것은 그러한 의무는 없고 앞으로의 친목 도모의 목적으로 밖에 보이지 않기 때문이다. 따라서 4번째 회사에 지급한 상품권 금액은 기업업무추진비로 보아야 할 것이다.

㉯ 지출증빙

기업업무추진비는 회사의 사업과 관련이 있는 자를 위해 지출된 비용이다. 그리고 과거 우리나라의 기업에서 과소비, 향락문화를 조장하는 방향으로 기업업무추진비가 지출되다 보니 회사의 연간 기업업무추진비의 지출금액을 제재하는 목적 외에도 기업업무추진비의 지출처가 양성화되도록 유도하는 목적을 추구하게 되었다. 이를 위해 기업업무추진비의 지출처가 드러날 수 있도록 회사가 기업업무추진비를 지출할 때 법에서 정하는 지출증빙을 갖추도록 하였다. 이 지출증빙을 통하여 기업업무추진비의 지출처를 정확히 파악하고 과세도 적절히 할 수 있을 것이기 때문이다. 따라서 지출증빙이라고 한다면 거래의 당사자를 파악할 수 있고 거래의 일자, 금액을 파악할 수 있어야 할 것이다. 현행 법인세법에서는 적격 지출증빙으로 그 목록을 열거하고 있다.

보론 :: **적격 지출증빙의 종류**

1. 다음 각 목의 어느 하나에 해당하는 것을 사용하여 지출하는 기업업무추진비 (당해 법인의 명의로 발급받은 신용카드에 한함)
   가. 「여신전문금융업법」에 따른 <u>신용카드</u>, 「여신전문금융업법」에 의한 직불카드, 외국에서 발행된 <u>신용카드</u>, 「조세특례제한법」 제126조의2 제1항 제4호에 따른 <u>기명식선불카드, 직불전자지급수단, 기명식선불전자지급수단 또는 기명식전자화폐</u>
   나. 「조세특례제한법」 제126조의2 제1항 제2호에 따른 <u>현금영수증</u>
2. 제121조 및 「소득세법」 제163조에 따른 <u>계산서</u> 또는 「부가가치세법」 제32조 및 제35조에 따른 <u>세금계산서</u>를 발급받거나 「부가가치세법」 제34조의2 제2항에 따른 <u>매입자발행세금계산서</u> 또는 대통령령으로 정하는 <u>원천징수영수증</u>을 발행하여 지출하는 경비

만약에 법인이 기업업무추진비를 지출하였지만 열거된 지출증빙을 갖추지 못한 경우 그 금액은 한도 내에 있더라도 손금불산입하고 기타사외유출로 소득처분한다. 기업업무추진비에 적격 증빙 구비의무를 부과한 것은 거래상대방의 납세의무를 포착하기 위한 방편인 것이다.

하지만 기업업무추진비의 지출에 있어 소액의 기업업무추진비에도 지출증빙을 강요한다면 소액의 물건을 판매하는 사업자에게 부담이 될 수 있고, 기업의 행정비용도 늘어날 수 있다. 또한 지출 환경에 따라 법인세

법에서 정한 지출증빙을 구비하기 어려울 수도 있다. 이러한 이유로 법인세법에서는 지출증빙 구비의무의 예외 규정을 두고 있다.

보론 / :: **적격 지출증빙 구비의무의 예외 규정**

1. 국외지역 기업업무추진비

기업업무추진비가 지출된 장소(해당 장소가 소재한 인근 지역 안의 유사한 장소를 포함한다)에서 현금 외에 다른 지출수단이 없어 법 제25조 제2항 각 호의 증빙을 구비하기 어려운 경우의 해당 국외지역에서의 지출

2. 농어민에 대한 계좌이체액

농·어민(한국표준산업분류에 따른 농업 중 작물재배업·축산업·복합농업, 임업 또는 어업에 종사하는 자를 말하며, 법인은 제외한다)으로부터 직접 재화를 공급받는 경우의 지출로서 그 대가를 「금융실명거래 및 비밀보장에 관한 법률」 제2조 제1호에 따른 금융회사등을 통하여 지급한 지출(해당 법인이 법 제60조에 따른 과세표준 신고를 할 때 과세표준 신고서에 송금사실을 적은 송금명세서를 첨부하여 납세지 관할 세무서장에게 제출한 경우에 한정한다)

3. 그 밖의 지출증빙구비가 어려운 상황

현물기업업무추진비 외에도 거래처의 매출채권 임의포기, 특정거래처에 대하여만 지급하는 판매장려금, 채무의 대위변제 등 거래실태상 원천적으로 증거자료를 구비할 수 없는 경우에는 신용카드 등의 사용의무규정이 적용되지 않는다(재법인 46012-155, 2000.10.16.).

접대를 위하여 법정증거자료기준금액을 초과하는 상품권을 구입하고 신용카드 매출전표 등을 수취하지 아니하는 경우에는 동 기업업무추진비는 손금불산입한다(법인 46012-2434, 1999.6.28.). 상품권은 계산서 또는 세금계산서의 교부대상이 아니므로(부가 46015-3650, 2000.10.26.), 결국 신용카드 등을 이용하여 구입하는 경우에 한하여 기업업무추진비로 인정받을 수 있다.

거래처의 매출채권 임의포기 등 거래실태상 원천적으로 증빙을 구비할 수 없는 경우에는 신용카드 사용의무규정이 적용되지 아니한다(재법인 46012-155, 2000.10.16.).

법인이 부도로 인해 신용카드를 사용할 수 없는 경우 1회 접대지출금액 법정증빙기준금액을 초과하는 경우에는 세금계산서 또는 계산서를 교부받아야 기업업무추진비로 인정된다(법인 46012-1536, 1999.4.23.).

4. 소액의 기업업무추진비

아래의 금액을 초과하지 않는 금액은 지출이 객관적으로 확인된다면 증빙을 갖추지 않아도 지출증빙 미수취로 인한 손금불산입을 하지 않음.

1. 경조금의 경우: 20만 원
2. 제1호 외의 경우: 2021년 1월 1일 이후: 3만 원

㉰ 현물기업업무추진비

기업업무추진비의 지출은 회사가 현금을 지급하는 경우뿐만 아니라 회사가 보유 중인 재고와 같은 자산을 지급하는 경우도 있을 수 있다. 자산을 지급한다면 이는 회계에서 자산의 감소와 매출원가나 판매관리비의 증가로 표시될 것이며, 법인세법에서는 이렇게 기록되는 매출원가나 판매관리비와 같은 비용을 기업업무추진비로 보고 있다. 이때 생각해보아야 할 점은 회계로 기록된 비용은 자산의 취득원가나 상각후원가와 같은 역사적원가주의 금액일 것인데, 법인세법에서 기업업무추진비로 보아야 하는 금액은 시가에 상당한 금액이라는 점이다. 따라서 회계에서 기록된 금액과 다른 금액을 적용한 세무조정이 필요한데, 이는 후술할 서식작성에서 자세히 보도록 하자.

보론 **:: 기업업무추진비를 자산의 취득원가에 포함한 경우 한도초과 세무조정**

기본통칙 25－0…2【건설 중인 자산으로 계상한 기업업무추진비의 처리】

① 법 제25조에 따른 기업업무추진비에는 당기에 건설 중인 자산 등으로 자산계상된 기업업무추진비를 포함하여 시부인 계산하며 기업업무추진비 한도액 계산은 다음과 같다.

1. 기업업무추진비 한도초과액이 당기에 손비로 계상한 기업업무추진비보다 많은 경우 당기에 손비로 계상한 기업업무추진비는 전액 손금불산입하고 그 차액은 건설 중인 자산에서 감액하여 처리한다.
2. 기업업무추진비 한도초과액이 당기에 손비로 계상한 기업업무추진비보다 많지 않은 경우 기업업무추진비 한도초과액만 손금에 산입하지 아니한다.

② 제1항에 따라 자산계정을 감액처리함에 있어서 수 개의 자산계정에 기업업무추진비가 계상된 경우 그 감액의 순위는 다음에 의한다.
2. 건설 중인 자산
3. 고정자산

보론 / ∷ 현물기업업무추진비 회계처리와 세무조정

　회사가 거래처에 원가 500,000원, 시가 1,000,000원의 제품을 무상으로 제공하는 경우 회계처리와 세무조정 시 기업업무추진비 시부인 대상금액

[현물기업업무추진비 회계처리] 계속기록법인 경우

차 변		대 변	
매출원가	500,000원	재고자산	500,000원

[기업업무추진비 시부인 대상금액] 시가상당액 + 부가가치세 매출세액(간주공급)
= 비용처리 500,000원+시가와의 차액 500,000원+매출세액 납부액 100,000원
= 기업업무추진비 시부인 대상금액 1,100,000원

㉣ 한도계산

　회사가 연간 지출하는 기업업무추진비의 총액을 제재하기 위해 법인세법에서는 회사별로 연간 기업업무추진비의 한도를 두고 있다. 한도는 기업의 규모에 비례하여 증가할 필요가 있는데 법인세법에서는 기업의 매출액의 크기에 비례하여 증가하도록 매출액의 크기에 따라 한도율을 정하고 있다. 또한 모든 기업이 연간 인정받을 수 있는 한도의 금액을 정하기도 하는데 중소기업과 그 외 기업의 한도를 다르게 두고 있다. 이를 고려하여 법인세법에서 정하고 있는 한도의 계산식은 아래와 같다.

보론 ∷ **기업업무추진비의 한도**

한도금액 = ① + ②

① 기본한도 = 중소기업: 3,600만 원, 기타법인: 1,200만 원
② 매출액 비례 한도 = (매출액 − 특수관계인 매출) × 적용률
                    + 특수관계인 매출액 × 적용률 × 10%

[매출액 비례 한도율]

매출액 단계	비례율
100억 원 미만	0.3%
100억 원 이상~500억 원 미만	0.2%
500억 원 이상	0.03%

[특수관계인 매출액]

회사의 특수관계인에 대한 매출액은 한도율을 곱한 금액에 10%만 한도로 인정받는다. 이때 누적 매출액 중 특수관계인에 대한 매출액을 큰 비례율부터 적용할지 낮은 비례율부터 적용할지에 따라 한도금액이 달라질 것이다. 법인세법에서는 특수관계인에 대한 매출액을 낮은 비례율부터 적용하도록 하고 있다.

㉮ 기업업무추진비의 사례

앞서 기업업무추진비의 요건을 배웠지만 요건만 가지고 기업업무추진비 해당여부를 판단하기는 쉽지 않다. 기업업무추진비는 회사가 지출하는 다양한 비용 중에서 지출 목적에 대한 판단에 따라 그 범위와 금액이 달라질 수 있기 때문에 한도초과로 손금불산입되는 금액이 항상 그에 맞추어 달라질 수 있다. 그래서 앞서 배운 기업업무추진비의 요건을 명확히 이해하고 아래의 사례들을 참고하여 회사에 발생하는 거래들에서 발생할 수 있는 위험을 미리 파악하는 것을 목적으로 학습하도록 하자.

1. 사용인이 조직한 조합 등에 지출한 복리시설비

사용인이 조직한 조합 또는 단체에 지출한 복리시설비는 다음과 같이 처리한다. 이 경우 복리시설비라 함은 법인이 종업원을 위하여 지출한 복리후생의 시설비, 시설구입비 등을 말한다(영 §40 ② 및 통칙 25−42…1).

① 조합이나 단체가 법인인 경우: 기업업무추진비
② 조합이나 단체가 법인이 아닌 경우: 법인경리의 일부

이 때 '법인경리의 일부로 본다'함은 복리시설물은 법인의 자산이 되고, 수선비 등은 그 내용에 따라 비용화하여 손금산입에 한도가 없다는 것이다.

2. 사전 약정이 없이 지급한 판매장려금

판매장려금을 사전 약정없이 지급한 경우 지급의 의무가 인정되지 않으면 손금으로 인정받기 어려움. 현행 세법에서는 약정이 없는 판매장려금도 손금인정이 가능해졌지만 인정여부에 다툼이 발생할 수 있으며, 여타 거래처와 차등 지급한 판매장려금도 문제가 발생할 수 있다.

3. 사업상 증여에 따른 매출세액 상당액 및 매입세액 불공제액

부가가치세법 제10조 제5항에 규정하는 사업상 증여의 경우에 법인이 부담한 매출세액 상당액은 사업상 증여의 성질에 따라 기부금 또는 기업업무추진비로 처리한다(통칙 25−0…3). 즉, 사업과 관련이 없는 경우에는 동 매출세액을 기부금에 포함하고, 사업과 관련이 있는 경우에는 동 매출세액을 기업업무추진비에 포함한다.

마찬가지로, 부가가치세법 제39조 제1항 제6호에 의하여 기업업무추진비 및 이와 유사한 비용의 지출에 관련되어 공제받지 못한 매입세액은 기업업무추진비에 포함시켜 처리하여야 한다(영 §22 ① 2호 참조).

4. 채권의 임의포기액

약정에 의하여 채권의 전부 또는 일부를 포기하는 경우 동 채권포기액은 대손금으로 보지 아니하고 업무관련성에 따라 기업업무추진비 또는 기부금으로 본다. 또한, 아무런 채권회수조치를 취하지 않음에 따라 소멸시효가 완성된 경우에는 동 채권을 임의포기한 것으로 보아 기업업무추진비 또는 기부금으로 본다(서이 46012−11493, 2003.8.18.; 법인 46012−2409, 2000.12.19.).

다만, 특수관계자 외의 자와의 거래에서 발생한 채권으로서 채무자의 부도발생 등으로 장래에 회수가 불확실한 어음·수표상의 채권 등을 조기에 회수하기

위하여 당해 채권의 일부를 불가피하게 포기한 경우 동 채권의 일부를 포기하거나 면제한 행위에 객관적으로 정당한 사유가 있는 때에는 동 채권포기액을 대손금으로 손금에 산입한다(통칙 19의2-19의2…5).

[채권의 임의포기에 따른 처리]
불가피하게 포기하는 경우(정당한 사유가 있는 경우): 대손금
정당한 사유가 없는 경우 법인의 업무와 관련된 경우: 기업업무추진비
법인의 업무와 관련이 없는 경우: 기부금(손금불산입)

5. 특수관계 없는 자에게 제공하는 이익

법인이 업무와 관련하여 특수관계 없는 자에게 자산을 무상 또는 저가양도함으로 인하여 제공하는 이익은 기업업무추진비에 포함한다(서이 46012-11479, 2003.8.13.).
그러나, 특수관계가 있는 자와의 거래일 경우에는 기업업무추진비가 아닌 법 제52조의 부당행위계산의 부인규정을 적용하며, 업무와 관련 없이 자산을 무상 또는 저가양도함으로써 제공하는 이익은 기부금으로 처리한다.

6. 고용관계가 없는 자에게 지출하는 복리후생비 등

근로자파견계약에 따라 파견사업주로부터 근로자를 파견받아 용역을 제공받는 법인이 동 계약조건에 따라 파견근로자에게 직접 지급하는 복리후생비 및 성과급은 인력공급에 대한 용역의 대가에 포함하는 것이나, 별도의 약정없이 지급의무 없는 복리후생비 등을 법인이 임의로 파견근로자에게 지급하는 경우에는 기업업무추진비로 본다(서이 46012-11136, 2002.5.30.). 그러나 법인에 고용관계가 없는 자에게 지출하는 금액일지라도 신제품의 설명, 판매기술의 연구 등을 위한 회의개최비용이나 판매망 확장을 위한 연구회·강연회 등의 개최에 지출한 비용은 판매촉진비로서 전액 손금산입된다(국심 81서 300, 1981.5.4.).
파견직원에게 지급한 복리후생비 등 고용관계가 없는 자에게 지급한 복리후생비도 인정되는 것으로 과거 세법이 개정되었지만 실무에서 파견직원의 종류와 지급 사유 등의 이유로 다툼이 발생할 수 있다.

7. 채권의 지연회수

업무와 관련하여 발생한 채권에 대해 일반적인 거래조건이나 유사한 채권에 적용한 신용기간보다 지연회수한 채권의 이자상당액

8. 샘플

샘플의 목적으로 지급하지 않은 재고 등 재화의 가액

4) 세무조정 준비하기

항 목	내 용
손익계산서의 기업업무추진비	기업업무추진비 명세서를 통해 접대성 비용 여부 확인
기타 비용항목 명세서 확인	기타 비용 명세서를 통해 접대성 비용 여부 확인
접대성 경비의 지출증빙 확인	적격 지출증빙을 구비하지 않은 접대성 경비의 손금불산입
감사보고서 주석	전체 매출액과 특수관계인 매출액 확인
한도계산	기업업무추진비 손금산입 한도 계산
세무조정	접대성 경비와 한도를 비교하여 세무조정

5) 세무조정과 서식작성

① 세무조정 사례

㈜에스에이치랩의 당기 기업업무추진비의 내역과 필요한 정보는 아래와 같다. 당해 사업연도의 기업업무추진비 세무조정을 수행하고 서식을 작성하시오.

(1) 회사의 명세

중소기업에 해당하지 않으며 제조업을 영위하고 있다.
당해 사업연도기간은 1월 1일부터 12월 31일까지이다.

(2) 재무제표에서 확인할 수 있는 항목

(2-1) 당기 손익계산서의 기업업무추진비 계정에 포함된 기업업무추진비 내역은 아래와 같다.

항목	증빙수취	증빙 미수취		합계
		기준금액 이내	기준금액 초과	
거래처와 식대 등	35,000,000원	2,000,000원	1,000,000원	38,000,000원
경조사비	–	3,000,000원	500,000원	3,500,000원
제품 증정	1,000,000원(하단 참조)			1,000,000원

• 증빙수취한 금액은 전액 기준금액 초과되었다.

- 제품 증정: 거래처에 홍보목적으로 지급한 당사의 제품이며 원가 2만 원, 판매가 10만 원에 해당한다. 총 수량은 50개가 지급되었으며 관련 부가가치세 납세의무는 수행하였다.

(2-2) 기타 비용항목 중 접대성경비에 해당할 것으로 판단되는 내역은 아래와 같다.
- 광고선전비에 추석 선물로 거래처에 제공한 선물세트의 구입액 1,000,000원이 포함되어 있으며, 전액 기준금액 초과하였고 관련 증빙은 모두 수취하였다.

(2-3) 재무상태표 건설 중인 자산
- 건설 중인 자산으로 기록된 금액 중 거래처와 식대가 2,500,000원이 포함되어 있으며, 전액 기준금액 초과하였고 관련 증빙은 모두 수취하였다.

(3) 감사보고서 주석에서 확인한 매출액의 내역은 아래와 같다

분 류	금 액
일반 매출액	8,000,000,000원
특수관계인 매출액	4,000,000,000원
합계	12,000,000,000원

[세무조정 금액 계산]

(1) 적격 증빙 미수취 기업업무추진비 분류

항 목	증빙미수취 총액	기준금액 초과
거래처와 식대 및 회식비	3,000,000원	1,000,000원
경조사비	3,500,000원	500,000원
합계	6,500,000원	1,500,000원

- 제품의 증정은 적격증빙 수취의무가 없음.

(2) 기업업무추진비 시부인 대상금액 취합

분 류	금 액
거래처와 식대 및 회식비	37,000,000원
경조사비	3,000,000원
제품 증정	5,500,000원
광고선전비	1,000,000원

분 류	금 액
건설 중인 자산	2,500,000원
합계	49,000,000원

- 제품 증정: 제품의 시가 + 제공된 제품의 매출세액 = 5,000,000원 + 500,000원

(3) 기업업무추진비 한도금액 = ① + ② = 37,000,000원

① 기본한도 = 12,000,000원(비중소기업)

② 매출액 비례 한도 = 일반 매출액 한도[80억 원 × 0.3%] + 특수관계인 매출액
한도[(20억 원 × 0.3%+ 20억 원 × 0.2%) × 10%]
= 24,000,000원 + 1,000,000원= 25,000,000원

(4) 세무조정금액

적격 증빙 미수취 기업업무추진비: 1,500,000원

한도초과 기업업무추진비: 12,000,000원

② 세무조정

항목(순서)	내 용
① 적격 증빙 미수취	일반적인 적격증빙 미수취 기업업무추진비와 지출소명이 안 되는 기업업무추진비를 나누어 세무조정 [손금불산입] 적격증빙 미수취 1,500,000원 기타사외유출
② 한도 시부인	접대성 경비와 한도를 비교하여 한도초과금액 세무조정 [손금불산입] 한도초과 기업업무추진비 12,000,000원 기타사외유출

③ 서식작성

■ 법인세법 시행규칙 【별지 제23호 서식(을)】 <개정 2021. 3. 16>

사 업 연 도	2023.01.01 ~ 2023.12.31	접대비조정명세서(을)	법 인 명	(주)에스에이치랩
			사업자등록번호	106-81-12345

1. 수입금액 명세

구 분	① 일반수입금액	② 특수관계인간 거래금액	③ 합 계 (①+②)
금 액	8,000,000,000	4,000,000,000	12,000,000,000

2. 접대비 해당금액

④ 계 정 과 목			접대비(판)	광고선전비	건설중인자산		합 계
⑤ 계 정 금 액			42,500,000	5,500,000	2,500,000		50,500,000
⑥ 접대비계상액 중 사적사용경비							
⑦ 접대비 해당 금액 (⑤-⑥)			42,500,000	5,500,000	2,500,000		50,500,000
⑧ 신 용 카 드 등 미 사 용 금 액	경조사비 중 기준금액 초과액	⑨ 신용카드 등 미사용 금액	500,000				500,000
		⑩ 총초과금액	500,000				500,000
	국외지역 지출액 (「법인세법 시행령」 제41조 제2항 제1호)	⑪ 신용카드 등 미사용 금액					
		⑫ 총지출액					
	농어민 지출액 (「법인세법 시행령」 제41조 제2항 제2호)	⑬ 송금명세서 미제출금액					
		⑭ 총지출액					
	접대비 중 기준금액 초 과 액	⑮ 신용카드 등 미사용 금액	1,000,000				1,000,000
		⑯ 총초과금액	36,000,000	1,000,000	2,500,000		39,500,000
	⑰ 신용카드 등 미사용 부인액 (⑨+⑪+⑬+⑮)		1,500,000				1,500,000
⑱ 접 대 비 부 인 액 (⑥+ ⑰)			1,500,000				1,500,000

210mm×297mm[백상지 80g/㎡ 또는 중질지 80g/㎡]

사 업 연 도	2023.01.01 ~ 2023.12.31	접대비조정명세서(갑)		법 인 명	(주)에스에이치랩
				사업자등록번호	106-81-12345

구 분			금 액
① 접대비 해당 금액			50,500,000
② 기준금액 초과접대비 중 신용카드 등 미사용으로 인한 손금불산입액			1,500,000
③ 차감 접대비 해당 금액(① - ②)			49,000,000
일반 접대비 한도	④ 1,200만원 X 해당 사업연도 월수(12) (중소기업 3,600만원) 12		12,000,000
	총수입금액 기준	100억원 이하의 금액 x 30/10,000	30,000,000
		100억원 초과500억원 이하의 금액 x 20/10,000	4,000,000
		500억원 초과 금액 x 3/10,000	
		⑤ 소 계	34,000,000
	일반수입금액 기준	100억원 이하의 금액 x 30/10,000	24,000,000
		100억원 초과500억원 이하의 금액 x 20/10,000	
		500억원 초과 금액 x 3/10,000	
		⑥ 소 계	24,000,000
	⑦ 수입금액 기준	(⑤ - ⑥) × 10/100	1,000,000
	⑧ 일반접대비 한도액(④ + ⑥ + ⑦)		( ) 37,000,000
문화접대비 한도 (「조세특례제 한법」 제136 조제3항)	⑨ 문화접대비 지출액		
	⑩ 문화접대비 한도액 (⑨과 (⑧ x 20/100) 중 작은 금액)		
⑪ 접대비 한도액 합계(⑧ + ⑩)			( ) 37,000,000
⑫ 한도초과액(③ - ⑪)			12,000,000
⑬ 손금산입한도 내 접대비지출액(③과 ⑪중 작은 금액)			37,000,000

210mm×297mm[백상지 80g/ ㎡ 또는 중질지 80g/ ㎡]

제15호와 제3호의 기록을 확인하세요! (249~252페이지)

6) 세무조사 사례

조심 2015전3890, 2017.2.13.

[처분개요]

- 기업업무추진비 시부인 계산에 포함시켜 기업업무추진비 한도초과로 손금불 산입하고 기타사외유출 소득처분한 상품권 및 기프트카드의 구입액에 대하여 귀속자가 불분명하다 하여 대표자 상여처분
- 기업업무추진비 계상액 중 지출증빙으로 직원 개인의 신용카드 영수증을 첨부 한 금액에 대하여 기업업무추진비 한도초과액을 손금불산입하고 기타사외유 출 소득처분하였으나, 동 기업업무추진비 중 개인적 사용혐의가 있다 하여 가 공기업업무추진비 혐의로 대표자 상여처분
- 청구법인이 생산한 제품을 견본품으로 제공하고 광고선전비로 계상한 금액은 기업업무추진비로 보아 한도초과액의 손금불산입 및 소득처분(기타사외유출)

[청구법인 주장]

- 쟁점상품권의 구입액에 대하여 (중략) 세무조정은 적법하고, 청구법인이 쟁점 상품권에 대한 사용처를 밝힐 의무가 없음에도 쟁점상품권에 대한 사용처를 소명하지 못한다는 이유로 동 쟁점1 금액을 대표자상여로 소득처분함은 부당
- 직원개인의 신용카드 영수증을 첨부한 기업업무추진비계상액은 실제 법인의 영업목적으로 지출된 기업업무추진비이고… (중략) 국세청은 소액기업업무추 진비의 경우 종업원 명의 신용카드로 결제하더라도 기업업무추진비 한도계산 에 산입하고 당해 지출증빙서류가 신용카드전표인 경우 적격증빙에 해당하는 것으로 해석하고 있으며, 비록 직원명의 카드로 소액기업업무추진비를 지출하 였더라도 사회통념상 인정할 수 있는 소액이며, 청구법인의 내부통제기능을 감안하면 실비변상적 비용에 해당하므로 입증책임이 완화되는 것임.
- 청구법인이 지급하는 견본품은 1회 제공하는 견본품의 가액과 매출액 대비 견 본비의 비율 등에 비추어 볼 때 접대성 경비로 보기 어렵고, 주로 신규거래처 등을 대상으로 지급하였기 때문에 제품소개 등을 통한 판매촉진에 그 목적… (중략) 견본비가 매출액의 0.82%에 불과하고, 「약사법」상 의약품에 대한 정보 제공 목적으로 일정금액 이하 기념품이나 일정금액 이하 판촉물을 제공할 수 있도록 허용

[판단]

- 조사청은 상품권 등에 대한 일자별 사용처(거래처상호, 사업자번호, 지급받은 자의 부서 및 직책, 성명 등)와 이를 입증할 수 있는 증빙자료 제출을 요구하

였으나… (중략) 조사 당시 제출된 사용처 소명과는 별도의 사실과 다른 내용으로 사용처를 소명하였음이 청구법인 직원과의 문답서 작성과정 등에서 확인되었다.

- 관련 전표 및 첨부된 지출증빙 검토한바, 카드 사용내역의 상당부분이 대형마트에서 야채·생선 등 생필품 구입, 학원등록비, 치과 등 병원진료비, 산후조리원 비용, 전자제품, 고가의류 및 가방, 회갑 또는 돌잔치 등에 대한 것으로 이들 지출내역을 법인 영업목적의 기업업무추진비로 볼 수 없고, 본사 직원 PC에서 확보한 법인카드 사용현황에서 보는 바와 같이 영업직원 개개인에게 사용한도가 ○○○원인 법인카드를 배분하였음에도 법인의 기업업무추진비 지출에 직원개인의 신용카드 전표가 증빙으로 첨부되어 있으며… (후략)

- 청구법인은 견본비를 광고선전비로 처리하면서 사업상 증여로 보아 부가가치세를 신고하였고, 조사청은 이 중 일정 금액을 초과하여 지급한 견본비에 대해 기업업무추진비 시부인 계산하여 손금불산입하였는바… (중략) 청구법인은 견본품의 경우 주로 신규거래처를 대상으로 홍보활동 목적으로 사용하였기 때문에 광고선전비에 해당한다고 주장하면서 조사기간 중 관련 기안문서 일부를 제출하였는데, 해당 기안문의 목적을 보면 ① IR활동 시 사용(투자기관, 애널리스트, 언론기관 등에 회사홍보용으로 지급할 예정), ② 실험용/크레임해결용, ③ 거래선(중국 황하그룹 외) 방문 시 사용, ④ 제품 개선관련 회의용, ⑤ 식약청 검역에 사용한 것으로 확인되고 견본사용 수량은 최대 30개를 넘지 않는다.… (중략) 청구법인이 제출한 기안문 중 ② 실험용 견본품 및 ⑤ 식약청 검역에 사용된 견본품의 경우 견본비(광고선전비)로 볼 여지가 있으나 해당 수량은 30개를 넘지 않고… (중략) 견본품이 기존에 출시된 제품이 많아 신제품 홍보로 보기 어려운 점, 해당 견본비는 거래처 판매실적 등과 무관하게 지급되어 판매부대비용 등 기타 손금으로 인정할 수도 없는 점 등을 고려할 때 당초 기업업무추진비로 처분한 결정은 정당하다.

(2) 부당행위계산부인

1) 한마디 정의

특수관계인과의 거래로 인해 회사가 입은 정당하지 않은 손해는 손금으로 인정하지 않고 세무조정한다.

2) 취지와 내용

① 취지

[부당행위계산부인 사례]

서울북부지검 형사6부는 20일 오전부터 서울 성북구에 있는 A사 본사와 이 회사의 계열사 및 거래처 사무실을 압수수색하고 있다고 밝혔다. 검찰은 오너 일가가 지위를 이용해 업무상 부당 행위를 저질러 사익을 추구했을 개연성 등을 들여다보는 것으로 전해졌다. A사는 제품 생산에 필요한 원재료 등을 오너 일가가 운영하는 다른 회사로부터 비싸게 공급받는다는 의혹을 받는 것으로 알려졌다. 불필요한 유통 구조로 해당 회사에 일감을 주고 특수관계인들이 사업 지분을 갖고 사익을 얻는 구조라는 분석이 나온다.

현재 A사는 B사에서 원재료 C를, D사에서 원재료 E를 공급받고 있다. 이 회사들은 오너인 F회장이나 부인 G사장, 회장의 측근 등이 대표이사로 되어 있는 회사들이다.

(기사 일부 수정, 후략)

위의 사례에서 A사는 그룹의 오너가 대표이사로 재직 중인 회사로부터 원재료를 고가에 공급받고 있다는 혐의를 받았다. A사는 이 거래로 인해 손해를 보고, B사와 D사는 이익을 볼 것이다. 법인세법에서는 이러한 거래로 인해 A사의 소득금액이 감소하고 결국 법인세 납부액이 감소되는 것을 제재할 필요가 있다. 비단 불공정한 거래로 인한 법인세 감소를 막겠다는 취지뿐만 아니라 불합리한 거래를 제재함으로써 사회의 불공정한 거래를 줄여나가고자 하는 목적이 담겨있다고 할 수 있다.

② 주요 내용

부당행위계산부인 규정은 아래의 내용을 배울 것이다.

항 목	내 용	용 도
부당행위 요건	부당행위의 과세요건이 뭐지?	제재대상인 거래 포착
특수관계인	누구와의 거래가 제재대상일까?	제재대상인 거래 포착
거래의 시가	부당한 거래는 어떻게 판단할까?	부당성의 판단과 과세기준
인정이자	대여금의 시가는 어떻게 정할까?	인정이자의 세무조정
주요 사례	어떤 사례가 빈번하게 발생할까?	빈번하게 발생하는 사례

㉮ 부당행위 요건

부당행위계산부인이라는 세무조정항목의 이름을 풀어보면 회사가 수행한 부당한 행위에 대해 거래가 회사의 소득금액을 계산할 때 미치는 영향을 부인하고 회사의 과세대상 소득금액을 다시 계산하겠다는 의미가 내포되어 있다. 따라서 회사가 수행한 부당한 행위를 포착하고 이러한 거래가 회사의 소득금액에 미치는 영향을 계산하여 이를 부인해야 한다. 당연한 얘기겠지만 이때 소득금액에 미치는 영향이란 회사의 소득금액이 감소되는 것을 말한다. 즉, 회사가 부당한 거래를 통해 법인세법상 과세대상인 소득금액을 낮추어 법인세를 덜 내고자 하는 행위를 부인하고 소득금액을 재계산하겠다는 것이다. 이를 적용하기 위해서는 법인세법에서 정하는 부당한 행위가 무엇인지 알아야 한다.

[판단하기: 부당행위계산부인 적용 요건]

법인세법 제52조 부당행위계산의 부인

　납세지 관할 세무서장 또는 관할 지방국세청장은 내국법인의 행위 또는 소득금액의 계산이 특수관계인과의 거래로 인하여 그 법인의 소득에 대한 조세의 부담을 부당하게 감소시킨 것으로 인정되는 경우에는 그 법인의 행위 또는 소득금액의 계산과 관계없이 그 법인의 각 사업연도의 소득금액을 계산한다.

위 법문의 내용을 정리하면 부당행위계산부인 규정의 적용 요건은 아래와 같다.

부당행위계산부인 적용 요건	판단 내용
① 특수관계인과의 거래	특수관계인의 범위
② 조세의 부담이 감소될 것	거래로 인한 손실
③ 거래가 부당할 것	경제적 합리성, 시가

위에서 정리한 대로 부당행위계산부인 규정을 적용한다면 회사가 수행한 거래의 효과는 유지하지만 거래로 인한 손실의 금액은 부인되기 때문에 법인세액에 미치는 효과가 크다. 유사한 거래가 계속적으로 발생하고 있을 가능성이 크기 때문이다. 따라서 이 규정을 통해 과세하기 위해서는 법인세법에 적용 요건을 엄격하게 정해놓을 필요가 있는데, 법인세법에서는 가장 먼저 특수관계인과의 거래에만 적용하도록 범위를 정해놓고 있다.

㉯ 특수관계인

특수관계인의 요건을 알아보기 전에 왜 거래상대방을 먼저 제한하고 있는지 이유를 생각해 볼 필요가 있다. 예를 들어 A회사와 같은 그룹에 속해있는 B회사가 있다고 해보자. 두 회사가 거래를 하기 이전에 A회사는 소득금액이 3,000억 원을 초과하여 추가되는 소득에 대해 25%의 법인세율을 적용하고, B회사는 소득금액이 200억 원 미만으로 20%의 법인세율을 적용받는다. 게다가 그룹을 지배하는 최대주주의 지분율이 B가 더 높은 상황을 생각해보자. A회사의 제품을 B회사가 구매하고 B회사는 이 상품을 최종 소비자에게 판매하고자 할 때 A와 B가 제품 1개당 거래할 금액을 어떻게 정하는 것이 그룹 전체를 위해 유리할까? A회사가 그룹사가 아닌 제3자 회사에 판매하는 금액을 기준으로 더 낮은 금액으로 판매해야 A의 소득을 B에게 이전하여 그룹 전체적으로 법인세를 줄일 수 있고 B회사의 이익이 증가하여 최대주주의 지분금액을 높일 수도 있을 것이다. 따라서 거래의 가격을 설정할 수 있을 정도로 친밀한 관계가 있는 두 회사가 있을 때 두 회사는 거래금액을 조정함으로써 법인세를 적게 낼 수 있어 정부의 법인세 유입을 줄일 수 있고, A회사의 주주들에게 돌아갈 이익을 B회사의 주주들에게 이전하여 A회사의 주주들에게 피해를 줄 수도 있게 된다. 이러한 소득금액의 이전을 방지하기 위해 부당행위계산부인 규정에서는 회사와 부당한 거래가 가능할 만큼 친밀한 관계가 있을 수 있는 특수관계인의 범위를 정해놓고 있다. 따라서 회사의 거래 중에 특수관계인과 수행한 것이 있다면 이 규정이 적용될지 나머지 요건을 검토하여 판단해 보아야 한다.

[판단하기: 특수관계인의 범위]

법인세법 제2조

"특수관계인"이란 법인과 경제적 연관관계 또는 경영지배관계 등 대통령령으로 정하는 관계에 있는 자를 말한다. 이 경우 본인도 그 특수관계인의 특수관계인으로 본다.

법인세법 시행령 제2조

법 제2조 제12호에서 "경제적 연관관계 또는 경영지배관계 등 대통령령으로 정하는 관계에 있는 자"란 다음 각 호의 어느 하나에 해당하는 관계에 있는 자를 말한다.

1. 임원의 임면권의 행사, 사업방침의 결정 등 해당 법인의 경영에 대해 사실상 영향력을 행사하고 있다고 인정되는 자(「상법」 제401조의2 제1항에 따라 이사로 보는 자를 포함한다)와 그 친족

2. 제50조 제2항에 따른 소액주주등이 아닌 주주 또는 출자자와 그 친족

3. 다음 각 목의 어느 하나에 해당하는 자 및 이들과 생계를 함께하는 친족
   가. 법인의 임원·직원 또는 비소액주주등의 직원(비소액주주등이 영리법인인 경우에는 그 임원을, 비영리법인인 경우에는 그 이사 및 설립자를 말한다)
   나. 법인 또는 비소액주주등의 금전이나 그 밖의 자산에 의해 생계를 유지하는 자

4. 해당 법인이 직접 또는 그와 제1호부터 제3호까지의 관계에 있는 자를 통해 어느 법인의 경영에 대해 「국세기본법 시행령」 제1조의2 제4항에 따른 지배적인 영향력을 행사하고 있는 경우 그 법인

5. 해당 법인이 직접 또는 그와 제1호부터 제4호까지의 관계에 있는 자를 통해 어느 법인의 경영에 대해 「국세기본법 시행령」 제1조의2 제4항에 따른 지배적인 영향력을 행사하고 있는 경우 그 법인

6. 해당 법인에 100분의 30 이상을 출자하고 있는 법인에 100분의 30 이상을 출자하고 있는 법인이나 개인

7. 해당 법인이 「독점규제 및 공정거래에 관한 법률」에 따른 기업집단에 속하는 법인인 경우에는 그 기업집단에 소속된 다른 계열회사 및 그 계열회사의 임원

(지배적인 영향력) 국세기본법 시행령 제1조의2 제4항

제3항 제1호 각 목, 같은 항 제2호 가목부터 다목까지의 규정을 적용할 때 다음 각 호의 구분에 따른 요건에 해당하는 경우 해당 법인의 경영에 대하여 지배적인 영향력을 행사하고 있는 것으로 본다.

1. 영리법인인 경우
   가. 법인의 발행주식총수 또는 출자총액의 100분의 30 이상을 출자한 경우
   나. 임원의 임면권의 행사, 사업방침의 결정 등 법인의 경영에 대하여 사실상 영향력을 행사하고 있다고 인정되는 경우

2. 비영리법인인 경우
   가. 법인의 이사의 과반수를 차지하는 경우
   나. 법인의 출연재산(설립을 위한 출연재산만 해당한다)의 100분의 30 이상을 출연하고 그중 1인이 설립자인 경우

㉰ 거래의 시가

나머지 두 요건은 회사가 특수관계인과의 거래를 통해 손해를 입음으로 인해 소득금액이 감소하여 법인세의 부담이 감소될 것과 이러한 거래가 부당한 거래일 것을 두고 있다. 법인세법에서는 회사의 거래로 인해 회사가 손해를 입고 그것이 부당한 거래라는 것을 어떻게 판단하여 과세할 수 있을까? 특수관계인과의 거래라도 제3자와의 거래와 같이 일상적일 수 있고, 이런 거래를 막무가내로 막을 수는 없는 노릇이다. 이를 위해 법인세법에서는 "시가"를 정의하여 회사가 시가보다 낮은 금액으로 제품이나 서비스를 특수관계인에게 판매하거나 특수관계인의 제품이나 서비스를 시가보다 높은 금액으로 구매할 때 회사는 손해를 보아 조세의 부담

이 감소된다고 판단하고 있다. 따라서 회사가 특수관계인과 수행하는 거래의 종류에 따라 법인세법에서 규정된 시가의 범위를 판단하여 이를 벗어나고 있는지 확인할 필요가 있다.

거래의 종류	시가 규정
① 원칙	해당 거래와 유사한 상황에서 해당 법인이 특수관계인 외의 불특정 다수인과 계속적으로 거래한 가격 또는 특수관계인이 아닌 제3자 간에 일반적으로 거래된 가격 (주권상장법인이 발행한 주식을 증권시장 외에서 거래하거나 대량 매매 등 기획재정부령으로 정하는 방법으로 거래한 경우 해당 주식의 시가는 그 거래일의 한국거래소 최종시세가액. 사실상 경영권의 이전이 수반되는 경우에는 상속세 및 증여세법 제63조 제3항을 준용하여 그 가액의 100분의 20을 가산)
② 시가를 정하기 어려울 때	다음 각 호를 차례로 적용하여 계산한 금액 1. 「감정평가 및 감정평가사에 관한 법률」에 따른 감정평가업자가 감정한 가액이 있는 경우 그 가액(감정한 가액이 2 이상인 경우에는 그 감정한 가액의 평균액). 다만, 주식등 및 가상자산은 제외 2. 상속세 및 증여세법을 준용하여 평가한 가액
③ 거래종류별 시가	금전의 대여 또는 차용의 경우: 가중평균차입이자율 다만, 다음 각 호의 경우에는 해당 각 호의 구분에 따라 기획재정부령으로 정하는 당좌대출이자율 1. 가중평균차입이자율의 적용이 불가능한 경우로서 기획재정부령으로 정하는 사유가 있는 경우: 해당 대여금 또는 차입금에 한정 1의2. 대여기간이 5년을 초과하는 대여금이 있는 경우 등 기획재정부령으로 정하는 경우: 해당 대여금 또는 차입금에 한정 2. 해당 법인이 법 제60조에 따른 신고와 함께 기획재정부령으로 정하는 바에 따라 당좌대출이자율을 시가로 선택(선택한 사업연도와 이후 2개 사업연도) 자산(금전을 제외한다) 또는 용역의 제공에 있어서 제1항 및 제2항의 규정을 적용할 수 없는 경우: 다음 각 호의 규정에 의하여 계산한 금액 1. 유형 또는 무형의 자산을 제공하거나 제공받는 경우에는 당해 자산 시가의 100분의 50에 상당하는 금액에서 그 자산의 제공과 관련하여 받은 전세금 또는 보증금을 차감한 금액에 정기예금이자

거래의 종류	시가 규정
③ 거래종류별 시가	율을 곱하여 산출한 금액 2. 건설 기타 용역을 제공하거나 제공받는 경우에는 당해 용역의 제공에 소요된 금액(직접비 및 간접비를 포함)과 원가에 당해 사업연도 중 특수관계인 외의 자에게 제공한 유사한 용역제공거래 또는 특수관계인이 아닌 제3자 간의 일반적인 용역제공거래를 할 때의 수익률(기업회계기준에 의하여 계산한 매출액에서 원가를 차감한 금액을 원가로 나눈 율을 말한다)을 곱하여 계산한 금액을 합한 금액

거래의 유형별로 부당행위를 결정하는 기준인 시가의 계산방법을 보았다. 시가는 원칙적으로 사람들이 자유롭게 거래하는 가격이므로 시점에 따라 시가는 변하게 마련이다. 따라서 과세를 위해 어떤 시점의 시가를 적용할지 결정해야 하는데 세법에서는 행위 당시를 기준으로, 즉 거래 시점의 시가를 적용하도록 하고 있다.

[판단하기: 부당행위판단 시점]

법인세법 시행령 제88조 【부당행위계산의 유형 등】
② 제1항의 규정은 그 행위 당시를 기준으로 하여 당해 법인과 특수관계인 간의 거래(특수관계인 외의 자를 통하여 이루어진 거래를 포함한다)에 대하여 이를 적용한다.

㉘ 부당한 세부담 감소행위

실무적으로 앞서 배운 과세의 요건에 해당한다면 부당행위계산 부인규정 적용대상이 되겠지만, 법인세법에서는 빈번하게 발생가능한 거래에도 엄격하게 적용되어 거래의 불편을 초래하는 것을 방지하고자 부당한 세부담 감소행위의 유형을 열거하고 이 중 회사에서 특수관계인과 빈번하게 발생 가능한 거래에 대해서는 세부담의 감소액이 일정금액 미만인 경우에는 과세대상에서 제외하도록 하고 있다.

법인세법 시행령 제88조

① 법 제52조 제1항에서 "조세의 부담을 부당하게 감소시킨 것으로 인정되는 경우"란 다음 각 호의 어느 하나에 해당하는 경우를 말한다.

1. 자산을 시가보다 높은 가액으로 매입 또는 현물출자받았거나 그 자산을 과대상각한 경우

2. 무수익 자산을 매입 또는 현물출자받았거나 그 자산에 대한 비용을 부담한 경우

3. 자산을 무상 또는 시가보다 낮은 가액으로 양도 또는 현물출자한 경우. 다만, 제19조 제19호의2 각 목 외의 부분에 해당하는 주식매수선택권 등의 행사 또는 지급에 따라 주식을 양도하는 경우는 제외한다.

3의2. 특수관계인인 법인 간 합병(분할합병을 포함한다)·분할에 있어서 불공정한 비율로 합병·분할하여 합병·분할에 따른 양도손익을 감소시킨 경우. 다만, 「자본시장과 금융투자업에 관한 법률」 제165조의4에 따라 합병(분할합병을 포함한다)·분할하는 경우는 제외한다.

4. 불량자산을 차환하거나 불량채권을 양수한 경우

5. 출연금을 대신 부담한 경우

6. 금전, 그 밖의 자산 또는 용역을 무상 또는 시가보다 낮은 이율·요율이나 임대료로 대부하거나 제공한 경우. 다만, 다음 각 목의 어느 하나에 해당하는 경우는 제외한다.

　가. 제19조 제19호의2 각 목 외의 부분에 해당하는 주식매수선택권 등의 행사 또는 지급에 따라 금전을 제공하는 경우

　나. 주주등이나 출연자가 아닌 임원(소액주주등인 임원을 포함한다) 및 사용인에게 사택(기획재정부령으로 정하는 임차사택을 포함한다)을 제공하는 경우

　다. 법 제76조의8에 따른 연결납세방식을 적용받는 연결법인 간에 연결법인세액의 변동이 없는 등 기획재정부령으로 정하는 요건을 갖추어 용역을 제공하는 경우

7. 금전, 그 밖의 자산 또는 용역을 시가보다 높은 이율·요율이나 임차료로 차용하거나 제공받은 경우. 다만, 법 제76조의8에 따른 연결납세방식을 적용받는 연결법인 간에 연결법인세액의 변동이 없는 등 기획재정부령으로 정하는 요건을 갖추어 용역을 제공받은 경우는 제외한다.

7의2. 기획재정부령으로 정하는 파생상품에 근거한 권리를 행사하지 아니하거

나 그 행사기간을 조정하는 등의 방법으로 이익을 분여하는 경우

8. 다음 각 목의 어느 하나에 해당하는 자본거래로 인하여 주주등(소액주주등은 제외한다. 이하 이 조에서 같다)인 법인이 특수관계인인 다른 주주 등에게 이익을 분여한 경우

　가. 특수관계인인 법인간의 합병(분할합병을 포함한다)에 있어서 주식등을 시가보다 높거나 낮게 평가하여 불공정한 비율로 합병한 경우. 다만, 「자본시장과 금융투자업에 관한 법률」 제165조의 4에 따라 합병(분할합병을 포함한다)하는 경우는 제외

　나. 법인의 자본(출자액을 포함한다)을 증가시키는 거래에 있어서 신주(전환사채·신주인수권부사채 또는 교환사채 등을 포함한다. 이하 이 목에서 같다)를 배정·인수받을 수 있는 권리의 전부 또는 일부를 포기(그 포기한 신주가 「자본시장과 금융투자업에 관한 법률」 제9조 제7항에 따른 모집방법으로 배정되는 경우를 제외한다)하거나 신주를 시가보다 높은 가액으로 인수하는 경우

　다. 법인의 감자에 있어서 주주 등의 소유주식 등의 비율에 의하지 아니하고 일부 주주 등의 주식 등을 소각하는 경우

8의2. 제8호 외의 경우로서 증자·감자, 합병(분할합병을 포함한다)·분할, 「상속세 및 증여세법」 제40조 제1항에 따른 전환사채등에 의한 주식의 전환·인수·교환 등 자본거래를 통해 법인의 이익을 분여하였다고 인정되는 경우. 다만, 제19조 제19호의 2 각 목 외의 부분에 해당하는 주식매수선택권등 중 주식매수선택권의 행사에 따라 주식을 발행하는 경우는 제외

9. 그 밖에 제1호 내지 제7호, 제7호의2, 제8호 및 제8호의2에 준하는 행위 또는 계산 및 그외에 법인의 이익을 분여하였다고 인정되는 경우

③ 제1항 제1호·제3호·제6호·제7호·제9호(제1항 제1호·제3호·제6호 및 제7호에 준하는 행위 또는 계산에 한한다)는 시가와 거래가액의 차액이 3억 원 이상이거나 시가의 100분의 5에 상당하는 금액 이상인 경우에 한하여 적용한다.

　특수관계인과의 거래 중에 자산의 거래, 자금이나 자산의 대여와 같은 거래는 빈번하게 발생할 수 있고 이러한 거래에 엄격하게 시가를 강제한다면 특수관계인 간의 거래가 지나치게 위축될 수 있다. 그래서 법인세법에서는 이러한 거래에 대해서는 시가와 거래가액의 차액이 3억 원 이상이거나 시가의 5% 이상인 경우 둘 중 하나라도 해당하는 때에 부당행위

계산부인 규정을 적용하도록 하고 있다. 거래가격이 시가의 5% 이내이고, 거래 전체의 차액 합계가 3억 원 미만이라면 과세하지 않겠다는 것이다.

[핵심정리] 자산의 제공이나 금전의 대부, 용역의 제공거래는 시가와 거래가액의 차액이 3억 원 미만 & 시가의 5% 미만인 경우에는 과세하지 않는다.

[판단하기: 금액요건을 두어 적용을 완화하는 대상 거래]

거래의 예시

1호·3호: 고가매입, 저가양도 등
- 회사의 재고를 저가에 공급
- 계열사의 재고를 고가에 매입

6호·7호: 금전의 저가 대부(고가 차용), 용역의 저가 제공(고가 이용자)
- 회사가 임직원에게 주택취득자금을 저리에 대부
- 회사의 사업용 부동산을 계열사나 임직원에 저가에 제공

그리고 실무적으로 조세를 감소시킨 거래에 해당하지만 부당하지 않은 것으로 인정되는 사례가 있다. 다양한 판례와 유권해석을 참고할 수 있겠지만, 여기에서는 유권해석으로서 기본통칙의 내용을 참고하도록 한다.

[판단하기: 과세하지 않는 유형]

[기본통칙 52 - 88···3]
다음 각 호의 1에 해당하는 것은 "조세의 부담을 부당하게 감소시킨 것으로 인정되는 경우"에 포함되지 아니하는 것으로 한다. (일부 발췌)
1. 법인의 업무를 수행하기 위하여 초청된 외국인에게 사택 등을 무상으로 제공한 때
6. 특수관계자 간에 보증금 또는 선수금 등을 수수한 경우에 그 수수행위가 통상의 상관례의 범위를 벗어나지 아니한 때
8. 사용인에게 자기의 제품이나 상품 등을 할인판매하는 경우로서 다음에 해당하는 때

가. 할인판매가격이 법인의 취득가액 이상이며 통상 일반 소비자에게 판매하는 가액에 비하여 현저하게 낮은 가액이 아닌 것

나. 할인판매를 하는 제품 등의 수량은 사용인이 통상 자기의 가사를 위하여 소비하는 것이라고 인정되는 정도의 것

10. 특수관계자 간의 거래에서 발생된 외상매출금 등의 회수가 지연된 경우에도 사회통념 및 상관습에 비추어 부당함이 없다고 인정되는 때

12. 특수관계자에 대한 가지급금 등의 채권액이 「채무자 회생 및 파산에 관한 법률」에 따라 정리채권으로 동결된 때

14. 법인이 「국세기본법」 제39조에 따른 제2차 납세의무자로서 특수관계자의 국세를 대신 납부하고 가지급금 등으로 처리한 경우

15. 법인이 「근로자복지기본법」에 의한 우리사주조합의 조합원에게 자사주를 영 제89조에서 규정하는 시가에 미달하는 가액으로 양도하는 경우. 다만, 금융지주회사의 자회사인 비상장법인이 당해 금융지주회사의 우리사주조합원에게 양도하는 경우에는 당해 법인의 종업원이 취득하는 경우에 한한다

㉺ 인정이자

부당행위계산부인 판례에서 빈번하게 등장하는 유형에는 금전대차거래가 있다. 특수관계인 사이의 자금 대여는 신용이 우량하지 않은 계열사로의 대여나 임직원을 대상으로 한 복리후생 목적의 자금대여 등과 같이 다양한 방식으로 발생하고 있다. 사실 이러한 전형적인 거래와 다르게 자금의 대여로 발생하지는 않았지만 금전대차거래와 같이 과세되는 경우도 적지 않다.

[판단하기: 자금의 대여로 과세된 거래 유형, 비과세 대상 거래 유형]

1. 과세 유형
- 특수관계자에 대한 정당한 이유없는 매출채권 지연회수
- 비현실적 퇴직에 대한 퇴직금(법칙 제22조 제2항)

2. 비과세 유형
[법인세법 시행규칙 제44조]
1. 「소득세법」 제132조 제1항 및 동법 제135조 제3항의 규정에 의하여 지급한

것으로 보는 배당소득 및 상여금(이하 이 조에서 "미지급소득"이라 한다)에 대한 소득세(개인지방소득세와 미지급소득으로 인한 중간예납세액상당액을 포함)를 법인이 납부하고 이를 가지급금 등으로 계상한 금액(당해 소득을 실지로 지급할 때까지의 기간에 상당하는 금액에 한한다)

3. 법인이 우리사주조합 또는 그 조합원에게 해당 우리사주조합이 설립된 회사의 주식취득(조합원 간에 주식을 매매하는 경우와 조합원이 취득한 주식을 교환하거나 현물출자함으로써 「독점규제 및 공정거래에 관한 법률」에 의한 지주회사 또는 「금융지주회사법」에 의한 금융지주회사의 주식을 취득하는 경우를 포함한다)에 소요되는 자금을 대여한 금액(상환할 때까지의 기간에 상당하는 금액에 한한다)

5. 대표자에게 상여처분한 금액에 대한 소득세를 법인이 납부하고 이를 가지급금으로 계상한 금액(특수관계가 소멸될 때까지의 기간에 상당하는 금액에 한한다)

6. 사용인에 대한 월정급여액의 범위 안에서의 일시적인 급료의 가불금

7. 사용인에 대한 경조사비 또는 학자금(자녀의 학자금을 포함한다)의 대여액

7의2. 「조세특례제한법 시행령」 제2조에 따른 중소기업에 근무하는 직원(지배주주등인 직원은 제외한다)에 대한 주택구입 또는 전세자금의 대여액

특수관계인과의 금전대차거래도 앞서 배운 과세요건을 충족한다면 과세하게 된다. 이때 과세여부를 판단하는 시가의 규정이 중요한데 법인세법에서는 금전대차거래의 시가로 가중평균차입이자율을 원칙으로 하고 가중평균차입이자율을 적용할 수 없거나 회사의 선택에 따라 주기적으로 개정되는 시행규칙의 당좌대출이자율을 적용할 수 있도록 했다. 두 이자율의 계산방법을 살펴보고 예시를 통해 연습해 보자.

[가중평균차입이자율]

자금을 대여한 법인의 대여시점 현재 각각의 차입금 잔액(특수관계인으로부터의 차입금은 제외한다)에 차입 당시의 각각의 이자율을 곱한 금액의 합계액을 해당 차입금 잔액의 총액으로 나눈 비율

[당좌대출이자율]

연간 1,000분의 46(4.6%)

(적용기간) 이 규칙 시행 전(2016.3.7. 이전)에 종전의 당좌대출이자율에 따라 이자를 수수하기로 약정을 체결한 경우로서 약정기간이 있는 대여금에 대해서는 제43조 제2항의 개정규정에도 불구하고 해당 약정기간 만료일까지는 종전의 규정(6.9%)에 따른다.

[당좌대출이자율로 해야만 하는 경우] 법인세법 시행령 제89조
1. 특수관계인이 아닌 자로부터 차입한 금액이 없는 경우
2. 차입금 전액이 채권자가 불분명한 사채 또는 매입자가 불분명한 채권·증권의 발행으로 조달된 경우
3. 가중평균차입이자율로 산출된 비율 또는 대여금리가 해당 대여시점 현재 자금을 차입한 법인의 각각의 차입금 잔액(특수관계인으로부터의 차입금은 제외한다)에 차입 당시의 각각의 이자율을 곱한 금액의 합계액을 해당 차입금 잔액의 총액으로 나눈 비율보다 높은 때
4. 대여기간이 5년을 초과하는 대여금이 있는 경우 등 대여한 날(계약을 갱신한 경우에는 그 갱신일을 말한다)부터 해당 사업연도 종료일(해당 사업연도에 상환하는 경우는 상환일을 말한다)까지의 기간이 5년을 초과하는 대여금이 있는 경우: 해당 대여금 또는 차입금에 한정하여 당좌대출이자율을 시가로 한다.
5. 해당 법인이 법 제60조에 따른 신고와 함께 기획재정부령으로 정하는 바에 따라 당좌대출이자율을 시가로 선택하는 경우: 당좌대출이자율을 시가로 하여 선택한 사업연도와 이후 2개 사업연도는 당좌대출이자율을 시가로 한다.

(정리하기)
집행기준 52-89-4【가중평균차입이자율의 적용이 불가능한 경우】
다음에 해당하는 경우에는 당좌대출이자율을 시가로 한다.

구 분	내 용
해당 대여금 (차입금)에 한하여 적용	① 특수관계인이 아닌 자로부터 차입한 금액이 없는 경우 ② 차입금 전액이 채권자가 불분명한 사채 또는 매입자가 불분명한 채권·증권의 발행으로 조달된 경우 ③ 대여자의 가중평균차입이자율과 대출이자율 〉 차입자의 가중평균차입이자율 ④ 대여한 날(계약을 갱신한 경우에는 그 갱신일)부터 해당 사업연도 종료일(해당 사업연도에 상환하는 경우는 상환일)까지의 기간이 5년을 초과하는 대여금(차입금)이 있는 경우
선택 사업연도와 이후 2개 사업연도에 적용	⑤ 당좌대출이자율을 시가로 선택하여 신고한 경우

[주요 유권해석] 집행기준 52-89-5 【가지급금 인정이자 계산】
① 법인이 특수관계인에게 금전을 무상 또는 낮은 이율로 대부한 경우 다음과 같이 계산한 인정이자와 회사가 계상한 이자와의 차이를 익금산입하고 귀속자에 따라 소득처분하여야 한다.

인정이자 = 가지급금 등의 적수* × 이자율 × 1/365(윤년의 경우 1/366)
* 가지급금 등의 적수 계산은 일별 적수 계산방법에 따르며, 가지급금이 발생한 초일은 산입하고 가지급금이 회수된 날은 제외한다.
② 인정이자의 계산은 특수관계가 소멸하는 날까지 적용하는 것이며, 특수관계가 소멸한 이후에는 인정이자를 계산하지 아니한다.
③ 인정이자를 계산함에 있어 동일인에 대하여 가지급금과 가수금이 함께 있는 경우에는 이를 상계한 금액으로 계산한다. 다만, 가수금에 대하여 별도로 상환기간 및 이자율 등에 관한 약정이 있어 가지급금과 상계할 수 없는 경우에는 이를 상계하지 아니하고 인정이자를 계산한다.

> 특수관계자에 대한 가지급금과 가수금을 상계하는 경우
> 특수관계인에 대한 가지급금이 있는 경우 부당행위계산부인에 따른 인정이자 외에 해당 가지급금에 대해 대손충당금을 설정하지 못하는 불이익이 있다. 해당 특수관계인에 대한 가수금이 있는 경우 상계하는 원칙이 서로 다른 특징이 있다.

항 목	원칙	예 외
인정이자	상계	별도로 상환기간 및 이자율 등에 관한 약정이 있다면 상계 불가
대손충당금 설정	비상계	상계약정이 있는 경우에 상계

가중평균차입이자율과 당좌대출이자율을 모두 사용할 수 있는 경우 회사는 둘 중에 적용할 이자율을 선택할 수 있지만, 당좌대출이자율을 선택하는 경우 선택사업연도를 포함하여 3년간은 의무적으로 적용하여야 한다. 위에서 설명한 사항을 고려하여 대여시점의 이자율을 비교하여 적용할 이자율을 선택하는 연습을 아래와 같이 수행하여 보자.

[판단하기: 금전대차거래의 시가규정]

시가이자율 결정하기

회사는 2023년도 10월 1일 현재 계열사에 금전을 10억 원 대여하고자 한다. 이때 부당행위계산부인에 따라 과세받지 않기 위해 대여 이자율을 어떻게 결정하여야 할지 판단하여 보자.

1. 대여 시점의 회사의 차입금

금전대여 당시 회사의 부채에 보유하는 차입금은 총 4가지인데, 그 차입조건은 아래와 같다.

대상	만기	금액	이자율
은행 A	2022.1.20.	1,000,000,000원	5%
은행 B	2021.11.30.	800,000,000원	4%
은행 C	2022.12.31.	2,000,000,000원	4.5%
특수관계인 회사 D	2023.12.31.	500,000,000원	2%

2. 가중평균차입이자율

가중평균차입이자율을 계산할 때 특수관계인으로부터의 차입금은 계산에 포함하지 않는다.

가중치 평균차입이자율

$$= \frac{(10억\ 원 \times 5\%) + (8억\ 원 \times 4\%) + (20억\ 원 \times 4.5\%)}{10억\ 원 + 8억\ 원 + 20억\ 원} = 4.53\%$$

3. 결정하기

부당행위에 적용되지 않고 수수이자가 적도록 가중평균차입이자율 선택 가능

가중평균차입이자율	당좌대출이자율
4.53%	4.6%

결국 시가로 보는 이자율을 선택할 수 있다는 것은 이자율뿐만 아니라 회사의 사정에 맞게 유리한 방법을 적용하기 위한 계획을 세울 수 있다는 것이 된다. 경험적으로 임직원에게 대여금이 다수 발생하고 차입금 이자율이 비교적 높은 경우 회사의 경우 당좌대출이자율을 선택하여 대여시점의 가중평균이자율을 매번 계산하는 불편함을 줄이는 경우가 많다.

3) 세무조정 준비하기

항 목	내 용
특수관계인 거래 확인	주요거래처 중 특수관계인과의 거래내역 확인
거래시가 확인	거래의 종류에 따라 제3자 거래가 등 확인
특수관계인 채권·채무 확인	기중 장부상 채권·채무 중 특수관계인 거래 확인
특수관계인 거래명세서 작성	특수관계인과의 거래에 대해 서식 작성

4) 세무조정과 서식작성

① 세무조정 사례

㈜에스에이치랩의 당기말 현재 대여금 현황은 아래와 같다. 회사의 인정이자율은 가중평균차입이자율을 선택한 경우 가지급금인정이자에 대한 세무조정을 수행하고 서식을 작성하시오.

(1) 대여금 명세와 사업연도 중 변동내역

이현준은 회사의 대표이사로서 2022년 10월 1일에 회사로부터 2천만 원을 차입한 이후 2023년도의 금액 변동이 아래와 같다.

차입자	일자	증가	감소	잔액	일수	적수
	2023 - 01 - 01			20,000,000	76	1,520,000,000
	2023 - 03 - 18	10,000,000		30,000,000	31	930,000,000
	2023 - 04 - 18		1,500,000	28,500,000	30	855,000,000
	2023 - 05 - 18		1,500,000	27,000,000	31	837,000,000
	2023 - 06 - 18		1,500,000	25,500,000	30	765,000,000
이현준	2023 - 07 - 18		1,500,000	24,000,000	31	744,000,000
	2023 - 08 - 18		1,500,000	22,500,000	31	697,500,000
	2023 - 09 - 18		1,500,000	21,000,000	30	630,000,000
	2023 - 10 - 18		1,500,000	19,500,000	31	604,500,000
	2023 - 11 - 18		1,500,000	18,000,000	30	540,000,000
	2023 - 12 - 18		1,500,000	16,500,000	14	231,000,000
합계						8,354,000,000

(2) 차입일 현재 차입금 명세와 사업연도 중 변동내역

대상	만기	금액	이자율
은행 A	2023.01.20.	1,000,000,000	5%
은행 B	2023.11.30.	800,000,000	4%
은행 C	2023.12.31.	2,000,000,000	4.50%
특수관계인 회사 D	2023.12.31.	500,000,000	2%

[세무조정]

(1) 가지급금 적수 계산

(전기이월분)

차입자	일자	증가	감소	잔액	일수	적수
이현준	2023 - 01 - 01			20,000,000	107	2,140,000,000
	2023 - 04 - 18		1,500,000	18,500,000	30	555,000,000
	2023 - 05 - 18		1,500,000	17,000,000	31	527,000,000
	2023 - 06 - 18		1,500,000	15,500,000	30	465,000,000
	2023 - 07 - 18		1,500,000	14,000,000	31	434,000,000
	2023 - 08 - 18		1,500,000	12,500,000	31	387,500,000
	2023 - 09 - 18		1,500,000	11,000,000	30	330,000,000
	2023 - 10 - 18		1,500,000	9,500,000	31	294,500,000
	2023 - 11 - 18		1,500,000	8,000,000	30	240,000,000
	2023 - 12 - 18		1,500,000	6,500,000	14	91,000,000
합계					365	5,464,000,000

(당기 추가 차입분)

차입자	일자	증가	감소	잔액	일수	적수
이현준	2023 - 03 - 18	10,000,000		10,000,000	289	2,890,000,000
합계						2,890,000,000

(2) 차입금액별 가중평균차입이자율 계산

종류	차입일	가중평균차입이자율
전기이월분	2022 - 10 - 01	4.53%
추가차입분	2023 - 03 - 18	[(8억 원×4%) + (20억 원×4.5%) / (8억 원+20억 원)] = 4.36%

(3) 이자 수령: 2023년도 이자 수령액 360,000원

(4) 시가이자 계산

적수	이자율	시가이자
5,464,000,000	4.53%	677,578
2,890,000,000	4.36%	344,989

(5) 금액기준 확인

시가이자	수령이자	차이	시가비율	금액기준
1,022,567	360,000	662,567	65%	3억 원 이내

② 세무조정

항 목	내 용
과세대상 특수관계인 거래	특수관계인 거래에 대해 시가와 거래가의 차액을 세무조정 [익금산입] 부당행위계산부인 662,567원 상여

③ 서식작성

부당행위계산부인 중 가지급금인정이자의 세무조정내역은 별지 제19호(을) 서식과 별지 제19호(갑) 서식에 작성한다. 제19호(을) 서식은 가지급금의 적수를 계산하는 서식인데 차입자 한 명당 한 장의 서식을 작성한다. 서식에는 적용하는 시가 이자율에 따라 가지급금의 적수 계산식을 다르게 기록하며, 동일인에 대한 가수금이 있다면 해당 적수도 같이 기록한다.

사업 연도	2023.01.01 ~ 2023.12.31	가지급금등의인정이자조정명세서(을)		법 인 명	(주)에스에이지랩
				사업자등록번호	106-81-12345

1. 가중평균차입이자율에 따른 가지급금 등의 적수, 인정이자 계산

직책	대표	성명	이현준

대여기간		③ 연월일	④적 요	⑤차 변	⑥대 변	⑦잔 액 (⑤-⑥)	⑧ 일수	⑨가지급금 적수 (⑦x⑧)	⑩가수금 적수	⑪차감적수 (⑨-⑩)	⑫ 이자율	⑬인정이자 (⑪x⑫)
①발생 연월일	②회수 연월일											
계				30,000,000	13,500,000	16,500,000		8,354,000,000		8,354,000,000		1,022,567

2. 당좌대출이자율에 따른 가지급금등의 적수 계산

⑭연월일	⑮적 요	⑯차 변	⑰대 변	⑱잔 액	⑲일 수	⑳가지급금 적수 (⑱x⑲)	㉑가수금 적수	㉒차감적수 (⑳-㉑)
계								

3. 가수금 등의 적수 계산

㉓연월일	㉔적 요	㉕차 변	㉖대 변	㉗잔 액	㉘ 일 수	㉙가수금적수 (㉗x ㉘)
계						

210㎜×297㎜ (신문용지 54g/ ㎡(재활용품))

별지출력

사업 연도	2023.01.01 ~ 2023.12.31	가지급금등의인정이자조정명세서(을)		법 인 명	(주)에스에이치랩
				사업자등록번호	106-81-12345

1. 가중평균차입이자율에 의한 가지급금 등 적수, 인정이자 계산

		직책	대표	성명	이현준

대여기간												
①발생 연월일	②회수 연월일	③ 연월일	④적 요	⑤차 변	⑥대 변	⑦잔 액 (⑤-⑥)	⑧ 일수	⑨가지급금 적수 (⑦×⑧)	⑩가수금 적수	⑪차감적수 (⑨-⑩)	⑫ 이자율	⑬인정이자 (⑪×⑫)
2023/01/01	차기이월	2023/01/01	전기이월	20,000,000		20,000,000	107	2,140,000,000		2,140,000,000	4.52632	265,378
2023/01/01	2023/04/18	2023/04/18	회수		1,500,000	18,500,000	30	555,000,000		555,000,000	4.52632	68,824
2023/01/01	2023/05/18	2023/05/18	회수		1,500,000	17,000,000	31	527,000,000		527,000,000	4.52632	65,352
2023/01/01	2023/06/18	2023/06/18	회수		1,500,000	15,500,000	30	465,000,000		465,000,000	4.52632	57,664
2023/01/01	2023/07/18	2023/07/18	회수		1,500,000	14,000,000	31	434,000,000		434,000,000	4.52632	53,819
2023/01/01	2023/08/18	2023/08/18	회수		1,500,000	12,500,000	31	387,500,000		387,500,000	4.52632	48,053
2023/01/01	2023/09/18	2023/09/18	회수		1,500,000	11,000,000	30	330,000,000		330,000,000	4.52632	40,922
2023/01/01	2023/10/18	2023/10/18	회수		1,500,000	9,500,000	31	294,500,000		294,500,000	4.52632	36,520
2023/01/01	2023/11/18	2023/11/18	회수		1,500,000	8,000,000	30	240,000,000		240,000,000	4.52632	29,762
2023/01/01	2023/12/18	2023/12/18	회수		1,500,000	6,500,000	14	91,000,000		91,000,000	4.52632	11,284
2023/03/18	2023/03/18	2023/03/18	대여	10,000,000		10,000,000	289	2,890,000,000		2,890,000,000	4.35714	344,980
계				30,000,000	13,500,000	16,500,000		8,354,000,000		8,354,000,000		1,022,567

210mm×297mm(신문용지 54g/ ㎡(재활용품))

사업 연도	2023.01.01 ~ 2023.12.31	가지급금 등의 인정이자 조정명세서(갑)	법 인 명	(주)에스에이치랩
			사업자등록번호	106-81-12345

1. 적용 이자율 선택 (√ 표시)

√	원칙 : 가중평균차입이자율
☐	「법인세법 시행령」 제89조제3항제1호에 따라 해당 대여금 또는 차입금만 당좌대출이자율을 적용
☐	「법인세법 시행령」 제89조제3항제1호의2에 따라 해당 대여금 또는 차입금만 당좌대출이자율을 적용
☐	「법인세법 시행령」 제89조제3항제2호에 따른 당좌대출이자율 (선택사업연도 ~)

2. 가중평균차입이자율에 따른 가지급금 등의 인정이자 조정

① 성명	② 가지급금적수	③ 가수금적수	④ 차감적수 (② - ③)	⑤ 인정이자	⑥ 회사계상액	시가인정범위		⑨ 조정액(= ⑦) ⑦ 3억이거나 ⑧ 5%인경우
						⑦차액 (⑤- ⑥)	⑧비율(%) (⑦)/⑤)x100	
이현준	8,354,000,000		8,354,000,000	1,022,567	360,000	662,567	64.79448	662,567
계	8,354,000,000		8,354,000,000	1,022,567	360,000			662,567

3. 당좌대출이자율 등에 따른 가지급금 등의 인정이자 조정

⑩성명	⑪적용 이자율 선택방법	⑫ 가지급금 적수	⑬가수금 적수	⑭차감적수 (⑫- ⑬)	⑮ 이자율	⑯인정이자 (⑭×⑮)	⑰회사 계상액	시가인정범위		⑳조정액(= ⑱) ⑱ 3억이거나 ⑲ 5%인경우
								⑱차액 (⑯- ⑰)	⑲비율(%) (⑱)/⑯)x100	
계										

210mm×297mm [신문용지54g/ ㎡(재활용품)]

제15호와 제3호의 기록을 확인하세요! (249~252페이지)

부당행위계산부인 규정이 특수관계인과의 거래에 적용하고, 특수관계인과의 거래에는 '특수관계인 거래명세서'를 작성하여야 한다.

[판단하기: 특수관계인 거래의 거래명세서 제출]

법인세법 시행령 제90조
① 각 사업연도에 특수관계인과 거래가 있는 법인은 법 제52조 제3항에 따라 법 제60조에 따른 신고와 함께 기획재정부령으로 정하는 특수관계인 간 거래명세서를 납세지 관할 세무서장에게 제출하여야 한다. 다만, 「국제조세조정에 관한 법률」 제16조에 따른 납세지 관할 세무서장에게 그 내역을 제출한 국제거래의 내역은 제외할 수 있다.
② 납세지 관할 세무서장 또는 관할 지방국세청장은 제1항의 규정에 의하여 제출받은 명세서의 내역을 확인하기 위하여 필요한 때에는 법인에 대하여 그 거래에 적용한 시가의 산정 및 그 계산근거 기타 필요한 자료의 제출을 요구할 수 있다.

5) 세무조사 사례

수원지방법원 2015구합0661, 2016.2.4.

[처분경위]
원고가 특수관계법인인 7개 법인에게 2008년부터 2012년까지 PCB driller 등 제조용 기계를 판매하면서 발생한 매출채권의 회수를 지연한 것이 부당행위계산부인 대상에 해당한다고 보아 그 지연회수 기간에 대한 인정이자 합계 3,910,172,818원을 각 회계연도에 익금산입하고, 위 매출채권 상당액이 업무와 관련 없이 지급한 가지급금에 해당하는 것으로 보아 그 지급이자 상당액 3,290,730,723원을 각 회계연도에 손금불산입하도록 하는 내용의 과세자료를 피고에게 통보

[회사의 주장]
1) 조세심판원은 원고가 이 사건 특수관계인으로부터 이 사건 매출채권을 지연회수한데 정당한 이유가 있는 것으로 보아 그 지연회수분이 업무무관가지급금에 해당하지 않는다고 판단하였음에도 다른 한편으로 이 사건 매출채권의 지연회수에 정당한 이유가 없는 것으로 보고 부당행위계산부인 규정을 적용하여 인정이자 상당액을 익금에 산입하였는데, 논리모순이다.

2) 원고가 이 사건 특수관계인으로부터 이 사건 매출채권을 지연회수한 것은 새로운 제품의 개발(이 사건 장비의 국산화), 해외시장 진출 등을 위한 것으로 건전한 사회통념이나 상관행에 비추어 경제적 합리성이 있으므로 부당행위계산부인 대상이 되지 아니한다.

[판단]

원고가 이 사건 특수관계인으로부터 지급받아야 할 이 사건 매출채권의 회수를 지연한데 정당한 사유가 있다고 보기 어렵고, 오히려 건전한 사회통념이나 상관행에 비추어 경제적 합리성이 결여된 것으로 봄이 상당하므로, 원고의 이 부분 주장도 이유 없다.

① 원고는 이 사건 장비를 연구ㆍ개발하여 자회사에 판매하여 자회사를 통해 삼**전기 주식회사, 엘** 주식회사에 레이저드릴링 용역을 제공하는 사업을 구상하고, 이를 위하여 자회사인 주식회사 레**텍(부산, 청주), 이**스(소주)를 설립하였는데, 위 회사들은 원고로부터 구입한 이 사건 장비를 이용하여 용역을 제공하여야 비로소 수입이 발생하므로 원고로서는 부득이 위 사업의 성공을 위하여 이 사건 매출채권의 회수를 3년 내지 5년간 유예하였던 것이라고 주장한다. 그러나 이 사건 매출채권의 지연회수가 부당행위계산부인 대상이 되는 것은 지연회수기간이 장기일 뿐만 아니라 원고가 지연회수기간에 상응하는 지연이자조차 수령하지 않아 그 기간의 이자상당액 만큼의 경제적 이익을 특수관계인에게 분여하고, 원고는 분여한 이익만큼의 조세부담을 경감하였기 때문이고, 원고의 주장과 달리 이 사건 장비의 국산화를 위하여 자회사의 설립이 불가피했던 것으로 보이지도 않는다.

② 경제적 합리성의 유무를 판단함에 있어서 거래상대방이 특수관계인이 아닌 경우에도 그와 같은 방식으로 거래를 하였을 것인지가 중요한 기준이 될 수 있을 것인데, 원고는 비특수관계인과의 거래에서는 통상적으로 거래금액의 일부를 계약금으로 수령하고 제품 완납 후 수일 내에 잔금을 지급받고 있는데 반해 이 사건 특수관계인과의 거래에서는 최초 계약 시부터 아무런 대가 없이 고가의 장비를 선공급하고 그 대금도 수년에 걸쳐 분할 상환받기로 약정하였고, 이후 위 회사들이 대금의 상환기한을 지키지 못하였음에도 지연이자를 청구하거나 별도의 제재수단도 강구하지 않는 등 차등을 두었다.

③ 또한 원고는 이 사건 특수관계인으로부터 장기간에 걸쳐 물품대금을 회수할 계획이었음에도 경제상황의 변화에 따라 거래상대방이 대금을 상환하지 못하는 상황을 대비한 대책도 마련하지 않았다.

④ 이 사건 특수관계인은 이 사건 매출채권 외에 별다른 채무가 없었던 데 반해 원고는 2008년부터 2012년까지 134억 원 내지 540억 원의 차입금 채무를 부

담하면서 상당한 금액의 이자를 부담하고 있는 상황이었음에도 이 사건 특수관계인으로부터 이 사건 매출채권에 대한 지연이자를 징구하지 않았다.

⑤ 원고는 특수관계에 있지 않은 주식회사 캐**, 주식회사 모**, 엘** 주식회사에 공급한 장비와 이 사건 장비가 질적으로 달라 대금상환조건을 단순히 비교하는 것은 무리라는 취지로 주장하나, 설령 그렇다고 하더라도 원고는 이 사건 매출채권을 평균적인 회수기간을 초과하여 최장 1,549일이나 지연회수하였고, 앞서 본 바와 같이 대금상환조건 등을 특수관계인에게 절대적으로 유리하도록 정하였는데, 원고가 주장하는 사정을 모두 고려하더라도 거래조건을 위와 같이 정한 주된 이유는 거래의 상대방이 원고의 특수관계인이기 때문인 것으로 보인다.

⑥ 원고는 이 사건 특수관계인 중 이**스(천진)는 일반 마커 시장의 진출을 위하여, 이**스 미국, 이**스 대만, 이**스 싱가포르, P** Photonics Ltd(영국)은 해외시장 진출 등을 위하여 설립 또는 인수하였는데, 위 자회사의 자금난으로 인하여 부득이 이 사건 매출채권의 회수가 지연된 것이라고 주장한다.

그러나 설령 위 자회사의 자금난으로 인하여 매출채권의 회수가 지연되었다고 하더라도 앞서 본 것처럼 원고는 처음부터 경제상황의 변화에 따라 거래상대방이 대금을 상환하지 못하는 상황을 대비한 대책을 마련하지 않았고, 지연회수기간에 상응하는 지연이자도 징구하지 않았는데, 그 주된 이유는 앞의 경우와 마찬가지로 거래의 상대방이 원고의 특수관계인이기 때문인 것으로 보인다.

(3) 지급이자 손금불산입

1) 한마디 정의

법인세법에서 정하고 있는 네가지 종류의 이자비용은 손금불산입한다.

[손금불산입하는 지급이자의 종류]
1. 채권자가 불분명한 사채의 이자
2. 지급받은 자가 불분명한 채권·증권의 이자·할인액 또는 차익
3. 건설자금에 충당한 차입금의 이자
4. 업무무관자산이나 특수관계인에 대한 가지급금을 취득하거나 보유하고 있는

> 내국법인이 법에 따라 계산한 금액(차입금 중 해당 자산가액에 상당하는 금액
> 의 이자를 한도)

2) 읽어보기

회사의 재무상태표에는 자산과 부채, 자본이 표현되어 있다. 그리고 대차평균의 원리에 따라 자산의 합계는 부채와 자본의 합계와 같은데, 이때 부채와 자본은 회사에 투자한 두 종류의 투자자로서 채권자와 주주의 권리금액을 기록한 금액으로 볼 수 있다. 예를 들어 자산의 합계가 500억 원, 부채는 200억 원, 자본의 금액은 300억 원이 기록된 회사의 재무상태표가 있다고 하자. 이때 부채의 금액인 200억 원은 회사에 투자한 채권자의 권리금액으로 만기가 되어 갚을 날짜가 되었을 때 회사는 가진 자산으로 200억 원을 갚아야 한다. 그렇게 자산 중 200억 원으로 부채를 갚고 나면 남은 300억 원으로는 사업활동을 통해 이익을 남겨 주주에게 돌려주어야 한다. 결국 자본의 금액 300억 원은 주주가 회사의 사업활동을 위해 투자하였거나 과거에 회사가 벌어들인 이익 중 주주에게 아직 돌려주지 않은 이익의 누적액으로 모두 언젠가 주주에게 돌려줄 금액에 해당할 것이다. 그렇기 때문에 회사의 자산은 부채와 자본의 합계 금액과 같을 수밖에 없는 것이다.

이때 회사에 투자한 채권자에게는 주주와 같이 배당을 주지 않는 대신에 자금의 사용 대가로 이자를 지급한다. 회계와 법인세법에서는 이렇게 지급하는 이자를 비용과 손금으로 인정하여 이익과 소득금액을 줄이도록 한다. 하지만 법인세법에서는 이자비용 가운데 몇 가지를 손금으로 인정하지 않는다. 이번 단원에서는 손금으로 인정하지 않는 이자비용의 종류와 세무조정 방법에 대해 배운다.

3) 취지와 내용

① 취지

음성적인 자금대여를 양성화하기 위한 목적과 차입금을 생산적인 부분에 사용하지 않고 특수관계자에게 대여하는 비정상적인 행위를 제한하여 타인자본에 의존한 무리한 기업확장으로 기업의 재무구조가 악화되는 것을 방지하여 기업자금의 생산적 운용을 통한 기업의 건전한 경제활동을 유도(대법원 2007.10.25. 선고 2006두11125 판결)하기 위한 목적이 있다.

② 주요 내용

지급이자 손금불산입 규정의 네 가지 항목 중 가장 마지막인 '업무무관자산 등에 대한 지급이자 손금불산입'을 실무에서 가장 빈번하고 중요하게 다루는데, 이를 포함하여 중요한 내용은 아래와 같다.

항 목	내 용	용 도
세무조정 금액	네 가지 세무조정의 금액을 계산하기	세무조정 금액을 정확히 계산
세무조정 순서	네 가지 세무조정을 순서대로 해야 해.	
지급이자 종류	세무조정 대상인 지급이자의 종류는?	
업무무관자산	회사의 업무와 관련없이 보유하는 자산?	
업무관련성	업무와 관련이 있으면 세무조정 안해.	

㉮ 세무조정 금액

항 목	내 용
채권자가 불분명한 사채의 이자	전액(원천징수 제외)
지급받은 자가 불분명한 채권·증권의 이자·할인액 또는 차익	
건설자금에 충당한 차입금의 이자	별도 계산식
업무무관자산이나 특수관계인에 대한 가지급금에 대한 이자	

항 목	귀속자 불분명	대표자 귀속
소득처분	대표자 상여	대표자 상여
원천징수 대납액	기타사외유출	대표자 상여
가지급금 여부	-	가지급금

지급이자 손금불산입 세무조정의 네 가지 항목은 각기 세무조정 금액을 계산하는 산식이 다르다. 먼저 기술된 두 가지 항목은 지급한 이자 전액이 세무조정 대상이다. 이때 이자지급과 함께 원천징수한 금액이 있다면 해당 금액은 납부하였을 것이므로 손금불산입 대상에서 제외한다. 그리고 나머지 두 가지 항목은 세무조정 금액 계산식을 별도로 정하고 있는데 그 산식은 아래와 같다.

[건설자금이자]
① 특정차입금에 대한 건설자금이자(강제)
 = 특정차입금 이자 - 운영자금전용 - 일시수입이자
② 일반차입금에 대한 건설자금이자(선택)
 = [연평균 건설비 지출액 - 연평균 특정차입금] × [일반차입금 이자 ÷ 연평균 일반차입금]

$$= \frac{건설비지출적수}{사업연도일수} - \frac{특정차입금적수}{사업연도일수} \times 일반차입금이자 \div \frac{일반차입금적수}{사업연도일수}$$

[업무무관자산 등에 대한 지급이자 계산식]

$$손금불산입액 = 지급이자(선순위 부인 금액 제외) \times \frac{업무무관자산·가지급금 적수}{총차입금 적수}$$

㉯ 세무조정 순서

위에 산식에서 알 수 있듯이 업무무관자산 등에 대한 지급이자의 세무조정 금액은 손금불산입의 순서에 따라 달라지므로 법인세법에서는 세무조정의 순서를 정하고 있다. 법인세법에서는 맨 앞에 기술한 순서에 따라 세무조정하도록 하고 있다.

㉰ 지급이자 종류

업무무관자산에 대한 지급이자 손금불산입의 금액을 계산할 때 지급이자는 앞에서 이미 손금부인된 3가지 지급이자를 제외하고, 추가로 유권해석에서 제외하는 지급이자를 제외하여 계산한다.

[판단하기: 세무조정대상 지급이자]

세무조정대상 제외 지급이자의 종류

기본통칙 28-53…1

법 제28조의 규정 중 "차입금"이라 함은 지급이자 및 할인료를 부담하는 모든 부채를 말한다. 이 경우 상품, 제품 등을 매출하고 받은 상업어음을 할인한 경우의 할인어음은 차입금으로 보지 아니하고, 금융리스에 의한 리스료 중 유효이자율법에 의하여 계산한 이자상당액을 제외한 금액(상환액은 제외한다)은 차입금에 포함한다.

집행기준 28-0-2 【차입금 및 차입금이자의 범위】

지급이자에 포함되는 것	지급이자에 포함되지 않는 것
1. 금융어음 할인료 2. 미지급이자 3. 금융리스료 중 이자상당액 4. 사채할인발행차금 상각액 5. 전환사채의 만기보유자에게 지급하는 상환할증금 6. 회사정리계획인가결정에 의해 면제받은 미지급이자	1. 상업어음 할인액(기업회계기준에 따라 매각거래로 보는 경우) 2. 선급이자 3. 현재가치할인차금 상각액 4. 연지급수입에 있어서 취득가액과 구분하여 지급이자로 계상한 금액(Banker's Usance 이자 등) 5. 지급보증료 · 신용보증료 · 지급수수료 6. 금융기관의 차입금을 조기 상환하는 경우 지급하는 조기상환수수료

㉛ 업무무관자산

업무무관자산에는 업무에 사용하지 않는 동산과 부동산, 그리고 특수관계인에 대한 업무무관 가지급금이 포함된다.

보론 / ∷ **업무무관 부동산과 업무무관 동산**

[업무무관 부동산]

법인의 업무에 직접 사용하지 아니하는 부동산. 다만, 기획재정부령이 정하는 기간(이하 이 조에서 "유예기간"이라 한다)이 경과하기 전까지의 기간 중에 있는 부동산을 제외한다.

유예기간 중에 당해 법인의 업무에 직접 사용하지 아니하고 양도하는 부동산. 다만, 기획재정부령이 정하는 부동산매매업을 주업으로 영위하는 법인의 경우를 제외한다.

[유예기간]

1. 건축물 또는 시설물 신축용 토지: 취득일부터 5년(「산업집적활성화 및 공장설립에 관한 법률」 제2조 제1호의 규정에 의한 공장용 부지로서 「산업집적활성화 및 공장설립에 관한 법률」 또는 「중소기업 창업지원법」에 의하여 승인을 얻은 사업계획서상의 공장건설계획기간이 5년을 초과하는 경우에는 당해 공장건설계획기간)
2. 부동산매매업[한국표준산업분류에 따른 부동산 개발 및 공급업(묘지분양업을 포함한다) 및 건물 건설업(자영건설업에 한한다)을 말한다. 이하 이 조에서 같다]을 주업으로 하는 법인이 취득한 매매용부동산: 취득일부터 5년
3. 제1호 및 제2호 외의 부동산: 취득일부터 2년

[업무무관 동산]

가. 서화 및 골동품. 다만, 장식·환경미화 등의 목적으로 사무실·복도 등 여러 사람이 볼 수 있는 공간에 상시 비치하는 것을 제외한다.

[참고자료] 법인세법 시행령 제19조 【손비의 범위】

17. 장식·환경미화 등의 목적으로 사무실·복도 등 여러 사람이 볼 수 있는 공간에 항상 전시하는 미술품의 취득가액을 그 취득한 날이 속하는 사업연도의 손금으로 계상한 경우에는 그 취득가액(취득가액이 거래단위별로 1천만 원 이하인 것으로 한정한다)

나. 업무에 직접 사용하지 아니하는 자동차 · 선박 및 항공기. 다만, 저당권의 실
   행 기타 채권을 변제받기 위하여 취득한 선박으로서 3년이 경과되지 아니한
   선박 등 기획재정부령이 정하는 부득이한 사유가 있는 자동차 · 선박 및 항
   공기를 제외한다.
다. 기타 가목 및 나목의 자산과 유사한 자산으로서 당해 법인의 업무에 직접
   사용하지 아니하는 자산

㉕ 업무관련성

회사가 다른 회사나 개인에 대한 대여금이 있는 경우 자금의 대여가
회사의 주된 목적에 해당하지 않는다면 이는 가지급금으로서 지급이자
손금불산입 대상에 포함된다. 이때 자금의 대여로 생긴 대여금뿐만 아니
라 채권의 신용기간 증가 등도 가지급금으로 볼 수 있고, 이때 업무와의
관련성을 판단하여 보고 관련성이 있다면 지급이자 손금불산입 규정을
적용하지 않는다. 유권해석이나 판례에서 업무관련성을 판단한 사례를
살펴보도록 하자.

[판단하기: 가지급금의 업무관련성]

법인-45, 2011.1.13.

골프장 개발 및 골프장운영업을 주업으로 하고 있는 내국법인이 「외국환거래
법」 및 「외국환거래규정」에 따른 해외직접투자에 의하여 골프장을 개발하고 있
는 해외현지법인에 대여한 시설 및 운영자금은 해외직접투자 목적 외에도 당해
내국법인이 해외골프장의 국내 회원권 판매를 대행하는 등 그 자금의 대여가
당해 내국법인의 영업활동과 직접 관련된 것으로 인정되는 경우에는 "업무와
관련없이 지급한 가지급금 등"으로 보지 아니하는 것임.

법인 46012-1817, 1997.7.3.

석유정제업을 영위하는 법인이 제품판매량 및 시장점유율 확대를 위한 주유
소 확보를 위하여 당해 법인의 석유판매대리점을 통하여 주유소의 시설자금을
대여하는 경우로서 특수관계에 있는 대리점이 포함되어 있는 경우에 특수관계
자에 대한 자금대여가 상거래관행상 당해 법인의 업무와 직접 관련된 것으로
인정되는 경우에는 동 대여금을 법인세법 시행령 제43조의2 제2항 제2호의 업

무와 관련없는 가지급금으로 보지 아니하는 것임.

서면-2015-법령해석법인-0131, 2016.1.18.
　　내국법인이 국외 특수관계인과의 자금대여 거래에서 발생한 미수이자에 대해 당사자 간에 대여금 원본에 포함한다는 약정이 없이 회수하지 않은 경우로서, 미수이자에 대한 채권 청구사실, 이자수수 실태, 당사자 간의 회계처리 등 제반 상황에 비추어 사실상 금전소비대차로 전환되었다고 보기 어려운 경우, 해당 미수이자는 가지급금에 해당하지 않는 것임.

조심 2012서1911, 2013.6.18.
　　쟁점금액은 사실상 대여금으로 보이므로 인정이자를 익금산입함이 타당하나, 투자와 관련한 일련의 과정 등을 감안할 때, 업무관련성이 없다고 보기 어려우므로 지급이자는 손금산입함이 타당함(청구법인이 자금을 ○○○로 송금할 때 외국환은행에 정상적으로 투자신고를 하였고, 투자회수금액에 대하여 재무제표에 기록하였으며, 이에 대한 법인세도 정상적으로 신고하였음에도 업무관련성이 없다고 본 것은 잘못이라고 판단).

[판단하기: 실질대여금]

국심 2007부0674, 2007.5.28.
　　특수관계자에게 주식을 양도한 후 양도대금을 회수하지 아니하고 장기간 미수금으로 계상한 것을 특수관계자에게 금전을 무상으로 대여한 것으로 보아 인정이자 계산 및 지급이자 손금불산입한 처분은 정당함.

4) 세무조정 준비하기

항 목	내 용
손익계산서에 이자비용 확인	이자비용 명세서나 원장을 확인
재무상태표에 차입금 확인	차입금의 종류와 계약에 따라 이자를 제대로 지급하고 원천징수하고 있는지, 대여자가 누구인지 확인

항 목	내 용
재무상태표의 자산 확인	재무상태표의 자산 중 업무무관자산이 될 수 있는 항목을 체크(업무무관비용 챕터 참고)
	재무상태표의 자산 중 특수관계인에 대한 대여금이나, 대여금은 아니지만 실질대여금에 해당하는 항목이 있을지 판단
특수관계인 가지급금	특수관계인의 가지급금의 업무와의 관련성을 판단

5) 세무조정과 서식작성

① 세무조정 사례

㈜에스에이치랩의 당기 지급이자 내역이 아래와 같다. 당해 사업연도의 지급이자에 대한 세무조정을 수행하고 서식을 작성하시오.

(1) 이자비용 명세서와 차입금 내역

차입금 모두 전기 이월되었으며, 만기는 차기 이후에 도래한다.

종류	이자율	금액	이자비용	비고
차입금이자	5%	1,000,000,000원	50,000,000원	우리은행
	4%	800,000,000원	32,000,000원	국민은행
	4.5%	2,000,000,000원	90,000,000원	하나은행
	2%	500,000,000원	10,000,000원	특수관계인 회사
	1%	100,000,000원	1,000,000원	채권자불분명 사채이자
	3%	100,000,000원	3,000,000원	특정차입금이자
합계		4,500,000,000원	186,000,000원	

(2) 재무상태표 자산 중 업무무관자산 등의 내역

항목	취득일	취득금액	비고
토지	2012.10.28.	500,000,000원	업무미사용 유예기간 경과
대여금	2020.10.01.	20,000,000원	대표자 이현준에 대여

(3) 대표자에 대한 대여금의 금액변동과 적수 계산

차입자	일자	증가	감소	잔액	일수	적수
이현준	2023 – 01 – 01			20,000,000	76	1,520,000,000
	2023 – 03 – 18	10,000,000		30,000,000	31	930,000,000
	2023 – 04 – 18		1,500,000	28,500,000	30	855,000,000
	2023 – 05 – 18		1,500,000	27,000,000	31	837,000,000
	2023 – 06 – 18		1,500,000	25,500,000	30	765,000,000
	2023 – 07 – 18		1,500,000	24,000,000	31	744,000,000
	2023 – 08 – 18		1,500,000	22,500,000	31	697,500,000
	2023 – 09 – 18		1,500,000	21,000,000	30	630,000,000
	2023 – 10 – 18		1,500,000	19,500,000	31	604,500,000
	2023 – 11 – 18		1,500,000	18,000,000	30	540,000,000
	2023 – 12 – 18		1,500,000	16,500,000	14	231,000,000
합계						8,354,000,000

[세무조정]

(1) 업무무관자산 등 지급이자 손금불산입 금액 계산
- 지급이자 = 182,000,000원(선순위 부인된 이자 제외)
- 차입금 적수

채권자	금액	기간	적수
우리은행	1,000,000,000	365	365,000,000,000
국민은행	800,000,000	365	292,000,000,000
하나은행	2,000,000,000	365	730,000,000,000
특수관계인 회사	500,000,000	365	182,500,000,000
합계			1,569,500,000,000

• 업무무관자산 등 적수

항목	적수계산	
업무무관 토지	500,000,000원 × 365일	182,500,000,000원
대여금	(상기 계산식 참고)	8,354,000,000원
합계	190,854,000,000원	

$$[세무조정금액] = 지급이자 \times \frac{업무무관자산\ 등\ 적수}{총차입금\ 적수} = 22,131,524원$$

② 세무조정

항목	내용
① 채권자가 불분명한 사채의 이자	이자비용 명세서에서 해당하는 이자비용을 찾아 대표자 상여로 소득처분
② 지급받은 자가 불분명한 채권·증권의 이자·할인액 또는 차익	[손금불산입] 지급이자 1,000,000원 대표자 상여
③ 건설자금에 충당한 차입금의 이자	재무상태표에 건설 중인 자산이 있는 경우 법에서 정한 식에 따라 계산한 금액을 유보로 소득처분 [손금불산입] 건설자금이자 3,000,000원 유보
④ 업무무관자산 등에 대한 지급이자	재무상태표에 업무무관자산이나 특수관계인에 대한 업무무관가지급금이 있는 경우 법에서 정한 식에 따라 계산한 금액을 기타사외유출로 소득처분 [손금불산입] 지급이자 22,131,524원 기타사외유출

③ 서식작성

지급이자의 손금불산입 항목 중 업무무관자산 등에 대한 지급이자만별도의 서식을 작성한다. 해당 세무조정을 위해서는 차입금의 적수와 업무무관자산 등의 적수를 계산하여야 하기 때문이다. 그래서 별지26호(을)

서식에는 업무무관자산과 가지급금의 적수를 계산하고, 26호(갑) 서식에서는 차입금의 항목별로 적수를 계산하고 (을) 서식에서 계산한 업무무관자산 등의 적수를 이용하여 손금불산입 금액을 계산한다.

사업 연도	2023.01.01 ~ 2023.12.31	업무무관부동산등에 관련한 차입금이자조정명세서(갑)		법 인 명	(주)에스에이치랩
				사업자등록번호	106-81-12345

1. 업무무관부동산 등에 관련한 차입금 지급이자

① 지급 이자	적			수	⑥ 차입금 (= ⑲)	⑦ ⑤와 ⑥중 적은 금액	⑧ 손금불산입 지급이자 (①×⑦÷⑥)
	② 업무무관 부동산	③ 업무무관 동 산	④ 가지급금등	⑤ 계 (②+③+④)			
182,000,000	182,500,000,000		8,354,000,000	190,854,000,000	1,569,500,000,000	190,854,000,000	22,131,524

2. 지급이자 및 차입금 적수계산

⑨ 이자율	⑩ 지급 이 자	⑪ 차입금 적 수	⑫재권자불분명 사채이자 등		⑮ 건설자금이자 등		차 감	
			⑬지급 이자	⑭차입금 적 수	⑯지급 이자	⑰차입금 적 수	⑱지급이자 (⑩-⑬-⑯)	⑲차입금적수 (⑪-⑭-⑰)
5.00000	50,000,000	365,000,000,000					50,000,000	365,000,000,000
4.00000	32,000,000	292,000,000,000					32,000,000	292,000,000,000
4.50000	90,000,000	730,000,000,000					90,000,000	730,000,000,000
2.00000	10,000,000	182,500,000,000					10,000,000	182,500,000,000
1.00000	1,000,000	36,500,000,000	1,000,000	36,500,000,000				
3.00000	3,000,000	36,500,000,000			3,000,000	36,500,000,000		
합계	186,000,000	1,642,500,000,000	1,000,000	36,500,000,000	3,000,000	36,500,000,000	182,000,000	1,569,500,000,000

210mm×297mm(신문용지54g/ ㎡(재활용품))

제15호와 제3호의 기록을 확인하세요! (249~252페이지)

사업 연도	2023.01.01 ~ 2023.12.31		업무무관부동산등에 관련한 차입금이자조정명세서(을)			법 인 명		(주)에스에이치랩	
						사업자등록번호		106-81-12345	

		①연월일	②적 요	③차 변	④대 변	⑤잔 액	⑥일수	⑦적 수
1. 업 무 무 관 부동산의 적수		20230101	전기이월	500,000,000		500,000,000	365	182,500,000,000
		계		500,000,000			365	182,500,000,000
2. 업 무 무 관 동산의 적수								
		계						
3. 가 지 급 금 등 의 적 수	⑧ 가지급금 등의 적수					별지출력		
		계		30,000,000	13,500,000		365	8,354,000,000
	⑨ 가 수 금 등의 적수							
		계						
4. 그 밖의 적 수								
		계						

5. 자기자본 적수 계산

⑩ 대차대조표 자 산 총 계	⑪ 대차대조표 부 채 총 계	⑫ 자기자본 (⑩- ⑪)	⑬ 사업연도 일 수	⑭ 적 수
			365	

210mm×297mm(신문용지 ×54g/ ㎡ (재활용품))

사업 연도	2023.01.01 ~ 2023.12.31	업무무관부동산등에 관련한 차입금이자조정명세서(을)		법 인 명	(주)에스에이치랩
				사업자등록번호	106-81-12345

3. 가지급금등의 적수

①연월일	②적 요	③차 변	④대 변	⑤잔 액	⑥일수	⑦적 수
20230101	전기이월	20,000,000		20,000,000	76	1,520,000,000
20230318	지급	10,000,000		30,000,000	31	930,000,000
20230418	회수		1,500,000	28,500,000	30	855,000,000
20230518	회수		1,500,000	27,000,000	31	837,000,000
20230618	회수		1,500,000	25,500,000	30	765,000,000
20230718	회수		1,500,000	24,000,000	31	744,000,000
20230818	회수		1,500,000	22,500,000	31	697,500,000
20230918	회수		1,500,000	21,000,000	30	630,000,000
20231018	회수		1,500,000	19,500,000	31	604,500,000
20231118	회수		1,500,000	18,000,000	30	540,000,000
20231218	회수		1,500,000	16,500,000	14	231,000,000
계		30,000,000	13,500,000		365	8,354,000,000

210mm×297mm(신문용지×54g/ ㎡ (재활용품))

6) 세무조사 사례

조심 2017중2692, 2017.9.21.

[사실관계]

청구법인은 1957.2.18. 개업한 이래 건설업 등을 영위하고 있고 특수관계자인 ○○○로부터 쟁점공사를 도급받아 2002~2007사업연도 중 완공하였음.

청구법인은 특수관계인으로부터 공사를 수주받아 수행하였으나 처분청은 청구법인이 공사미수금을 정당한 이유없이 지연회수하였다는 이유로 업무무관 가지급금으로 보아 인정이자와 지급이자 손금불산입을 경정

청구법인은 쟁점공사는 특수관계 없는 자들로부터는 수주할 수 없을 정도로 유리한 것이므로 특수관계 법인들에 대한 공사미수금을 지연하여 수취하였다 하더라도 부당행위계산부인 규정을 적용할 수 없다고 주장하나, 처분청은 청구법인이 동 미수금을 회수할 수 있었음에도 합리적인 이유 없이 평균 채권회수기간 92일을 초과하여 미회수한 것으로 보아 이를 「법인세법」상 부당행위계산부인의 대상에 해당한다는 의견

[판단]

법인이 특수관계자로부터 지급받아야 할 공사대금의 회수를 정당한 사유 없이 지연시키는 것은 실질적으로 공사대금이 계약상의 의무이행기한 내에 전부 회수된 후 다시 가지급된 것과 같은 효과가 있어서 그 미회수 공사대금 상당액은 「법인세법」 제28조 제1항 제4호 나목에서 규정하는 업무와 관련 없이 지급한 가지급금 등에 해당하여 그에 상당하는 차입금의 지급이자가 손금에 산입되지 아니하며, 그와 같은 공사대금의 회수지연이 건전한 사회통념이나 상관행에 비추어 경제적 합리성이 결여되어 조세의 부담을 부당하게 감소시킨 것으로 인정되는 경우에는 「법인세법」 제52조 및 같은 법 시행령 제88조 제1항 제6호의 부당행위계산부인에 의하여 그에 대한 인정이자가 익금에 산입된다 할 것(대법원 2010.1.14. 선고, 2007두5646 판결 등 참조)인바,

이 건 공사미수금을 회수하기 위하여 적극적인 조치를 취하지 아니하고 이에 대한 이자도 지급받지 아니한 채 상당한 기간 동안 공사대금의 회수를 정당한 사유없이 지연시킨 것으로 보이는 반면, 이 건 과세기간 동안 특수관계자인 ○○○은 상당 금액의 대여금, 장기금융상품, 투자자산이 있어 변제여력이 충분하였다고 할 수 있는 점,

청구법인이 지급이자 증가로 인한 재무상태의 위험성을 감수하면서까지 이 건 공사미수금을 임대분양금 입금 시에 받는 조건으로 계약을 체결한 것은 사회통념이나 상관습 등에 비추어 합리적인 경제인이 취할 정상적인 거래로 볼 수 없

으므로 조세의 부담을 부당하게 감소시킨 것으로 보이는 점.

청구법인이 이 건 공사대금의 회수를 정당한 사유 없이 지연시켰다고 봄이 상당하므로 이를 부당행위계산으로 인정하여 이 건 미수금을 업무무관 가지급금으로 보아 인정이자를 익금산입하고 차입금에 대한 지급이자를 손금불산입하여 법인세를 과세한 이 건 처분은 달리 잘못이 없다고 판단된다.

(4) 업무무관비용

1) 한마디 정의

회사의 업무와 관련 없이 지출되는 비용은 손금불산입한다.

1. 업무무관 부동산과 동산을 취득·관리함으로써 생기는 비용, 유지비, 수선비 등
2. 법인의 업무와 직접 관련이 없다고 인정되는 지출금액

2) 읽어보기

회사가 망하면 누가 가장 큰 피해를 입게 될까? 회사의 이해관계자 중에 회사에 헌신을 다한 임직원과 회사에 투자한 두 종류의 투자자인 채권자, 주주가 될 것이다. 회사제도는 대규모 사업을 하기 위한 자본을 조달하는 과정에서 채권자에게 돈을 빌리지만, 기본적으로 회사의 주인으로서의 권리는 주주에게 있다. 회사의 경영활동이 전적으로 주주가 선임한 임원에 따라 결정되기 때문에 회사에 거액의 자금을 빌려준 채권자는 경영활동에 따라 약정한 원리금을 받지 못할 가능성을 다른 사람의 손에 맡기게 되는 결과를 낳는다. 따라서 채권자가 주주와 임원, 회사에 대한 신뢰를 유지하여 회사들은 사업활동에 필요한 자금을 조달하고 우리나라의 회사제도가 원활히 유지될 수 있도록 세법에서는 회사가 지출한 비용 중 회사의 사업과 관련 없는 것을 손금으로 인정하지 않도록 하여 회사의 자본을 충실하게 하도록 유도하고 있다.

3) 취지와 내용

① 취지

회사의 업무와 관련 없는 비용의 지출을 최소화하여 자본을 충실히 하도록 돕는다. 또한 타인 자본에 의존한 무리한 기업확장으로 기업의 재무구조가 악화되는 것을 방지하고, 대기업의 금융자산에 의한 부동산투기 및 비생산적인 업종에 대한 무분별한 기업확장을 억제하여 기업자금의 생산적 운용을 통한 기업의 건전한 경제활동을 유도하며, 아울러 국토의 효율적 이용을 도모하기 위한 데에 있다(대법원 2008두10942, 2008.9.25.).

② 주요 내용

업무무관비용의 손금불산입 규정은 법에서 자세한 내용을 규정하기 보다는 판례와 유권해석에서 판단 사례를 배우는 것이 효과적이다. 따라서 아래의 주제에 따라 사례를 살펴보도록 하자.

항 목	내 용	세무조정
업무무관자산	업무와 관련 없는 자산의 종류	자산의 유지관리비 세무조정
업무무관비용	업무와 관련 없는 비용의 종류	업무무관비용 세무조정

㉮ 업무무관자산

업무무관비용의 손금불산입 세무조정은 회사가 업무와 관련 없이 보유하는 자산이 있거나 지출한 비용 가운데 업무와 관련 없이 지출한 항목이 있는지 발견하는 것에서 시작한다. 보통 회사가 미리 알고 있는 경우가 아니라면 그러한 발견은 세무조사 과정에서 드러나게 되고 이때 과세관청과 다툼이 생기기 쉽다. 자산과 비용의 업무관련성은 바라보는 시각에 따라 다르게 판단될 수 있기 때문이다. 또한 회사는 사업을 목적으로 설립되고 사업을 수행하는 과정에서 자산을 구입하고 비용을 지출하기 때

문에 이러한 현금의 유출 시에 목적을 문서화하는 경우가 많다. 그럼에도
업무와의 관련성이 없음을 입증하기 위해서는 사실판단이 필요하기 때문
에 유권해석이나 판례를 통해 인정된 사례를 공부할 필요가 있다.

[판단하기: 업무무관자산의 종류]

서면인터넷방문상담2팀-779, 2005.6.4.
  골프회원권을 영업상 고객접대 및 직원복지 등의 목적으로 업무와 관련하여
취득하는 경우 업무무관자산에 해당 안함.

조심 2008부0726, 2008.10.20.
  사업장에 전시실을 설치하고 내방하는 고객들의 접견실 및 휴식공간 등의 대
고객서비스에 제공하기 위해 설치한 음향기기 및 조명장치 등의 비품은 사업을
위한 지출로 봄이 타당함.
  회사가 구입한 미술품등의 금액이 업무무관비용인지를 판단하면, 등기부에
공연 및 관람수익사업에 대한 업종을 추가하고 등기한 사실이 있고, 미술관 건
립을 위하여 부지 등을 매입하였으므로 쟁점미술품 등이 업무관련 자산이라고
주장하지만, 미술관 건립과 관련한 구체적인 사업계획 등이 마련되지 아니하여
쟁점미술품 등이 업무와 관련된 자산이라고 인정할 만한 객관적인 증빙이 없을
뿐만 아니라 (중략) 쟁점미술품 중 청구법인 사업장의 1층 전시관에 전시된 서
화 등 27점이 법인세법에서 규정하는 장식 · 환경미화 등이 목적으로 사무실 등
에 상시 비치하는 것으로서 업무관련 자산으로 보아야 한다는 청구주장에 대하
여도, 같은 법에서 미술품 등의 취득가액이 1백만 원 이하인 것에 한하여 이를
손비로 인정하고 있는 바, 그 취득가액이 최소 250만 원 이상인 것으로 확인되
고 있으므로, 청구주장을 받아들이기 어렵다 하겠다.

조심 2017전1349, 2017.6.1.

쟁점아파트는 청구법인의 최대주주인 대표이사가 ○○○ 공장에 근무할 경우에 사택으로 이용한 것으로서 처분청이 쟁점아파트 관련 임차료, 관리비 등을 청구법인의 업무와 관련 없는 비용으로 보아 손금불산입한 처분은 타당한 것으로 판단됨.

조심 2008서3197, 2010.2.5.

사옥 신축을 목적으로 취득한 토지 및 건물을 사옥 신축 전에 임대하고 임대료를 수입하는 경우 비업무용 부동산으로 볼 수 없어 관련 유지관리비는 손금산입함이 타당함.

조심 2016중0228, 2016.9.29.

「법인세법」 제27조 및 제28조에서 법인의 업무에 직접 사용하지 아니하는 부동산의 경우 관련 지급이자와 유지관리비용 등을 손금불산입하도록 규정하고 있고, 청구법인은 과세된 사업연도 중에 부동산임대업을 목적사업으로 등재한 사실이 없으므로 임대한 공장에 대한 감가상각비, 지급이자, 유지관리비용 등이 업무와 관련 없는 비용으로 손금불산입한 처분은 부당하다는 청구주장을 받아들이기 어려움.

㉯ 업무무관비용

조심 2009서3189, 2010.12.28.

지출내역은 명예회장과 대표이사의 사저에 대한 경비, 정원관리, 가족들의 쇼핑 등으로 외부용역업체에 지급한 사적 경비는 경영자의 사적 지출과 관련된 비용으로 법인의 업무와 관련이 없음.

조심 2010서0067, 2010.10.28.

해외 생산공장들의 생산능력, 가동현황 및 세계시장의 수요와 공급 현황 등에 관한 정보의 대가로 국외특수관계자에게 지급한 경영자문료가 업무무관비용인지 여부(반도체 제품은 세계 몇몇 기업만이 생산할 수 있는 최첨단 고가 제품으로서 시장에서 고객들의 수요가 증가하더라도 생산량을 갑자기 늘릴 수 있는 제품이 아닌 것으로 보이며, 세계적인 기업인 ○○(주) 등에 대한 제품판매 시 안정적인 공급을 약속하기 위해서는 전 세계 생산공장들의 총 생산능력, 제조공장별 주문현황 등에 관한 정보를 수시로 파악하며 공장별 조달가능제품, 조달가능시기 등을 확인하는 것이 필수 불가결한 것으로 보인다. 또한 반도체 제품의 가격이 국내시장 상황으로만 결정되는 것이 아니라, 세계 시장에서의 수요와 공급 상황에 따라 결정되고 수시로 변경되므로 아시아 및 세계시장에서 반도체 매출 현황, 가격정보 등이 반드시 필요하다는 청구법인의 주장은 타당성이 있는 것으로 보인다.

조심 2017전1206, 2017.5.11.

쟁점경영자문료로 지급한 금액이 청구법인의 대표이사로 재직할 당시 수령한 급여 상당으로 제시하는 메모 등에 나타나는 자문내용에 비해 과다할 뿐만 아니라 그 실질이 창업인인 전 대표이사에게 지급한 예우차원의 활동비로 보이는 점 등에서 쟁점경영자문료를 업무무관비용으로 보아 손금부인

국심 2005전2435, 2006.9.4.

청구법인 그룹의 조직구성을 살펴보면 상품구매 및 판매(MD), 전산(IT), 물류(Logistics), 자산관리(Asset) 등의 부서로 구성되어 있어 그 조직의 구성 및 역할이 유사한 것으로 보이고, 청구법인이 해외 모회사로부터 받은 경영지원 용역을 살펴보면 경매사이트 이용, 무역(trading), 판매가격 결정, 제품의 기획·관리, 네트워크 시스템 관리, 소프트웨어 지원, 매장의 신축 관련 사항, 발주시스템 및 재고관리시스템, 지적재산권 등록 및 사용 등과 관련된 내용을 경영지원 명목으로 제공받은 것을 알 수 있으며, 청구법인이 속한 업계의 특성상 전 세계에 있는 판매 자회사가 공통적으로 필요로 하는 용역을 그룹차원 및 지역본부차원에서 제공하는 것이 비용을 가장 절감하는 방안이라 청구법인이 해외 모회사로부터 경영지원 용역을 제공받았다는 청구법인의 주장이 설득력이 있고, 실제로 제공된 용역에 대하여 그룹 내 경영지원 용역을 제공받는 청구법인을 비롯한 자회사들의 매출액에 대비하여 일정률의 마크업을 한 금액을 수수료로 청구하고 있음이 확인되고, 이러한 과정을 거쳐 청구법인이 지급한 수수료는 매출액 대비하여 1% 내외이고 전 세계적으로 비용분담기준도 각 국가가 차지하고 있는 매출액 대비로 배분하고 있어 ○○○그룹 내 다른 지역에 비하여 부당하게 과도한 수준은 아님.

법인세법 시행규칙 제26조

② 영 제49조 제1항 제1호 가목 및 나목에서 "법인의 업무"란 다음 각 호의 업무를 말한다.

1. 법령에서 업무를 정한 경우에는 그 법령에 규정된 업무
2. 각 사업연도 종료일 현재의 법인등기부상의 목적사업(행정관청의 인가·허가 등을 요하는 사업의 경우에는 그 인가·허가 등을 받은 경우에 한한다)으로 정하여진 업무

조심 2016서2479, 2017.2.8.

같은 법 시행규칙 제26조에서 비업무용 부동산의 판정에 있어서 "법인의 업무"에 대하여 "각 사업연도 종료일 현재의 법인등기부상의 목적사업으로 정하여진 업무"를 규정하고 있는 바, 이는 업무무관 부동산에 대한 규정으로서 업무무관 동산에 대하여는 법인등기부상 목적사업으로 제한하여 볼 것은 아니라 할 것. 쟁점수집품이 업무와 관련 없는 자산에 해당하는지 여부는 법인의 목적사업, 영업내용, 취득 경위 및 용도와 그 사용실태 등을 종합적으로 고려하여 객관적으로 판단하여야 하는 것(대법원 2015.2.12. 선고, 2014두43028 판결, 같은 뜻임)인 바, 쟁점수집품은 ○○○이 설치·운영할 ○○○ 등에 전시되어 관람객 유치 등의 목적에 활용할 계획으로 구입한 것으로 볼 수 있음.

4) 세무조정 준비하기

항 목	내 용
재무상태표의 자산 확인	자산 중 업무무관자산이 될 수 있는 항목을 체크 • 업무무관 부동산 • 업무무관 동산(차량은 업무용승용차 규정 참고)
	자산의 취득일 등과 유예기간 확인
손익계산서 비용 확인	업무무관자산과 관련된 비용 항목 확인
	업무와 관련 없는 비용 확인
기타 자료 확인	회사의 등기부, 정관, 기타 자료의 회사의 업무 목적 자산의 취득 목적에 대한 증빙(사업계획, 실적)

5) 세무조정과 서식작성

① 세무조정 사례

㈜에스에이치랩이 집행한 비용 중 업무와의 관련이 없는 것으로 판단되는 항목은 아래와 같다. 업무무관비용에 대한 세무조정을 수행하고 서식을 작성하시오.

(1) 업무와 관련이 없는 것으로 판단되는 항목

계정명	금 액	적 요
지급수수료	1,000,000원	업무무관토지의 재산세, 관리비
지급수수료	2,000,000원	최대주주의 사옥 경비를 위해 지출한 지급수수료

② 세무조정

업무와의 관련성에 대한 판단이 끝났다면, 해당 금액을 손금불산입하고 소득처분하기는 어렵지 않다.

항목(순서)	내 용
① 업무무관자산의 유지·관리비용	업무무관토지의 재산세, 관리비 [손금불산입] 업무무관비용 1,000,000원 기타사외유출
② 업무무관비용	최대주주의 사옥 경비를 위해 지출한 지급수수료 [손금불산입] 업무무관비용 2,000,000원 배당

③ 서식작성

업무무관비용에 대해서는 별도의 서식을 작성하지 않는다. 따라서 손금불산입 금액을 직접 제15호 부표1에 작성하자.

제15호와 제3호의 기록을 확인하세요! (249~252페이지)

6) 세무조사 사례

조심 2014구1339, 2014.11.25.

[사실관계]

청구법인은 1989.4.7. 설립되어 경상북도 ○○○에서 TV용 철판프레스 제품 및 리모컨을 제작·납품하는 법인. 대표이사와 특수관계에 있는 자인 배우자(감사), 장녀, 사위, 차녀(과장)에게 지급한 급여, 지배주주 등이 개인적으로 사용한 경비, 미국 LA에 위치한 콘도와 자동차 등을 지배주주 등이 사적으로 사용한 것으로 보아 계상한 인정이자금액에 대하여 손금불산입

[판단]

쟁점 ①의 청구법인의 대표이사 변○○ 관련 사적 경비와 인정이자 계상분. 청구법인은 2009~2012년 ○○○의 팸플릿 및 각 부스 사진을 제출하면서 해외출장 관련비용은 업무와 관련하여 지출된 비용으로 주장하고 있고, 쟁점해외부동산을 2013년부터 임대하였다며 수입임대료 계상한 손익계산서를 제출하고 있다. 살피건대, 대표이사의 ○○○ 참석과 관련된 해외출장비와 협력업체와의 해외출장비는 업무와의 관련성이 있고 청구법인의 출장비 지급규정에 의한 비용으로 보이므로 손금에 산입함이 타당한 것으로 판단되며, 가족여행비용은 사적 경비에 해당하고, 쟁점해외부동산의 취득가액과 관련하여 가지급금 인정이자 계상분은 쟁점해외부동산이 업무와 직접 관련 없는 자산으로 보이므로 손금불산입 및 익금산입한 처분은 잘못이 없는 것으로 판단된다.

쟁점 ②의 청구법인 대표이사의 배우자 오○○ 관련 쟁점급여와 쟁점경비. 청구법인은 오○○이 결재한 내부서류, 이사회의사록, 자리배치표, 내선 전화번호 등을 제출하며 오○○이 청구법인에 상근하였다고 주장하고 있다. 살피건대, 조사청의 조사 당시 청구법인의 자리배치표, 내선 전화번호에 감사 오○○이 기재되어 있지 않았고, 별도의 사무실이나 책상이 없었던 것으로 나타나는 점, 청구법인뿐만 아니라 (주)○○○의 감사로도 등재되어 있는 점, 사외이사나 상무이사에 비하여 월등히 높은 급여를 받고 있는 것으로 보이는 점 등에 비추어 오○○에게 지급된 급여를 손금불산입한 처분은 잘못이 없는 것으로 판단된다. 또한, 오○○의 사적 경비 및 신용카드 사용분에 대하여는 오○○의 출입국 관리기록에서 미국, 터키, 이집트 등 사적인 해외여행을 위해 경비를 사용하였고, 법인명의의 카드를 평일 백화점 쇼핑, 병원비, 피부관리비용, 골프장 사용료, 호텔 식대 등 대표이사의 배우자라는 지위를 이용하여 사적으로 사용한 것으로 보이므로 이를 손금불산입한 처분은 타당하고, 차량비용도 조사청의 조사당시 오○○이

외제차량(○○○)을 사용하였다고 청구법인이 소명한 것으로 나타나므로 비상근 임원이 업무와 관련없이 사적으로 사용한 것으로 보임.

쟁점 ③의 청구법인 대표이사의 장녀 ○○○ 관련 쟁점급여와 사적 경비 등. 청구법인은 ○○○가 청구법인에 상근하였다고 주장하며 품의서 결재현황, 서울 사무실 4대보험 관리 및 보험료 산출내역, 수출·입면장 관리철 등 사본, 작성자가 ○○○로 되어 있는 청구법인의 회사소개서 등을 제출하고 있다. 살피건대, ○○○는 남편 김○○이 미국 체류 중 자녀와 같이 미국에서 거주하고 있었던 것으로 보이고, 청구법인의 직원 전화번호 명부에 ○○○가 없는 점, 2008년 자녀를 출산하기 위해 귀국한 이래 전업주부로 생활하는 것으로 보이는 점 등에 비추어 청구법인에 근무하지 아니한 것으로 보이므로 급여, 사적 경비, 신용카드 사용분 및 차량비용에 대해 「법인세법」 제52조의 부당행위계산부인 규정을 적용하여 손금불산입한 처분은 잘못이 없는 것으로 판단된다.

쟁점 ④의 청구법인 대표이사의 차녀 변○○ 관련 쟁점급여와 사적 경비 등. 청구법인은 변○○에 대한 급여가 적정하다고 주장하며, ○○○과 졸업증, 중국 어연수수료증, 중국어 8급 및 ○○○(재무관련 자격증)증서 사본, 중소기업 핵심 직무 능력향상 지원사업의 훈련과정 56시간[㈜○○○의 중소기업 세무조사 실무 사례로 접근하는 효율적 세무관리 실무과정 28시간, 중소기업 글로벌 회계환경 변화와 재무제표의 전략적 활용과정 28시간]을 수료하였다는 수료증을 제출하였다. 살피건대, 변○○는 2008년 입사 당시 29세로서 직급은 과장으로 보이고, 업무 기여도 등 구체적인 급여지급기준 없이 타 직원에 비하여 월등히 높은 급여를 받은 것으로 보이는 점, 변○○의 출입국 관리기록에서 이태리, 홍콩, 일본, 이집트 등 해외여행을 위해 사적 경비를 지출하였고, 법인명의의 신용카드를 서울특별시 강남구 청담동, 삼성동, 압구정동 일대에서 백화점쇼핑, 병원비, 호텔식대, 골프장, 커피숍 등에서 사적으로 사용한 것으로 나타나는 점, 법인소유의 고급 외제승용차를 대표이사의 자녀라는 지위에서 사적으로 이용한 것으로 보이는 점 등에 비추어 초과지급 급여, 사적 경비, 신용카드 사용분 및 차량비용에 대해 손금불산입한 처분은 잘못이 없는 것으로 판단된다.

(5) 업무용승용차 관련비용

1) 한마디 정의

회사가 이용하는 차량과 관련하여 발생하는 비용 중 법인세법에서 정하는 금액을 손금불산입한다.

> 1. 내국법인이 업무용승용차를 취득하거나 임차하여 해당 사업연도에 손금에 산입하거나 지출한 감가상각비, 임차료, 유류비 등 대통령령으로 정하는 비용(업무용승용차 관련비용) 중 업무사용금액에 해당하지 아니하는 금액
> 2. 업무사용금액 중 다음 각 호의 구분에 해당하는 비용이 해당 사업연도에 각각 800만 원을 초과하는 경우 그 초과하는 금액
>   - *업무용승용차별 감가상각비*
>   - *업무용승용차별 임차료 중 대통령령으로 정하는 감가상각비 상당액*
> 3. 업무용승용차의 처분손실로서 업무용승용차별로 800만 원을 초과하는 금액

2) 읽어보기

회사가 소유한 자산 중에 업무와 관련 없이 사용하기 쉬운 자산에는 어떤 것들이 있을까? 아마도 개인적인 목적으로도 충분히 쓸 수 있는 주택이나 차량이 있을 것이고, 과거에 이러한 자산들을 회사와 특수한 관계에 있는 사람들이 개인적으로 사용하는 사례가 많이 있었다. 굳이 큰돈을 들여 개인적으로 취득하지 않고 회사가 취득하게 한 후에 이를 이용해도 효과는 차이가 없기 때문이다. 오히려 이 과정에서 발생하는 비용을 회사의 비용으로 처리함으로써 법인세를 낮추기도 했다. 이를 제재하기 위해 법인세법에서는 앞서 배운 것처럼 부당행위계산부인규정과 업무무관비용 규정을 두고 있지만, 자산 중에도 차량에 대해서는 적용하기 어려웠다. 차량을 업무목적과 개인적인 목적으로 모두 사용하는 경우에 이를 기존의 제재규정으로 합리적으로 제재하기 어렵다는 점과 업무목적으로 고

가의 차량을 이용하는 경우 외화가 반출되고 법인세 세입이 줄어드는 점을 막기 어려웠던 것이다. 이를 위해 2016년도부터 도입된 업무용승용차 관련비용을 살펴보고 어떤 점을 신경써야 하는지 살펴보자.

취 지	대 책
① 회사의 외부인이 운행하는 것 방지	업무전용자동차보험의 강제
② 임직원의 업무 외 사용 방지	운행기록부 작성, 업무사용비율
③ 고가차량의 제한	감가상각비 제한, 감가상각 의무화

3) 취지와 내용

① 취지

업무용승용차의 사적사용을 제한하기 위해 일정요건에 따라 비용인정 기준을 마련하여 업무용승용차 관련비용에 대한 과세합리화를 도모한다. 이 규정의 시행 전에도 법인과 개인사업자의 업무에 사용하지 않은 차량에 대한 감가상각비, 임차료, 수선비 등은 전액 비용 불인정할 수 있었으나 집행상 업무용 사용여부에 대한 확인이 어렵고, 일부만 업무에 사용한 경우 과세 기준이 없어 현실적으로 차량관련 비용이 제한 없이 인정되는 문제점이 있어왔기 때문에 업무용승용차의 경우 사적사용과 업무용 사용이 혼용될 수 있음을 감안하여 명확한 과세 기준을 정립하고자 이 규정을 도입하였다.

② 주요 내용

업무용승용차 관련비용 손금불산입 규정은 아래의 주요 내용에 대해 학습한다.

항 목	내 용	용 도
세무조정 순서	제재항목을 순서대로 적용해야 해.	세무조정금액의 계산
업무전용보험	업무전용자동차보험에 가입해야 해.	전용보험 미가입 시 손불
관련비용 종류	관련비용은 무엇이지?	관련비용의 차량별 취합
운행기록부	차량별 운행기록부를 작성해야 해.	업무사용비율 계산
감가상각비	감가상각비는 연간 800만 원만	감가상각비한도초과 계산
적용제외 대상	적용제외 업종과 차량의 종류	손금불산입규정 미적용

㉮ 세무조정 순서

업무용승용차 관련비용의 손금불산입 항목은 크게 세 가지로 나눌 수 있는데, 이 중 관련비용의 업무에 사용하지 않은 금액이나 감가상각비 손금불산입 항목은 계산의 순서에 따라 손금불산입 금액이 달라질 수 있다. 법인세법에서는 아래의 순서에 따라 세무조정을 하도록 해설서와 신고서 식을 공시하고 있다.

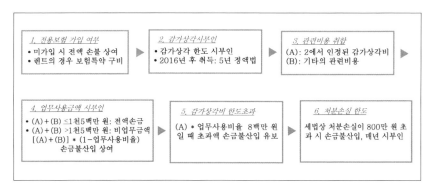

㉯ 업무전용자동차보험

법인세법에서는 회사의 차량을 회사의 임직원만 사용하도록 유도하기 위해서 회사가 보유하여 운행하는 차량에 대해 업무전용자동차보험의 가입을 의무화하였다.

집행기준 27의2 - 50의2 - 1

  업무전용자동차보험: 해당 사업연도 전체 기간(임차한 승용차의 경우 해당 사업연도 중에 임차한 기간을 말한다) 동안 해당 법인의 임원 또는 사용인 등 아래에 해당하는 사람이 운전하는 경우만 보상하는 자동차보험

  만약 해당 사업연도 중 일부 기간만 가입한 경우 가입일수 비율에 의하여 세무조정한다. 이때 임차한 승용차로서 임차계약기간이 30일 이내인 승용차(해당 사업연도에 임차계약기간의 합계일이 30일을 초과하는 승용차는 제외한다)로서 다음 각 호의 어느 하나에 해당하는 사람을 운전자로 한정하는 임대차 특약을 체결한 경우에는 업무전용자동차보험에 가입한 것으로 본다.

가. 해당 법인의 임원 또는 사용인
나. 계약에 따라 해당 법인의 업무를 위하여 운전하는 사람
다. 해당 법인의 운전자 채용을 위한 면접에 응시한 지원자

㉰ 관련비용 종류와 업무사용금액

관련비용은 차량의 이용으로 발생하는 모든 비용을 전제로 접근할 필요가 있다. 다만, 국세청의 해설서에 따르면 차량 운전기사의 인건비성 비용은 포함하지 않는 것으로 해석하고 있다.

  감가상각비, 임차료, 유류비, 보험료, 수선비, 자동차세, 통행료 및 금융리스부채에 대한 이자비용 등 업무용승용차의 취득·유지를 위하여 지출한 비용

연간 회사가 이용한 업무용승용차를 통해 차량별로 지출한 관련비용을 집계하고 나면, 후술할 업무사용비율을 곱하여 업무사용금액을 계산할 수 있다. 이때 관련비용 중 업무사용금액에 해당하지 않는 금액은 손금불산입하고 해당 차량을 운행한 사람에 대한 소득으로 처분한다.

> 업무사용금액 = 차량별 관련비용 합계 × 업무사용비율

만약 운행기록부를 작성하지 않고 있다면 전체 관련비용대비 15백만 원의 비율을 업무사용비율로 보고 있으며, 만약 전체 관련비용이 15백만 원 이하라면 업무사용비율을 따지지 않고 전액 손금으로 인정한다.

㉣ 운행기록부와 업무사용비율

[판단하기: 운행기록부의 작성과 업무사용비율]

[운행기록부]

국세청고시 제2022-9호(2022.4.1.)의 서식으로서 차량별 등록번호에 따라 한 부씩 작성하며 차량의 사용일자별 운행자와 매일의 전체 주행거리와 업무용 사용거리를 적도록 하고 있다.

[업무사용비율]

업무용 사용거리 / 총 주행거리

[업무용 사용거리] 법인세법 시행규칙 제27조의2 제6항

업무용 사용거리란 제조·판매시설 등 해당 법인의 사업장 방문, 거래처·대리점 방문, 회의 참석, 판촉 활동, 출·퇴근 등 직무와 관련된 업무수행을 위하여 주행한 거리를 말한다.

㉤ 감가상각비 한도초과

회사가 직접 보유하고 이용하는 차량은 감가상각비를 비용처리하고 회사가 렌트나 운용리스의 방식으로 이용하는 차량은 이용료에 해당하는 수수료를 지출하며 비용처리하게 된다. 이때 업무용승용차 관련비용 손금불산입 규정에서는 회사의 감가상각비와 렌트나 리스로 이용하는 차량의 수수료지출액 중 감가상각비에 상당하는 금액을 업무에 사용하지 않은 비율만큼 먼저 손금불산입할 뿐만 아니라 다음 단계에서는 앞에서 손금으로 인정된 금액이 연간 800만 원을 초과한다면 초과하는 금액을 손금불산입

하도록 한다. 감가상각비의 금액은 일반적으로 차량의 취득금액에 비례하기 때문에 고가 차량의 이용을 억제하는 유인책이라고 볼 수 있다.

또한 회계에서 감가상각비로 비용처리되는 금액은 상각요소에 따라 변할 수 있는데, 예를 들어 내용연수나 상각방법에 따라 매년 감가상각비용을 조정할 수 있다. 법인세법에서는 이러한 방식을 통해 회사가 감가상각비용을 조정하여 법인세 부담액을 임의로 조정할 수 있는 가능성을 배제하고자 2016년도 이후 취득 차량에 대해서는 5년 정액법의 내용연수와 상각방법을 강제하도록 하고 있다.

[판단하기: 감가상각비와 감가상각비 상당액]

[직접보유]

2016년도 이후 취득차량에 대해서는 5년 정액법을 적용한 감가상각비를 인정한다. 예를 들어 회사가 비용으로 기록한 감가상각비가 5백만 원이고 기타의 관련비용이 3백만 원인 경우 5년 정액법에 따른 감가상각비가 아래와 같을 때 회사는 관련비용의 취합단계에서 세무조정을 통해 감가상각비를 조정하고 이후의 세무조정을 수행하여야 한다.

5년 정액법에 따른 감가상각비	세무조정	관련비용 합계
5백만 원	–	8백만 원
3백만 원	손금불산입 2백만 원 유보	6백만 원
7백만 원	손금산입 2백만 원 △유보	1천만 원

[렌트의 감가상각비 상당액]

임차료의 100분의 70에 해당하는 금액

[리스의 감가상각비 상당액]

임차료에서 해당 임차료에 포함되어 있는 보험료, 자동차세 및 수선유지비를 차감한 금액. 다만, 수선유지비를 별도로 구분하기 어려운 경우에는 임차료(보험료와 자동차세를 차감한 금액을 말한다)의 100분의 7을 수선유지비로 할 수 있다.

이전 단계에서 차량별 관련비용의 업무에 사용하지 않은 금액만큼 손금불산입 세무조정을 하였다면, 다음으로 차량별 감가상각비 손금처리금액의 한도초과여부를 검토하여야 한다. 법인세법에서 인정하는 차량별 감가상각비 금액은 8백만 원으로, 이 금액을 초과하는 차량별 감가상각비나 감가상각비 상당액은 손금불산입하도록 한다.

[판단하기: 감가상각비 한도초과]

[업무용승용차 감가상각비 한도]

연간 차량별 감가상각비나 감가상각비 상당액이 800만 원을 초과하는 경우 그 초과하는 금액은 손금에 산입하지 않고 이월하여 손금산입한다(해당 사업연도가 1년 미만인 경우 800만 원에 해당 사업연도의 월수를 곱하고 이를 12로 나누어 산출한 금액을 말하고, 사업연도 중 일부 기간 동안 보유하거나 임차한 경우에는 800만 원에 해당 보유기간 또는 임차기간 월수를 곱하고 이를 사업연도 월수로 나누어 산출한 금액을 말한다).

예를 들어 어떤 차량의 감가상각비(상당액)가 3천만 원이고 업무사용비율이 80%인 경우 업무사용비율에 해당하지 않는 감가상각비 6백만 원이 손금부인된다. 다음 단계로 손금인정된 잔액인 2천 4백만 원과 감가상각비 한도금액인 8백만 원을 비교하여 한도를 초과하는 1천 6백만 원을 손금불산입한다.

감가상각비(상당액)	업무사용비율	손금인정액	감가상각비 한도초과
30,000,000원	80%	24,000,000원	16,000,000원

이렇게 손금불산입된 감가상각비 한도초과금액은 차량을 이용하면서 세무조정하는 과정에서 감가상각비가 8백만 원에 미달되는 해에 8백만 원을 한도로 손금으로 추인한다.

○─┐
│ [판단하기: 감가상각비와 처분손실 한도초과금액의 이월손금]

[감가상각비 한도초과금액의 이월공제]
1. 업무용승용차별 감가상각비 이월액: 해당 사업연도의 다음 사업연도부터 해당 업무용승용차의 업무사용금액 중 감가상각비가 800만 원에 미달하는 경우 그 미달하는 금액을 한도로 하여 손금으로 추인한다.
2. 업무용승용차별 임차료 중 제12항에 따른 감가상각비 상당액 이월액: 해당 사업연도의 다음 사업연도부터 해당 업무용승용차의 업무사용금액 중 감가상각비 상당액이 800만 원에 미달하는 경우 그 미달하는 금액을 한도로 손금에 산입한다.

[처분손실 한도초과금액의 이월공제]
해당 사업연도의 다음 사업연도부터 800만 원을 균등하게 손금에 산입하되, 남은 금액이 800만 원 미만인 사업연도에는 남은 금액을 모두 손금에 산입하는 방법을 말한다.

㈐ 적용제외 대상

항 목	내 용
적용제외 업종	• 운수업, 자동차 판매업, 자동차 임대업, 운전학원업, 기계경비업무를 하는 경비업(법에 따른 출동차량에 한정하여 적용) 및 이와 유사한 업종 • 한국표준산업분류표 중 장례식장 및 장의관련 서비스업을 영위하는 법인이 소유하거나 임차한 운구용 승용차
차량의 종류	업무용승용차 관련비용 손금불산입 대상이 되는 차량은 아래와 같다. • 배기량이 2천cc를 초과하는 승용자동차와 캠핑용자동차 • 배기량이 2천cc 이하인 승용자동차(**배기량이 1천cc 이하인 것으로서 대통령령으로 정하는 규격의 것은 제외한다**)와 이륜자동차 • 전기승용자동차(「자동차관리법」 제3조 제2항에 따른 세부기준을 고려하여 대통령령으로 정하는 규격의 것은 제외한다) 제외대상: 정원 8명 초과 자동차, 배기량이 1,000cc 이하의 것으로서 길이가 3.6미터 이하이고 폭이 1.6미터 이하, 승용자동차가 아닌 화물자동차(개별소비세법)나 특수자동차

㉔ 소득처분

살펴본 바와 같이 업무용승용차 관련비용의 손금불산입 세무조정은 단계별로 세무조정의 취지가 다르고 이에 따라 소득처분의 대상이 달라지게 된다. 아래의 표를 참고하도록 하자.

[판단하기: 소득처분]

업무용승용차 관련비용 세무조정 단계별 소득처분

항 목	소득처분
업무전용자동차보험 미가입	• 운행자의 배당, 상여 등, 귀속이 불분명 시 대표자 상여
업무미사용 관련비용	
감가상각비 한도초과	• 직접 보유차량(유보) • 리스/렌트차량(기타사외유출)
처분손실 한도초과	• 기타사외유출

4) 세무조정 준비하기

항 목	내 용
회사 명의의 차량, 회사가 임차한 차량의 파악	회사가 보유하는 차량의 취득금액과 관련비용 취합
	회사가 이용하는 리스, 렌트 차량의 관련비용 취합
업무전용자동차보험 가입	보험의 가입일자와 차량의 취득·이용일자 확인
관련비용의 차량별 배분	관련비용의 차량별 취합
차량별 운행기록부 작성	사업연도 중 차량별 운행기록부 작성
한도계산과 세무조정	이용자에 대한 소득처분

5) 세무조정과 서식작성

업무용승용차 관련비용의 세무조정은 크게 세 단계의 과정을 순서대로 수행해야 올바르게 손금불산입금액을 계산할 수 있다. 그리고 세무조정을 시작하기 전에 사업연도 동안 차량을 이용하면서 지출한 비용을 회사가 이용하는 차량별로 취합해야 한다. 따라서 결산과정에서 이를 하기 보다는 사업연도 중에 차량별로 발생한 금액을 미리 표시해두는 것이 편할 것이다. 그리고 사업연도 중에 차량별로 매일의 운행기록을 작성하도록 세법에서 강제하고 있는데 이를 차량별 운행기록부라고 한다. 이 운행기록부를 이용하여 차량이 사업연도 중에 얼마나 업무에 투입되고, 업무 외의 목적으로 얼마나 이용되었는지를 거리의 비율로서 계산하게 된다. 지금부터 세무조정의 각 단계에 따라 고려해야 할 점을 자세하게 배우고 계산하도록 하자.

① 세무조정 사례

㈜에스에이치랩이 사업연도 중 이용한 차량의 내역이 아래와 같다. 업무용승용차 관련비용에 대한 세무조정을 수행하고 서식을 작성하시오.

(1) 관련비용 내역

차량번호	25고6467
감가상각비	15,000,000원
유류비	6,000,000원
보험료	1,800,000원
수선비	1,000,000원
자동차세	600,000원
기타비용	200,000원
관련비용 합계(감가상각비 제외)	9,600,000원
취득가액	60,000,000원
내용연수	4년
상각방법	정액법

(2) 운행기록부 요약

차량번호	25고6467
차종	산타페
임차여부	자가
보험가입여부	가입
총주행거리	40,000Km
업무용사용거리	32,000Km
승차자	이현준
취득일	2023 - 01 - 01

[세무조정]
(1) 업무전용자동차보험 가입 여부: 가입
(2) 감가상각 시부인: 손금불산입 감가상각비 시부인 3,000,000원 유보
    (2016년도 이후 취득 차량이므로 5년 정액법으로 감가상각이 강제된다)
(3) 관련비용 취합: 9,600,000 + 12,000,000 = 21,600,000원
(4) 업무 미사용 금액 세무조정: 손금불산입 관련비용 4,320,000원 상여
    (21,600,000 × (1 - 32,000/40,000) = 4,320,000원)
(5) 감가상각비 한도초과: 손금불산입 감가상각비 한도초과 1,600,000원 유보
    ((12,000,000 × 80%) - 8,000,000) = 1,600,000원)

② 세무조정

항 목	내 용
① 업무전용자동차보험 가입 여부	회사가 보유하는 차량 중 업무전용자동차보험에 가입되지 않은 차량에서 발생한 관련비용 (만약 발생한다면) [손금불산입] 관련비용 1,000,000원 상여
② 감가상각비 시부인	2016년도 이후 취득차량에 대해 5년 정액법의 감가상각비 한도를 계산하여 세무조정 (초과한 경우) [손금불산입] 감가상각비 한도초과 3,000,000원 유보 (미달한 경우) [손금산입] 감가상각비 추가인식 1,000,000원 유보
③ 업무사용금액 계산	차량별 관련비용의 합계에 비업무사용비율(1 - 업무사용비율)을 곱한 금액 [손금불산입] 관련비용 4,320,000원 상여
④ 감가상각비 한도 비교	차량별 손금에 산입된 관련비용에 포함된 감가상각비 금액과 800만 원을 비교하여 초과금액 [손금불산입] 감가상각비 한도초과 1,600,000원 유보
⑤ 처분손실의 한도 비교	차량별 세법상 서분손실의 금액과 800만 원을 비교하여 초과금액 (해당하는 경우) [손금불산입] 처분손실 한도초과 1,000,000원 기타사외유출

③ 서식작성

■ 법인세법 시행규칙 [별지 제29호 서식] < 개정 2020. 3. 13. >

(3쪽 중 제1쪽)

사업	2023.01.01		업무용승용차 관련비용 명세서		법 인 명	(주)에스에이치사랑
연도	2023.12.31				사업자등록번호	106-81-12345

1. 업무사용비율 및 업무용승용차 관련비용 명세

① 차량 번호	② 차종	③ 임차 여부	④ 보험 가입 여부	⑤ 운행 기록 작성 여부	⑥ 총주행 거리 (km)	⑦ 업무용 사용거리 (km)	⑧ 업무 사용비율 (⑦/⑥)	⑨ 취득가액 (취득일, 임차기간)	⑩ 해당연도 보유 또는 임차기간 월수	⑪ 업무용승용차 관련비용							
										⑫감가 상각비	⑬ 임차료		⑮ 유류비	⑯ 보험료	⑰ 수선비	⑱ 자동차세	⑲ 기타	⑳ 합계
											⑭감가상 각비상당액							
25고4467	산타페	자가	여	여	40,000	32,000	80	60,000,000 2023.01.01	12	12,000,000			6,000,000	1,800,000	1,000,000	600,000	200,000	21,600,000
㉑ 합계								60,000,000		12,000,000			6,000,000	1,800,000	1,000,000	600,000	200,000	21,600,000

2. 업무용승용차 관련비용 손금불산입 계산

㉒ 차량 번호	경업무사용금액			경업무외사용금액				㉟ 손금불산입 합계 (㉛+㉞)
	㉓감가상각비 (상당액) [(⑫또는⑭)×⑧]	㉔관련비용 [(⑳-⑫또는 ⑳-⑭)×⑧]	㉕합계 (㉓+㉔)	㉖감가상각비 (상당액) (⑫-㉓또는 ⑭-㉓)	㉗관련비용 (⑳-⑫또는 ⑳-⑭)-㉔	㉘합계 (㉖+㉗)	㉙관련비용 [(⑳-⑫또는 ⑳-⑭)-㉔]	㉚합계 (㉙+㉗)	㉛감가상각비 (상당액) 한도초과금액
25고4467	9,600,000	7,680,000	17,280,000	2,400,000	1,920,000	4,320,000	1,600,000	5,920,000	15,680,000
㉞합계	9,600,000	7,680,000	17,280,000	2,400,000	1,920,000	4,320,000	1,600,000	5,920,000	15,680,000

210mm × 297mm[백상지 80g/㎡ 또는 중질지 80g/㎡]

130

3. 감가상각비(상여액) 한도초과금액 이월명세서

㉟차량번호	㊱차종	㊲취득일(임차기간)	㊳전기이월액	㊴당기 감가상각비(상여액) 한도초과금액	㊵당기 감가상각비(상여액) 한도초과금액 누계	㊶손금추인(산입)액	㊷차기이월액(㊵-㊶)
25고56467	산타페	2023.01.01		1,600,000	1,600,000		1,600,000
㊸합계				1,600,000	1,600,000		1,600,000

4. 업무용승용차 처분손실 및 한도초과금액 손금불산입액 계산

㊹차량번호	㊺양도가액	㊻세무상 장부가액			㊽합계(㊺-㊻)	㊾당기손금산입 (㊺-㊽<0)	㊿한도초과금액 손금불산입액(㊺-㊿)
		㊼취득가액	㊽감가상각비 누계액	㊾차기이월액(= ㊼)			
54합계							

5. 업무용승용차 처분손실 한도초과금액 이월명세서

55차량번호	56차종	57처분일	58전기이월액	59손금산입액	60차기이월액(58-59)
61합계					

210mm × 297mm[백상지 80g/㎡ 또는 중질지 80g/㎡]

제15호와 제3호의 기록을 확인하세요! (249~252페이지)

6) 세무조사 사례

서면-2016-법령해석법인-6118, 2018.2.13.

지점에서 업무용승용차를 리스하면서 본점 명의로 업무전용자동차 보험에 가입한 경우에도 지점에서 지출한 리스료 등의 업무용승용차 관련비용 손금산입 가능함.

서면-2016-법령해석법인-6118, 2018.2.13.

내국법인이 대표지점에서 리스계약을 체결한 업무용승용차를 본점 명의로 업무전용자동차보험에 가입한 후 대표지점 외의 다른 지점에서 업무용으로 사용하는 경우, 해당 지점에서 지출한 차량유지비 등의 업무용승용차 관련비용에 업무사용비율을 곱한 금액을 손금에 산입할 수 있는 것임.

서면-2017-법령해석소득-1793, 2018.1.11.

리스 만료로 해당 승용차를 직접 취득하여 계속 업무용승용차로 사용하는 경우 임차 또는 취득을 구분하지 않고 하나의 차량으로 보아 해당 차량의 감가상각비 또는 감가상각비상당액의 한도를 적용하는 것임.

서면-2017-법령해석법인-0554, 2017.12.26.

업무전용자동차보험에 가입하였으나, 운행기록 등을 작성·비치하지 아니한 업무용승용차를 임차하여 사용하다가 임차기간의 만료로 사업연도 중에 취득하여 계속 사용하는 경우 업무용승용차 관련비용의 손금산입 한도액은 임차 또는 취득 구분 없이 하나의 업무용승용차로 계산함.

서면-2017-법인-2747, 2017.11.30.

업무용승용차 및 이와 관련한 감가상각비 한도초과액을 보유한 내국법인이 물적분할을 통하여 분할신설법인에 해당 업무용승용차를 승계한 경우 업무용승용차 관련 세무조정사항은 분할신설법인에 승계되지 아니하는 것임.

서면-2017-법령해석법인-0698, 2017.9.26.

내국법인이 다른 법인과 공동으로 업무용승용차를 임차하여 월 임차료를 안분하여 지급한 경우에도 해당 법인이 납부한 임차료에 업무사용비율을 곱한 금액을 손금에 산입할 수 있는 것임.

기획재정부 법인세제과-879, 2017.7.13.

내국법인이 국내에 파견된 외국법인의 소속직원들이 사용하기 위한 승용자동차를 알선 또는 주선하는 경우 해당 승용자동차는 업무용승용차 적용대상에서 제외됨.

서면-2016-법령해석법인-3465, 2017.3.9.

법인의 특정 업무용승용차를 다수의 임직원이 함께 사용하는 경우로서 유류비 등 관련비용 중 업무 외의 용도로 사용한 비용을 손금불산입하는 경우 손금불산입하는 각각의 비용을 지출한 당시 해당 승용차를 사용한 임직원에게 「법인세법 시행령」 제106조에 따라 소득처분하는 것이며 그 귀속이 불분명한 경우에는 대표자에게 상여처분하는 것임.

기획재정부 법인세제과-320, 2017.3.6.

업무용승용차 사적 사용자가 사업연도 중간에 퇴직하는 경우 해당 퇴직자에 대한 소득처분 금액은 해당 사업연도 개시일부터 퇴직 시까지 발생한 업무용승용차 관련비용에 동 기간의 사적사용비율(해당 퇴직자의 사적사용거리÷총주행거리)을 곱하여 산출한 금액으로 하는 것임.

서면-2016-법령해석법인-3521, 2016.12.30.

업무용승용차에 대하여 사업연도 중 일부 기간의 운행기록 등을 작성하지 아니한 경우 해당 업무용승용차의 업무사용비율은 운행기록 등을 작성하지 아니한 기간의 총 주행거리를 전부 업무에 사용하지 아니한 것으로 보아 「법인세법 시행령」 제50조의2 제5항에 따라 계산한 비율임.

서면-2016-법령해석법인-3468, 2016.7.18.

내국법인이 취득·임차한 업무용승용차를 직무와 관련된 거래처 접대업무에 사용한 경우 동 주행거리는 업무용 사용거리에 해당하는 것임.

(6) 대손금

1) 한마디 정의

회사가 보유한 채권을 현금으로 회수하지 못하는 경우 법인세법에서 정하는 사유에 해당한다면 채권의 미회수 손실을 손금으로 처리할 수 있다.

2) 읽어보기

회사의 매출액은 현금으로 회수되기 전까지 회사의 재무상태표에 매출채권의 이름으로 존재하게 된다. 채권이란 채무자에게 어떠한 행동을 해주길 요구할 수 있는 권리로서 회계에서의 매출채권은 매출의 결과로 생긴 금전채권이라는 의미이다. 즉, 재화나 용역을 공급하여 대금을 회수해야 하는 시기에 채무자에게 신용을 부여하여 대금을 나중에 받기로 약정하는 경우 회사는 매출거래의 결과로 공급받은 자에게 대금을 청구할 수 있는 권리가 생기고 이 권리를 매출채권이라는 이름의 자산으로 보는 것이다. 회사는 재화나 용역을 공급하는 시기에 회계에서 수익을 인식하고 법인세법에서도 이를 익금으로 보아 과세하지만 신용을 부여한 기간이 지났음에도 채무자가 대금을 갚지 않고 급기야 채무자가 파산하는 등의 사건이 발생한다면 회사는 더 이상 채권을 회수할 수 없음이 확정되고 해당 매출액은 고스란히 회사의 손해로 남게 될 것이다. 이때 회계에서는 이러한 채권의 미회수 손실을 대손비용이라고 표현한다. 법인세법에서도 법에서 정한 대손의 요건을 충족하였을 때 채권의 대손비용을 손금으로 인정한다.

구 분	내 용	법인세법 적용
대손비용	아래의 대손요건을 충족한 채권의 대손비용은 손금에 산입한다. • 대손처리가 가능한 채권 • 열거한 대손사유	대손사유를 충족한 대손비용은 세무조정하지 않음.

3) 취지와 내용

① 취지

대손금 세무조정에서 가장 중요한 내용이라고 한다면 손금처리하기 위해 법에서 정한 대손사유를 충족해야 한다는 것이다. 회사의 채권은 현금으로 회수되어야 회사의 순자산이 실질적으로 증가했다고 볼 수 있고 비로소 과세대상인 소득금액에 들어온다고 할 수 있지만, 법인세법은 회계에서 수익을 인식하는 발생주의를 받아들여 회계와의 차이를 줄이도록 했다. 하지만 채권을 회수할 수 없다면 회사의 입장에서는 소득이 생겼다고 볼 수 없기 때문에 손금으로 인정하여 기존에 과세하였던 금액을 취소하여야 할 것이다. 따라서 대손금은 당연히 손금으로 인정해야 할 것이다. 하지만 채권을 회수할 수 없는지의 판단을 회사에게 맡긴다면 회사는 대손의 시기를 조정할 수 있게 되어 자의적으로 소득금액을 조정할 수 있게 된다. 법인세법에서는 이를 막기 위해 회사가 손금으로 인식할 수 있는 사유를 정해 놓았다. 따라서 회사는 채권의 회수가 불확실해진 때부터 각 채권이 대손사유를 충족되었는지 확인하여 적절한 세무조정을 수행하여야 할 것이다.

② 주요내용

대손금의 손금불산입 규정은 아래의 내용을 배울 것이다.

항 목	내 용	용 도
대손불가채권	대손처리가 불가능한 채권이 있어.	불가채권 대손금액 세무조정
대손사유	세무상 인정되는 사유가 있어야 해.	대손처리채권의 세무조정
채권회수노력	채권을 회수하기 위해 노력을 했어야 해.	회수노력 없는 채권 세무조정
대손증빙	사유 충족여부에 대해 증빙이 있어야 해.	향후 세무조사 대응 증빙 마련
세무조정	당기 대손채권과 전기 불인정 채권의 대손여부도 생각해야 해.	전기 불인정 채권의 대손여부 판단

㉮ 대손불가채권

대손처리가 가능한 채권은 법인세법에 열거되어 있지만, 그 범위가 상당히 넓기 때문에 실무적으로 대손처리가 불가능한 채권을 알고 있는 것이 효율적이다. 법인세법에서는 정책적인 목적과 과세 원칙에 따라 정당한 대손사유가 발생하여도 대손처리를 할 수 없는 채권을 법령과 유권해석에 정리하고 있다.

[판단하기: 대손불가채권]

① 법인세법 제19조의2

1. 채무보증으로 인하여 발생한 구상채권(「독점규제 및 공정거래에 관한 법률」 제10조의2 제1항 각 호의 어느 하나에 해당하는 채무보증 등 대통령령으로 정하는 채무보증은 제외한다)

2. 특수관계인에게 해당 법인의 업무와 관련 없이 지급한 가지급금* 등으로서 대통령령으로 정하는 것(특수관계인에 대한 판단은 대여시점을 기준으로 한다)
   * 명칭 여하에 불구하고 당해 법인의 업무와 관련이 없는 자금의 대여액

   위의 규정을 적용받는 채권의 처분손실은 손금에 산입하지 아니한다.

② 부가세법상 대손세액공제를 받은 것

③ 기본통칙 19의2 – 19의2…4
   특수관계자에게 처분된 소득에 대한 소득세대납액을 가지급금 등으로 계상한 경우 대손금으로 처리할 수 없다. 이 경우 해당 소득세대납액을 정당한 사유없이 회수하지 아니하는 때에는 4–0…6에 따라 그 특수관계자에게 소득처분한다.

④ 기본통칙 19의2 – 19의2…5
   약정에 의하여 채권의 전부 또는 일부를 포기하는 경우

㉯ 대손사유

이제 다음의 대손요건으로 대손사유를 알아보자. 회사가 보유한 채권을 회수하지 못할 것으로 확정되는 시기에 채권의 미회수 손실이 비용으로 기록되고 이를 그대로 인정한다면 소득이 줄어 법인세도 감소할 것이다. 그런데 채권을 회수하지 못할 것으로 확정되는 시기는 이해관계에 따라 달라질 수 있기 때문에 회사가 자의적으로 손금의 인식시기를 조절할

가능성을 배제하기 위해 법인세법에 엄격하게 채권의 대손사유를 정해놓을 필요가 있다. 그래서 법인세법에서는 손금을 인식할 수 있는 대손사유를 아래와 같이 열거하고 있다.

[판단하기: 대손사유]

〈신고조정사유〉

1. 「상법」에 따른 소멸시효가 완성된 외상매출금 및 미수금
2. 「어음법」에 따른 소멸시효가 완성된 어음
3. 「수표법」에 따른 소멸시효가 완성된 수표
4. 「민법」에 따른 소멸시효가 완성된 대여금 및 선급금
5. 「채무자 회생 및 파산에 관한 법률」에 따른 회생계획인가의 결정 또는 법원의 면책결정에 따라 회수불능으로 확정된 채권
5의2. 「서민의 금융생활 지원에 관한 법률」에 따른 채무조정을 받아 같은 법 제75조의 신용회복지원협약에 따라 면책으로 확정된 채권
6. 「민사집행법」제102조에 따라 채무자의 재산에 대한 경매가 취소된 압류채권

〈결산조정사유〉

7. 물품의 수출 또는 외국에서의 용역제공으로 발생한 채권으로서 기획재정부령으로 정하는 사유에 해당하여 무역에 관한 법령에 따라 「무역보험법」제37조에 따른 한국무역보험공사로부터 회수불능으로 확인된 채권
8. 채무자의 파산, 강제집행, 형의 집행, 사업의 폐지, 사망, 실종 또는 행방불명으로 회수할 수 없는 채권
9. 부도발생일부터 6개월 이상 지난 수표 또는 어음상의 채권 및 외상매출금(중소기업의 외상매출금으로서 부도발생일 이전의 것에 한정한다). 다만, 해당 법인이 채무자의 재산에 대하여 저당권을 설정하고 있는 경우는 제외한다.
9의2. 중소기업의 외상매출금 및 미수금(이하 이 호에서 "외상매출금등"이라 한다)으로서 회수기일이 2년 이상 지난 외상매출금등. 다만, 특수관계인과의 거래로 인하여 발생한 외상매출금등은 제외한다.
10. 재판상 화해 등 확정판결과 같은 효력을 가지는 것으로서 기획재정부령으로 정하는 것에 따라 회수불능으로 확정된 채권
11. 회수기일이 6개월 이상 지난 채권 중 채권가액이 30만 원 이하(채무자별 채권가액의 합계액을 기준으로 한다)인 채권
12. 제61조 제2항 각 호 외의 부분 단서에 따른 금융회사 등의 채권(같은 항 제

13호에 따른 여신전문금융회사인 신기술사업금융업자의 경우에는 신기술사업자에 대한 것에 한정한다) 중 다음 각 목의 채권

    가. 금융감독원장이 기획재정부장관과 협의하여 정한 대손처리기준에 따라 금융회사 등이 금융감독원장으로부터 대손금으로 승인받은 것

    나. 금융감독원장이 가목의 기준에 해당한다고 인정하여 대손처리를 요구한 채권으로 금융회사 등이 대손금으로 계상한 것

13. 「중소기업창업 지원법」에 따른 중소기업창업투자회사의 창업자에 대한 채권으로서 중소벤처기업부장관이 기획재정부장관과 협의하여 정한 기준에 해당한다고 인정한 것

〈손금산입일〉

1. 제1항 제1호부터 제6호까지의 규정에 해당하는 경우에는 해당 사유가 발생한 날
2. 제1호 외의 경우에는 해당 사유가 발생하여 손비로 계상한 날

대손사유의 상당수가 법률용어로 규정되어 있어 복잡해 보일 수 있다. 사실 실무에서 대손사유를 충족하였는지 여부를 검토하는 것이 단순하지는 않다. 위에서 열거된 사유 중 채권의 소멸시효가 규정된 법률이 다양한 것을 볼 수 있다. 소멸시효란 채무자에게 정해진 의무를 이행하도록 요구할 수 있는 권리가 유지되는 기간인데 채권자가 적극적으로 권리를 요구하지 않는다면 채무자에게 이를 벗어날 수 있는 기한을 주는 것이다. 만약에 회사가 제품을 공급하고 발생한 매출채권이 회수 약정된 기간을 6년이나 지난 경우를 생각해보자. 민법에 규정된 소멸시효는 10년(단기소멸시효는 3년)으로 아직 시효기간 이내이지만 상법에서 정한 상거래 채권의 소멸시효 5년은 이미 지난 상태이다. 그렇다면 회사는 법인세법의 대손사유를 충족하여 채권의 대손을 손금으로 인정받을 수 있는 것이다. 이렇게 채권의 대손을 인정받을 수 있는 사유를 정리하여 연체되고 있는 채권에 대해 관리할 필요가 있다.

㉒ 채권회수노력

그런데 위와 같이 대손사유를 정해놓았다고 해도 회사가 자의적으로 대손처리할 수 있는 여지는 남아있다. 만약에 회사가 계열사에 제품을 공급하고 발생한 매출채권이 있을 때 계열사를 지원하기 위한 목적으로 매출채권을 회수하지 않으려 할 수 있다. 회사가 적극적으로 채권을 회수하지 않는다면 자연스럽게 소멸시효를 채워 채권자인 회사는 손금을 인식하고 채무자인 계열사는 채무를 면제받아 이익을 얻게 된다. 이렇게 회사가 채권을 회수하기 위한 노력을 고의로 하지 않는 경우 법인세법에서는 이를 채무자에 대해 기업업무추진비를 지급하였다고 보고 한도를 초과하는 경우 세무조정하도록 하고 있다.

[판단하기: 채권의 회수노력]

집행기준 19의2-19의2-8 【약정에 의한 채권포기액의 대손금 처리】
약정에 따라 채권의 전부 또는 일부를 포기하는 경우에도 이를 대손금으로 보지 아니하며 기부금 또는 기업업무추진비로 본다. 다만, 특수관계인 외의 자와 거래에서 발생한 채권으로서 채무자의 부도발생 등으로 장래에 회수가 불확실한 어음·수표상의 채권 등을 조기에 회수하기 위하여 그 채권의 일부를 불가피하게 포기한 경우 해당 채권의 일부를 포기하거나 면제한 행위에 객관적으로 정당한 사유가 있는 때에는 그 채권포기액을 손금에 산입한다.

집행기준 19의2-19의2-9 【소멸시효가 완성된 채권의 대손금 처리】
소멸시효가 완성되어 회수할 수 없는 채권액은 그 소멸시효가 완성된 날이 속하는 사업연도의 손금으로 산입하는 것이나, 정당한 사유없이 채권회수를 위한 제반 법적조치 등을 취하지 아니함에 따라 채권의 소멸시효가 완성된 경우에는 그 소멸시효 완성일이 속하는 사업연도에 기업업무추진비 또는 기부금으로 본다.

㉓ 대손증빙

위와 같이 법인세법에서 정하는 대손사유를 충족하였다고 할지라도 그 과정에서 채권을 회수하기 위해 적극적인 노력을 하고 이를 증빙으로 남겨놓아야 한다. 어떤 증빙을 남길 수 있을지는 판례를 참고하여 확인하여 보자.

4) 세무조정 준비하기

항 목	내 용
대손충당금 감소 내역	채권의 상계(대손)처리내역에 대해 대손사유 확인
대손사유 확인	대손사유를 충족하지 못한 채권상계에 대해 세무조정
채권회수노력 입증	상계 채권의 대손증빙 구비

5) 세무조정과 서식작성

① 세무조정 사례

㈜에스에이치랩(중소기업이 아님)의 기말 현재 채권내역과 당기 중 대손내역은 아래와 같다. 회사가 채권의 회수를 위한 회수노력을 다한 경우에 대손금에 대한 세무조정을 수행하고 서식을 작성하시오.

(1) 대손충당금 변동내역
회사는 대손충당금 정책에 따라 기말 채권의2%만큼 대손충당금을 인식하였음.

대손충당금 변동			
상계	30,000,000	기초	60,000,000
기말	70,000,000	설정	40,000,000

(2) 기말 현재 재무상태표 채권의 내역

항 목	금 액	비 고
외상매출금	2,500,000,000원	도매 거래처 매출채권
외상매출금	500,000,000원	특수관계인 매출채권 (가지급금 성격으로 인정됨)
대여금	300,000,000원	임직원 대여금

항 목	금 액	비 고
미수금	200,000,000원	–
합계	3,500,000,000원	

(3) 당기 채권 대손내역

항 목	금 액	사 유
외상매출금	20,000,000원	거래처 대리점의 부도(2021.3.12.)가 확인됨.
외상매출금	2,000,000원	상사채권의 소멸시효가 도과함(2021.6.18.).
미수금	3,000,000원	본사 건물 임차인의 파산선고(2021.10.23.) 확인
대여금	5,000,000원	채무자인 특수관계 계열사의 파산선고 확인(2021.12.31.)

(4) 전기말 유보 내역

항 목	금 액	사 유
대여금	20,000,000원	채무자인 특수관계 계열사에 대한 대여금 손금부인액
미수금	1,000,000원	2019년도에 부도로 대손처리 후 부인된 상사채권의 소멸시효가 당기에 도과함.
대손충당금	30,000,000원	전기 대손충당금 한도초과

(5) 전기 설정대상채권
   전기의 법인세법에 따른 대손충당금 설정대상채권은 20억 원임.

[세무조정]

(1) 당기 대손금의 대손사유 충족여부 확인
   • 회사는 중소기업이 아니므로 외상매출금의 부도 후 6개월은 대손사유를 충족하지 않음.
     손금불산입 외상매출금 20,000,000원 유보
   • 특수관계인에 대한 대여금은 대손처리할 수 없음.
     손금불산입 대여금 5,000,000원 유보

(2) 전기말 채권 유보의 대손사유 충족여부 확인
- 미수금은 당기에 소멸시효 도과로 대손사유를 충족하게 됨.
  손금산입 미수금 1,000,000원 △유보

② 세무조정

항목(순서)	내 용
① 대손사유 미충족 대손채권	총액법의 대손충당금 세무조정을 전제로 대손사유 미충족 채권의 세무조정 [손금불산입] 채권 25,000,000원 유보
② 기존 채권 유보의 대손사유 충족	당기 이전에 대손처리 & 세무상 대손사유 미충족으로 손금불산입된 채권 중 당기 대손사유 충족 채권의 유보 추인 [손금산입] 채권 1,000,000원 △유보

③ 서식작성

대손금의 세무조정내역은 별지 제34호 서식에 기록한다. 하지만 이 서식에는 대손금뿐만 아니라 대손충당금의 한도 시부인 내역도 같이 기록한다. 이번 단원에서는 대손금의 조정내역만을 기록하고 서식의 나머지는 대손충당금 항목에서 작성요령을 배워보도록 하자.

제15호와 제3호의 기록을 확인하세요! (249~252페이지)

■ 법인세법 시행규칙【별지 제34호 서식】<개정 2019. 3. 20.>

사업연도	2023.01.01 ~ 2023.12.31	대손충당금 및 대손금조정명세서	법 인 명	(주)에스에이치랩
			사업자등록번호	106-81-12345

1. 대손충당금조정

손금산입액조정	①채권잔액 (㉑의 금액)	②설정률 (ㄱ)	(ㄴ)	(ㄷ)	③한도액 (①×②)	회사계상액 ④당기계상액	⑤보충액	⑥계	⑦한도초과액 (⑥-③)
	2,720,000,000	1/100	실적률 ( )	적립기준 ( )	27,200,000	40,000,000	30,000,000	70,000,000	42,800,000

익금산입액조정	⑧장부상 충당금 기초잔액	⑨기중 충당금 환입액	⑩충당금 부인 누계액	⑪당기대손금 상계액 (㉗의 금액)	⑫당기설정 충당금 보충액	⑬환입할금액 (⑧-⑨-⑩-⑪-⑫)	⑭회사 환입액	⑮과소환입 과다환입 (△)(⑬-⑭)
	60,000,000		30,000,000	30,000,000	30,000,000	-30,000,000		-30,000,000

채권잔액	⑯계정과목	⑰채권잔액의 장부가액	⑱기말현재 대손금 부인누계	⑲합계 (⑰+⑱)	⑳충당금 설정제외 채권	㉑채권잔액 (⑲-⑳)	비고
	외상매출금	3,000,000,000	20,000,000	3,020,000,000	500,000,000	2,520,000,000	
	단기대여금	300,000,000	25,000,000	325,000,000	325,000,000		
	미수금	200,000,000		200,000,000		200,000,000	
	계	3,500,000,000	45,000,000	3,545,000,000	825,000,000	2,720,000,000	

2. 대손금조정

㉒일자	㉓계정과목	㉔채권내역	㉕대손사유	㉖금액	대손충당금상계액 ㉗계	㉘시인액	㉙부인액	당기손금계상액 ㉚계	㉛시인액	㉜부인액	비고
03/12	외상매출금	매출채권	부도	20,000,000	20,000,000		20,000,000				
06/18	외상매출금	매출채권	소멸시효	2,000,000	2,000,000	2,000,000					
10/23	미수금		파산신고	3,000,000	3,000,000	3,000,000					
12/31	미수금		파산신고	5,000,000	5,000,000		5,000,000				
계				30,000,000	30,000,000	5,000,000	25,000,000				

3. 국제회계기준 등 적용 내국법인에 대한 대손충당금 환입액의 익금불산입액의 조정

㉝대손충당금 환입액의 익금불산입 금액	익금에 산입할 금액 ㉞「법인세법」 제34조 제1항에 따라 손금에 산입하여야 할 금액 Min(③, ⑥)	㉟「법인세법」 제34조 제3항에 따라 익금에 산입하여야 할 금액 MAX(0,(⑧-⑩-⑪))	㊱차액 MIN(㉝Max(0, ㉞-㉟))	㊲상계후 대손충당금 환입액의 익금불산입 금액(㉝-㊱)	비고

210mm×297mm[일반용지 70g/㎡(재활용품)]

6) 세무조사 사례

심사법인 2013－0001, 2013.3.5.

[처분내용]
- 청구법인은 2002.8.26. 설립된 외국인투자기업으로 하위 신용등급자 등에 대한 소액(250~300만 원)·고금리(36.5~65.7%) 신용대출을 주요사업으로 영위하고 있으며, 2007~2011사업연도에 90일이 경과한 연체채권 중 내부기준에 의하여 회수불능으로 판단되는 채권 390,995백만 원을 대손실적률에 반영하여 대손충당금을 설정하였다.
- 조사청은 청구법인에 대한 법인제세통합조사를 실시한 결과, 쟁점대손금은 법인세법 시행령 제19조의2의 대손요건을 갖추지 못한 것으로 보아 다음과 같이 대손금을 부인하고 대손충당금 한도를 재계산하여, 처분청에 법인세 결정결의서(안)를 통보하였다.

[청구법인 주장]
청구법인은 채권의 연체일로부터 90일 이내에 채권이 상환되지 않는 경우에는 독촉과정을 거치는 것 이외에도 다음과 같은 채권회수노력을 하고 있으며, 관련 증빙을 보유하고 있다(제1호증: 채권회수노력 입증자료).
- 채무자 주소지 파악 → 채무자의 현주소지를 파악하기 위하여 주민등록초본을 열람한 후 대손대장에 보관하고 있음.
- 주소지에 대한 재산 파악 → 주민등록초본상의 주소지 등기부등본을 열람하여 채무자 명의의 부동산이 없음을 확인하고 있음.
- 사업자에 대한 재산 파악 → 사업장을 보유하고 있는 채무자의 경우 사업장 건물임대차 계약서 또는 사업장 부동산등기부등본을 확인하고 있으며, 사업자 등록의 국세청 전산망을 통한 폐업확인 등의 조치를 취하고 있음.
- 채무자에 대한 신용정보 조회확인 → 대손처리 전 대손처리 대상 채무자에 대한 신용정보조회를 실시한 동 신용조회자료를 대손대장에 보관하고 있으며, 신용정보조회에는 채무자별 채무금액 및 신용정보조회이력, 은행 및 대부업체별 연체건수 및 금액이 기록되어 있음.
- 기타 채권회수활동 관련 자료 → 청구법인은 채권회수활동을 위한 채무자와의 교섭이력을 시스템상에 관리하고 있으며, 채무자와의 유선상의 연락시간 통화내용, 문자메시지에 의한 독촉, 우편발송 및 독촉장 발송 등도 채권추심의 과정으로서 무재산임을 입증하는 중요한 자료임.
- 법원지급명령에 의한 채권 추심활동 → 청구법인은 법원으로부터 지급명령을 받아 채권을 추심하는 방법도 활용하여 대손발생을 줄이기 위한 노력을 하고 있음.

채무자의 무재산 여부가 객관적으로 확인되고 채권자가 회수노력을 하여도 회수할 수 없는 채권에 대한 대손은 법인세법상 손금으로 인정된다.

(회사의 대손사유)

대손사유(코드)	구체적인 내용
채무초과	채무자의 채무가 재산을 초과하여 회수가능성이 없다고 판단되는 채권
행방불명	채무자의 주소지 등을 방문하여도 채무자의 실제 거주지가 확인되지 않고 초본 조사 시 말소완료된 채권
말소진행	채무자의 행방불명으로 직권 말소 진행 중인 채권
파산	채무자의 파산신청으로 법원의 파산절차가 진행 중인 채권
면책	법원으로부터 면책결정을 받은 채권
사망(상속포기유)	채무자가 사망하였으며 상속인이 상속포기한 경우
사망(상속포기무)	채무자가 사망하였으며 상속인이 상속포기하지 않은 경우
중단	채무자와의 화해계약을 통해 대손처리된 채권
개인회생진행 중	개인회생 절차가 진행 중인 채권
개인회생인가결정	개인회생안에 대한 인가 결정된 채권
일부대손	회생 변제 계획안 중 변제예정금액을 제외한 나머지 채권

(회사의 대손 실적)

(백만 원)

대손사유	2007	2008	2009	2010	2011	계
채무초과	33,816	53,565	62,304	71,881	109,108	330,674
행방불명	2,274	2,271	1459	1,107	1,525	8,636
말소진행	0	2	30	44	149	225
파산	0	14	777	1,199	1,187	3,177
면책	153	135	306	133	181	908
사망(상속포기유)	45	57	110	167	335	714
사망(상속포기무)	478	673	1,061	1,168	1,847	5,227
중단	1,073	659	504	1,552	2,852	6,640
개인회생진행 중	5,202	2,403	8,423	2,683	13,243	31,954
개인회생인가결정	175	570	762	830	1,819	4,156
일부대손	3,520	5,048	9,516	9,875	5,943	33,902
대손수입대체	-4,019	-7,059	-16,501	-4,952	-2,688	-35,219
대손집행실적	42,717	58,338	68,751	85,687	135,501	390,994
대손실적률	12.22%	13.68%	11.43%	10.55%	12.69%	
충당금설정액	53,271	83,960	96,596	120,246	176,853	530,926

[판단]

청구법인은 대출채권 회수와 관련하여 채권 회수에 소요되는 비용 및 실제 원리금 회수율 등을 고려하여 채권 회수 절차 및 방법 등을 정하고 있고, 이러한 절차에 따라 독촉, 재산 파악, 신용정보 확인 등 채권 추심활동을 진행하였으므로 쟁점대손금을 손금으로 인정하여야 하고, 덧붙여 과세관청이 채무자의 결손이나 폐업내역을 확인하지 아니한 채, 대손금을 부인하는 것은 부당하다고 주장하나 (중략)

• 시행령에서 규정한 회수할 수 없는 채권으로서 대손금에 포함되는 채권에 관한 규정은 예시적으로 규정한 것이 아니라 한정적으로 규정한 것으로 봄이 타당한 점,

• 채권을 대손금으로 확정하는 때에는 객관적인 자료에 의하여 그 채권이 회수불능임을 입증하여야 하는 것(법인 22601 - 1103, 1991.5.30. 참조)이나 청구법인은 채무자 명의의 차량, 주소지 외 부동산의 소유 여부 및 임차보증금 등의 확인, 상속인 조사 등 재산조사를 충분히 하지 않았고 법원에 지급명령신청도 하지 않는 등 관계법령이 정하는 노력을 다하지 않아 (중략)

• 청구법인은 소멸시효가 완성되기 이전에 연체채권을 대손처리하고, 동 채권을 채권추심업체에게 매각하고 있는 바, 내부기준에 의한 대손을 인정하는 경우 자의적으로 대출채권을 대손처리한 후 매각처분함으로써 과세소득의 기간귀속을 임의 조정할 수 있게 되는 점,

• 청구법인의 고객이 대부분이 담보제공 능력이 없고 신용상태가 불량한 개인들인 점,

• 청구법인이 모든 채권에 대하여 연체일로부터 90일이라는 기준을 일괄 적용한 점,

• 형식적인 재산조사 후 채무초과, 개인회생 진행 중 등 정형화된 10가지의 사유로 대손처리한 점에 비추어, 청구법인 주장대로 대손사유에 해당된다고 하더라도 청구법인이 이미 대출시점부터 대부분 대손사유에 해당됨을 인식하고 대출한 것으로 보이는 점,

• 청구법인은 대부금융업의 선두권업체이고, 신용대여를 주업으로 하고 있어 채권대손 등 손금산입을 위한 재산조사 등 행정적 부담능력과 노하우가 있다 할 것이어서, 대손처리에 따른 부담은 응당 청구법인 스스로 부담함이 타당한 바, 과세관청이 채무자의 결손이나 폐업내역을 확인하여 청구법인의 경비로 인정할 수는 없는 것으로 보이고, 기본적으로 경비의 입증책임은 이를 주장하는 납세의무자에게 있는 점 등을 종합적으로 고려하면, 청구법인이 제출한 증빙만으로 쟁점대손금을 법인세법상 적법한 대손금으로 인정하기는 어려운 것으로 판단

(7) 세금과공과

1) 한마디 정의

회사가 부담한 세금이나 공과금 중에 법인세법에 열거된 항목에 대해서는 손금불산입한다.

2) 읽어보기

회사가 사업활동 과정에서 지출하는 다양한 비용 가운데 정부나 지방자치단체에 납부하는 금액을 세금이나 공과금이라고 표현한다. 정부와 지방자치단체는 자연인과 법인의 소득에 세금을 부과하거나 이들이 이용하는 인프라나 수도·전기에 대한 이용료를 거두어 재정활동에 사용한다. 결국 대부분의 세금과 공과금은 회사가 사업을 하기 위해 필연적으로 지출해야 하는 비용으로 법인세법에서는 당연히 이를 손금으로 인정해주어야 할 것이다. 그런데 법인세법에는 예외적으로 손금으로 인정하지 않는 세금과공과의 항목들을 열거하고 있다. 이 항목들 모두 손금으로 인정하지 않는 이유가 있으므로 이를 이해한다면 어렵지 않게 세무조정을 할 수 있을 것이다.

3) 주요 내용

① 주요 내용

아래의 조세 및 공과금은 손금불산입한다.

항 목	내 용	세무조정
법인세비용	법인세를 계산할 때 법인세비용은 손금으로 인정되지 않음.	회계상 법인세비용 손금불산입
벌금 등	벌금, 과태료, 가산세 등 위반 지출	벌금 등 손금불산입
협회비	등록된 협회의 일반회비만 손금인정	기타 협회비는 손금불산입

항 목	내 용	세무조정
기타 조세	법인지방소득세, 농어촌특별세, 세액공제하는 외국납부세액공제, 매입세액공제받는 부가세 매입세액	손금불산입
특정 공과금	장애인고용부담금(재법인-145, 2018.2.21.) 회신일 이후 신고분부터 적용	

㉮ 법인세비용

법인세를 계산하려면 회사의 한 사업연도의 소득금액을 확정해야 하고, 이를 위해 회계의 이익에서 세무조정의 과정을 거치게 된다. 결국 세무조정을 통해 소득금액을 계산하는 과정에서는 법인세비용이 아직 확정된 비용이 아니다. 법인세법에 따라 계산한 납부할 법인세 금액은 회계에서 비용처리하는 법인세비용 금액과 항상 같지는 않다. 하지만 회사가 법인세법에 따라 부담할 의무의 금액을 발생주의와 수익·비용 대응원칙에 따라 계산한 법인세비용은 세무조정이 마무리되어야 확정되는 비용임에 틀림없다. 따라서, 확정되지 않은 법인세비용은 손금으로 인정하지 않고 손금불산입 세무조정을 하게 된다.

[판단하기: 이연법인세자산·부채의 세무조정]

'세무조정의 성격에 따른 분류' 단원에 '[보론] 유보의 정의와 특징'을 먼저 읽고 읽어보길 바랍니다.

회계에서 이연법인세자산과 부채가 기록되었다면 회사는 이에 대해 세무조정의 방식을 결정해야 한다. 회사가 법인세비용과 이연법인세자산·부채에 대해 세무조정을 하는 방법은 두 가지가 있다. 예를 들어 아래와 같이 세무조정, 이연법인세 회계처리를 한 회사가 있다.

법인세	회 계
중간예납 10,000,000원	선급법인세 10,000,000원
추가납부법인세 20,000,000원	법인세비용 25,000,000원
전기 손금산입 5,000,000원 △유보	전기말 이연법인세자산 5,000,000원
전기 익금산입 8,000,000원 유보	전기말 이연법인세부채 8,000,000원
당기 손금산입 4,000,000원 △유보	당기말 이연법인세자산 4,000,000원
당기 익금산입 2,000,000원 유보	당기말 이연법인세부채 2,000,000원

회사가 법인세법에 따라 납부할 법인세는 중간예납으로 미리 납부한 1천만 원과 추가 납부할 2천만 원을 합하여 총 3천만 원이다. 이때 회계에 따라 비용으로 인식되는 법인세비용은 2천 5백만 원이 된다. 이 회계처리를 먼저 이해하여 보자.

차 변		대 변	
이연법인세부채	6,000,000원	이연법인세자산	1,000,000원
법인세비용	25,000,000원	선급법인세	10,000,000원
		미지급법인세	20,000,000원

법인세법에 따라 올해 소득에 대해 납부할 법인세는 3천만 원이지만 이 중에는 회계에 따라 비용으로 인정되지 않는 항목도 있고, 회계에 따르면 법인세비용이 인식되어야 하지만 법인세법에 따르면 올해 과세하지 않는 항목이 있을 것이다. 이러한 차이를 조정하기 위해 이연법인세자산·부채가 기록되는 것이다.

회계	법인세법	회계처리
비용○	손금X	이연법인세자산을 인식하면서 법인세비용을 줄임
비용X	손금○	법인세비용을 인식하면서 이연법인세부채를 인식

(1) 손익계산서의 법인세비용만을 세무조정

회계에서 인식한 법인세 비용은 법인세법에 따라 손금으로 인정되지 않는다. 그리고 이연법인세자산과 부채는 당기의 소득금액에 영향을 미치지 않기 때문에 단순히 비용처리된 법인세비용만을 손금불산입하여도 무방하다.

손금불산입 법인세비용 25,000,000원 기타사외유출

이연법인세자산과 부채는 법인세법에 따라 인정되지 않는 자산부채이므로 이를 세무조정하고 법인세비용의 손금불산입 금액을 끼워넣는다.

손금산입	익금산입
손금산입 이연법인세부채 6,000,000원	익금산입 이연법인세자산 1,000,000원
	손금불산입 법인세비용 30,000,000원

이때 손금불산입되는 법인세비용의 금액은 당초 법인세법에 따라 계산된 해당 사업연도의 납부할 법인세 총액과 같은 것을 확인할 수 있다. 그리고 세무조정된 손금과 익금을 정산하면 간단한 방식과 같은 2천 5백만 원의 손금불산입 금액이 계산되는 것을 확인할 수 있다. 결국 두 방식 중 어느 것을 선택하든 소득금액에 미치는 영향은 동일하다.

㉯ 벌금 등

세법에서는 회사가 이행해야 할 의무를 지키지 않은 경우 가산세와 가산금을 부과한다. 법인세를 제때 신고하지 않거나 잘못된 금액을 신고하는 등의 경우에 이를 제재하기 위해 추가적인 세금을 부과하고 법인은 이렇게 납부한 금액을 비용처리하게 된다. 법인세뿐만 아니라 부가가치세, 소득세도 그렇고 세법을 벗어나 다른 법을 위반하여 회사가 벌금이나 과태료를 내게 된다면 마찬가지로 회사는 현금을 지출하고 세금과공과의 이름으로 비용처리를 한다. 법인세법에서는 이렇게 벌금, 과태료, 가산금, 가산세 등의 이름으로 세법이나 다른 법을 위반하여 지출하는 비용에 대해서는 손금으로 인정하지 않는다. 법인세법에서 손금으로 인정하여 법인세를 줄이게 됨으로써 다른 법에서 정한 제재의 효과를 희석시키지 않기 위함이다.

ⓒ **협회비**

분 류	일반회비	특별회비
주무관청에 등록 협회	손금	손금불산입
미등록 협회	손금불산입	

4) 세무조정 준비하기

항 목	내 용
손익계산서의 법인세비용	법인세비용의 손금불산입
이연법인세자산·부채	이연법인세자산·부채에 대한 세무조정
손익계산서의 세금과공과	세금과공과 명세서 내의 손금불산입 대상 항목 확인
기타비용항목 명세서 확인	기타비용명세서를 통해 손금불산입 항목 확인

5) 세무조정과 서식작성

① 세무조정 사례

㈜에스에이치랩의 당기 중 세금과공과의 내역은 아래와 같다. 세금과공과에 대한 세무조정을 수행하고 서식을 작성하시오.

(1) 법인세비용
재무제표와 전기 세무조정계산서에 기록된 관련항목이 아래와 같다.

서 식	항 목	금 액
손익계산서	법인세비용	30,000,000원
재무상태표	이연법인세자산	20,000,000원
	이연법인세부채	15,000,000원
전기 50호(을)	이연법인세자산	23,000,000원
	이연법인세부채	11,000,000원

(2) 벌금, 과태료 등

손익계산서에 기록된 비용 중 명세서에서 확인한 금액

분 류	항 목	금 액
세금과공과	주차위반 과태료	1,700,000원
	협회비(등록된 협회의 일반협회비)	2,000,000원
잡비용	부가가치세 신고불성실가산세	30,000원

[세무조정]
(1) 법인세비용: *손금불산입 법인세비용 30,000,000원 기타사외유출*
(2) 벌금, 과태료 등: *손금불산입 세금과공과 1,730,000원 기타사외유출*

② 세무조정

항목(순서)	내 용
① 법인세비용 세무조정	손익계산서의 법인세비용 손금불산입 [손금불산입] 법인세비용 30,000,000원 기타사외유출
② 세금과공과	손금으로 인정받지 못하는 세금과공과 금액 세무조정 [손금불산입] 세금과공과 1,730,000원 기타사외유출

③ 서식작성

세금과공과의 세무조정은 특별한 계산식이 없어 별도로 작성할 서식은 없다. 따라서 세무조정의 금액을 바로 제15호 서식에 기록하면 된다.

제15호와 제3호의 기록을 확인하세요! (249~252페이지)

6) 세무조사 사례

서면-2015-법인-1980, 2016.3.18.

법인이 세금계산서를 교부받지 못함으로써 공제받지 못한 부가가치세 매입세액은 당해 법인의 각 사업연도의 소득금액 계산상 이를 손금에 산입하지 아니하는 것이고, 당초 공제받지 못한 부가가치세 매입세액을 환급받을 경우 익금에 산입하지 아니하는 것임.

서면-2015-법령해석법인-1756, 2016.4.28.

베트남 세법에 따라 현지에서 원천징수된 외국인계약자세(부가가치세 해당분 제외)는 내국법인의 손금에 산입하지 아니하는 것이며, 부가가치세 해당분은 해당 법인의 각 사업연도 소득금액 계산 시 이를 손금에 산입하는 것임.

기획재정부 법인세제과-145, 2018.2.21.

고용노동부장관에게 납부하는 장애인고용부담금은 「법인세법」 제21조 제5호에 따른 공과금에 해당되는 것임. 다만, 동 예규는 회신일 이후 장애인고용부담금을 신고·납부하여야 하는 분부터 적용하는 것임.

사전-2016-법령해석법인-0574, 2016.12.14.

일반도시가스사업자인 내국법인이 도시가스용 요금의 구분을 산업용이 아닌 냉·난방용 요금으로 잘못 적용하여 도시가스 매입대금을 과소지급한데 대해 대한상사중재원의 중재판정에 따라 가스도매사업자에게 요금 정산차액의 일정금액을 손해배상금으로 지급하는 경우, 해당 손해배상금은 손금에 해당

법인세과-128, 2012.2.24.

내국법인이 이연법인세회계에 따라 계상한 이연법인세자산·부채와 법인세비용을 세무조정하는 경우에는 이연법인세자산·부채를 손금산입(손금불산입) 유보처분하고, 해당 법인이 계상한 법인세비용에 이연법인세자산·부채에 상당하는 금액을 가감한 금액을 손금불산입(기타사외유출)하는 것임(법규과-181, 2012.2.22.).

서면인터넷방문상담2팀-1085, 2007.6.4.

하도급거래공정화에 관한 법률 제13조 제7항에 의하여 지급하는 이자상당액은 손금불산입되는 제세공과금에 해당하지 아니함.

(8) 인건비

1) 한마디 정의

임직원에게 지급하는 인건비 중 불합리하게 과다지급한 금액이나 법인세법의 한도를 초과한 금액은 손금불산입한다.

2) 읽어보기

인건비란 회사에 근로를 제공하는 대가로 근로자에게 지급하는 금전적인 보수를 의미한다. 이러한 인건비는 정당한 근로를 제공한 것에 해당하는 금액만을 회사의 손금으로 인정할 수 있을 것이다. 하지만 근로자가 제공하는 근로대가에 상응하는 적정 인건비가 표준화 되어있지 않다보니 인건비 규모의 적정성을 판단하기 쉽지 않다. 또한 지배주주의 특수관계인을 회사에 입사시킨 후 근로를 제공하지 않거나 어렵지 않은 직무를 제공하게 한 후 고액의 인건비를 지급하게 하여 부당하게 회사의 부를 유출시키고 법인세법상 손금으로 처리하는 경우가 빈번하게 발생하고 있다. 법인세법에서는 인건비를 통한 부당한 거래를 방지하기 위해 인건비에 대해 아래의 손금불산입 규정을 두는 한편, 특수관계인에게 지급한 인건비는 '부당행위계산부인'이나 특수관계인이 아닌 경우에는 '업무무관비용'도 추가로 적용하여 회사의 공정한 비용의 지출을 유도하고 있다.

3) 취지와 내용

① 취지

인건비는 비단 법인세나 회계뿐만 아니라 사회·경제적으로 중요한 영향을 끼치는 비용이자 소득 항목이다. 그렇기 때문에 다른 법에서는 적정 수준의 임금을 유지하기 위해 최저임금제도와 퇴직급여의 지급을 보장하는 규정을 두고 있으며 조세특례제한법에서도 고용과 급여의 촉진을 위한 세액공제제도를 두고 있다. 그렇다면 법인세법에서는 인건비에 대해 어떤 규정을 두어야 할까?

법인세법의 기본 목적인 충실한 과세를 위해서라면 회사에 제공하는 근로에 비해 과도한 인건비의 지출을 제재할 필요성이 있을 것이다. 기본적으로 회사제도하에서는 이익의 극대화를 위해 근로자의 급여를 효율적으로 지출하려는 노력을 기울이기 때문에 일반 근로자에게서 과도한 인건비의 지급 사례를 찾기는 쉽지 않지만, 회사의 경영진인 임원에게 지급하는 인건비가 과도하게 지급된 사례를 찾아보기는 어렵지 않다. 따라서 법인세법에서도 임원에게 지급하는 인건비를 발생 원인에 따라 급여와 상여, 퇴직급여로 나누고 각각에 대해 손금의 인정을 제한하는 규정을 두고 있다.

② 주요 내용

항 목	내 용	세무조정
과다지급 급여	지배주주나 그 친족에 대한 과다지급액	손금불산입 과다급여 상여
상여한도 초과	임원에게 지급한 상여 한도초과액	손금불산입 상여초과 상여
퇴직급여 초과	임원에게 지급한 퇴직급여 한도초과액	손금불산입 퇴직초과 상여

㉮ 과다지급 급여

회사가 임직원에게 지급하는 급여는 원칙적으로 손금으로 인정되지만 지배주주나 그 친족이 임직원으로서 회사로부터 과다한 급여를 받는 경우에 이는 인정받지 못한다. 이때 어느 정도까지가 과다한지의 기준으로 해당 임직원이 수행하는 업무와 비슷한 업무를 수행하는 다른 임직원에게 지급한 급여를 설정하고 있다. 즉, 정당한 사유 없이 동일한 지위에 있는 임직원에게 지급하는 급여보다 지배주주나 그 친족에게 지급하는 급여가 많을 경우 그 초과액을 손금으로 인정하여 주지 않는다.

[판단하기: 과다지급 상여]

법인세법 시행령 제43조【상여금 등의 손금불산입】
① 법인이 그 임원 또는 사용인에게 이익처분에 의하여 지급하는 상여금은 이를 손금에 산입하지 아니한다. 이 경우 합명회사 또는 합자회사의 노무출자사원에게 지급하는 보수는 이익처분에 의한 상여로 본다.
③ 법인이 지배주주등(특수관계에 있는 자를 포함한다. 이하 이 항에서 같다)인 임원 또는 사용인에게 정당한 사유없이 동일 직위에 있는 지배주주등 외의 임원 또는 사용인에게 지급하는 금액을 초과하여 보수를 지급한 경우 그 초과금액은 이를 손금에 산입하지 아니한다.

㉯ 상여한도 초과

임원에게 지급하는 상여를 손금으로 인정받기 위해서는 아래 법인세법의 규정에서 정하는 바와 같이 정관이나 주주총회, 이사회의 결의에 의하여 '임원상여지급규정'을 마련하고 그 규정에 따라 지급하며, 만약 이를 초과하여 지급하면 손금으로 인정받지 못한다.

법인세법 시행령 제43조【상여금 등의 손금불산입】
② 법인이 임원에게 지급하는 상여금 중 정관·주주총회·사원총회 또는 이사회의 결의에 의하여 결정된 급여지급기준에 의하여 지급하는 금액을 초과하여 지급한 경우 그 초과금액은 이를 손금에 산입하지 아니한다.

그렇다면 위의 절차에 따라 지급규정을 마련하면 모두 손금으로 인정받을 수 있을까? 법인세법과 그 해석에 따르면 지급규정은 구체적으로 지급할 상여금액을 결정할 수 있을 정도로 자세하게 규정되어 있어야 하고 지급의 기준이 정당해야 실질적으로 지급규정을 갖추고 있는 것으로 인정된다. 아래의 판례를 살펴보자.

[판단하기: 상여의 실질적 지급규정]

창원지방법원 2015구합20662, 2017.12.19.

[제목]
원고의 임원상여금 규정은 상여금의 지급한도만을 규정하고 있을 뿐, 임원들에게 상여금을 배분하는 구체적인 기준에 관하여는 아무런 내용이 없으므로 법인세법 시행령 제43조 제2항에서 정한 급여지급기준이라고 보기 어려움(국승).

[처분의 경위]
가. 원고는 이형철강을 생산하는 비상장법인인데, 2008년부터 2010년도 사이에 대표이사이자 대주주인 AAA에게 정상적인 급여 이외에도 다음과 같은 일반상여금과 특별상여금을 지급하였다. 서울지방국세청은 원고에 대한 세무조사를 한 후, ① 원고가 AAA에게 지급한 상여금 중에서 특별상여금은 구 법인세법(2010.12.30. 법률 제10423호로 개정되기 전의 것) 제26조가 정한 임원의 상여금 규정을 벗어난 과다경비에 해당한다는 이유로 이를 각 사업연도의 소득금액 계산 시 손금불산입할 것을 결정

[판단]
구 법인세법 시행령 제43조 제2항은 "법인이 임원에게 지급하는 상여금 중 정관·주주총회·사원총회 또는 이사회의 결의에 의하여 결정된 급여지급기준에 의하여 지급하는 금액을 초과하여 지급한 경우 그 초과금액은 이를 손금에 산입하지 아니한다."고 규정하고 있다. 이러한 규정의 취지는 회사의 주인인 주주와 현실적으로 경영을 담당하는 임원들에게 상여금의 지급을 맡겨서 기업의 목적인 이윤실현을 위한 동기를 부여함과 동시에 투명한 급여지급기준으로 지배주주인 임원, 혹은 주주가 아닌 경영진들의 배임행위를 막기 위한 것이라고 보아야 한다.
원고의2007.10.10.자 임시주주총회에서 정한 임원상여금 규정에 관하여 보건대, 위 규정은 일반 상여금의 기준은 연간 급여액의200%이고, 특별상여금은 이

사회의 결의로 정하되 주주총회에서 승인받은 임원 보수 한도 내에서만 지급하도록 하여 상여금의 지급한도만을 규정하고 있을 뿐, 임원들에게 상여금을 배분하는 구체적인 기준에 관하여는 아무런 내용이 없다.

그런데 행정심판재결에서 지적한 바와 같이 대법원은 주주총회에서 임원 보수의 한도를 결의한 것만으로는 구 법인세법 시행령 제43조 제2항 소정의 급여지급기준에 해당한다고 볼 수 없다고 보고 있으므로(대법원 2013.7.12. 선고, 2013두4842 판결 참조), 이 사건의 경우 원고의 위 임원상여금 규정은 구 법인세법 시행령 제43조 제2항에서 정한 급여지급기준이라고 보기 어렵다.

또한, 원고의 2008.1.25.자 이사회에서 정한 특별상여금의 지급기준도 대표이사 회장의 경우 연평균 급여액의 10배 이내(한도액: 15억 원)로 최대지급 액수만 정하고 있을 뿐, 구체적인 지급기준, 예를 들면 해당기간 회사의 경영실적, 경력, 개인별 업무능력 및 업적 평가, 주주 임원의 경우 이익배당여부 등은 규정되어 있지 않다. (중략)

이에 대하여 원고는 구 법인세법 시행령 제43조 제2항은 급여지급기준만을 요구할 뿐이고, 구체적인 기준을 정할 것을 요구한 것은 아니므로, 최대지급한도만 정하여도 엄격해석의 원칙상 위 조항을 위반한 것이 아니라고 주장한다. 그러나 원고의 임원상여금 규정과 이사회의결은 구체적인 금액을 무슨 기준으로 지급할 지에 관한 기준 자체가 없기 때문에 이를 '급여지급기준'이라 볼 수 없는 것이다.

[소결론]
이상의 이유로, 원고의 임원상여금 지급규정과 이사회 결의는 구 법인세법 시행령 제43조 제2항에 정한 '급여지급기준'이라고 볼 수 없어, 원고의 주장은 이유 없다.

ⓒ **퇴직급여 초과**

퇴직급여도 마찬가지로 임원에게 지급하는 금액에 대해 한도를 두고 한도를 초과하는 지급액에 대해 손금으로 인정하여주지 않는다. 다만, 상여와 다른 점은 법인세법에서 인정하는 임원 퇴직급여 지급액의 한도가 따로 규정되어 있어서 적법한 절차로 규정된 회사의 '임원퇴직급여 지급규정'이 있다면 그것을 인정하고 지급규정이 없는 경우에는 법인세법에서 정하는 한도금액에 따른다.

법인세법 시행령 제44조【퇴직급여의 손금불산입】

④ 법인이 임원에게 지급한 퇴직급여 중 다음 각 호의 어느 하나에 해당하는 금액을 초과하는 금액은 손금에 산입하지 아니한다.

1. 정관에 퇴직급여(퇴직위로금 등을 포함한다)로 지급할 금액이 정하여진 경우에는 정관에 정하여진 금액

2. 제1호 외의 경우에는 그 임원이 퇴직하는 날부터 소급하여 1년 동안 해당 임원에게 지급한 총급여액[「소득세법」 제20조 제1항 제1호 및 제2호에 따른 금액(같은 법 제12조에 따른 비과세소득은 제외한다)으로 하되, 제43조에 따라 손금에 산입하지 아니하는 금액은 제외한다]의 10분의 1에 상당하는 금액에 기획재정부령으로 정하는 방법에 의하여 계산한 근속연수를 곱한 금액. 이 경우 해당 임원이 사용인에서 임원으로 된 때에 퇴직금을 지급하지 아니한 경우에는 사용인으로 근무한 기간을 근속연수에 합산할 수 있다.

⑤ 제4항 제1호는 정관에 임원의 퇴직급여를 계산할 수 있는 기준이 기재된 경우를 포함하며, 정관에서 위임된 퇴직급여지급규정이 따로 있는 경우에는 해당 규정에 의한 금액에 의한다.

만약에 회사에 임원퇴직급여지급규정이 존재하고 그에 따라 지급하더라도 '실질적으로 지급규정이 없는 것으로 인정'된다면 법인세법에서 정한 한도를 적용하여 세무조정한다. 아래의 사례를 살펴보자.

[판단하기: 퇴직급여 지급의 손금불산입]

서면2팀-2064, 2004.10.11.

[제목]

정관의 위임에 따라 이사회에서 정한 퇴직금지급규정에 의하여 지급한 임원 퇴직금은 법인세법 시행령 제44조 제3항 제2호의 규정에 의한 한도액 내에서 손금산입됨.

[질의]

(사실관계)

모법인의 정관에는 "임원퇴직금에 대하여는 이사회에서 정한 규정에 의한다" 고 규정하고 있는데 회사가 이사회에서 다음과 같이 규정을 정하고 그 규정에 따라 임원퇴직 시 퇴직금을 지급하고 있음.

〈규정내용〉
- 대표이사: 1년 재직 시 퇴직 직전 1년간 급여의 50% 상당액
- 전무이사: 1년 재직 시 퇴직 직전 1년간 급여의 40% 상당액
- 상무이사: 1년 재직 시 퇴직 직전 1년간 급여의 30% 상당액
- 이사 및 감사: 1년 재직 시 퇴직 직전 1년간 급여의20% 상당액

(질의내용)

위의 경우 이사회에서 정한 임원퇴직금 지급규정에 대하여 다음과 같이 양설 이 있어 질의함.

〈갑설〉 임원퇴직금규정은 정관이나 정관의 위임에 따라 주주총회에서 정한 것 만을 말하는 것임.

〈을설〉 정관에서 위임된 규정이라면 주주총회에서 정한 것은 물론이고 이사회 에서 정한 것도 퇴직금지급규정으로 인정됨.

[회신]

귀 질의의 경우 법인이 임원의 퇴직금을 지급함에 있어서 정관의 위임에 따라 주주총회에서 정한 퇴직금지급규정에 의하여 지급한 퇴직금은 법인세법 시행령 제44조 제3항 제1호의 규정에 의하여 정관에 정하여진 금액으로 보아 손금산입 하는 것이나, 정관의 위임에 따라 이사회에서 정한 퇴직금지급규정에 의하여 지 급한 퇴직금은 같은 영 같은 조 같은 항 제2호의 규정에 의하여 계산한 한도액 내에서 손금산입하는 것임.

퇴직급여는 퇴사로 인해 발생하는 경제적인 곤궁을 해결하기 위한 목적으로 임직원에게 지급하기 때문에 법인세법에서도 적지 않은 규모의 손금을 인정하여 준다. 그런데 만약 임직원이 형식적으로 퇴사하였지만 경제적으로 어려움을 겪을 것으로 예상되지 않는 등의 상황이 발생한다면 법인세법에서 실질적으로 퇴사하였다고 인정하여줄 수 없을 것이다. 그래서 법인세법에서는 법인이 퇴직급여를 지급할 수 있는, 실질적으로 퇴직하였다고 인정할 수 있는 상황을 열거하고 있다.

[판단하기: 현실적인 퇴직]

법인세법 시행령 제44조
① 법인이 임원 또는 사용인에게 지급하는 퇴직급여(「근로자퇴직급여보장법」 제2조 제5호의 규정에 따른 급여를 말한다. 이하 같다)는 임원 또는 사용인이 현실적으로 퇴직(이하 이 조에서 "현실적인 퇴직"이라 한다)하는 경우에 지급하는 것에 한하여 이를 손금에 산입한다.
② 현실적인 퇴직은 법인이 퇴직급여를 실제로 지급한 경우로서 다음 각 호의 어느 하나에 해당하는 경우를 포함하는 것으로 한다.
1. 법인의 사용인이 당해 법인의 임원으로 취임한 때
2. 법인의 임원 또는 사용인이 그 법인의 조직변경·합병·분할 또는 사업양도에 의하여 퇴직한 때
3. 「근로자퇴직급여보장법」 제8조 제2항에 따라 퇴직급여를 중간정산하여 지급한 때(중간정산시점부터 새로 근무연수를 기산하여 퇴직급여를 계산하는 경우에 한정한다)
4. (삭제, 2015.2.3.)
5. 정관 또는 정관에서 위임된 퇴직급여지급규정에 따라 장기 요양 등 기획재정부령으로 정하는 사유로 그때까지의 퇴직급여를 중간정산하여 임원에게 지급한 때(중간정산시점부터 새로 근무연수를 기산하여 퇴직급여를 계산하는 경우에 한정한다)

4) 세무조정 준비하기

항 목	내 용
특수관계인 지급 인건비	특수관계인의 업무와 지급하는 인건비 수준 비교
임원 상여지급규정	규정의 외형요건, 내부요건 충족 여부 판단
임원 퇴직급여 지급규정	규정의 외형요건, 내부요건 충족 여부 판단

5) 세무조정과 서식작성

① 세무조정

항목(순서)	내 용
특수관계인 지급 인건비	특수관계인의 직무와 유사한 직무를 수행하는 다른 직원에게 지급하는 급여를 초과하여 지급한 인건비 세무조정 [손금불산입] 과다급여 100,000원 상여
임원 상여지급규정	임원 상여지급규정을 초과하여 지급한 임원상여의 손금불산입 [손금불산입] 한도초과 100,000원 상여
임원 퇴직급여 지급규정	임원 퇴직급여 지급규정을 초과하여 지급한 임원상여의 손금불산입 [손금불산입] 한도초과 100,000원 상여

② 서식작성

퇴직금 지급액에 대한 별도의 서식은 없지만 퇴직급여충당금 설정에 대한 세무조정을 위해 미리 세무조정을 완료하여야 한다. 따라서 퇴직급여충당금 세무조정에서 자세한 작성 내역을 배워보도록 하자.

6) 세무조사 사례

조심 2018부2146, 2018.9.12.

[조사내용]

조사청은 2017.2.10. 및 2017.2.13. 청구법인에게 2012.5.1.~2015.12.31. 기간 동안의 차량운행 및 출장일지, 특수관계인인 임직원의 근태서류 및 업무수행 증빙자료, 재고자산 계상 근거자료 등의 제출을 요청하였으나, 청구법인은 2012.2.20. 동기간의 이사회 의사록, 이사ㆍ감사의 업무수행일지, 차량운행일지, 임직원의 출장일지 및 출퇴근 근거서류, 재고실사 서류 및 사업연도별 재고수불내역을 보관하고 있지 아니하여 제출할 수 없다는 내용의 확인서를 제출한 것으로 나타난다.

[회사제출자료]

손○○과 김○○은 청구법인에서 실제 근무하였고, 쟁점인건비를 부인함은 청구법인의 감사 및 이사를 부인하는 것과 같다고 주장하며 아래와 같은 증빙자료 등을 제시하고 있다.

1) 청구법인은 이 건 조사 시 2012년 6월 손○○의 근태카드와 2012년 5월 김○○의 근태카드 각 1매씩 제시하였고, 위 근태카드를 ○○○에 감정을 의뢰한 결과, 당해 근태카드는 2012년경에 작성된 문서로 추정된다는 내용을 통보받았다.

2) 청구법인은 손○○의 근무사실을 입증하는 증빙으로 감사실 내외부를 촬영한 사진 6부, 손○○의 명함, 근태카드, 이사회의사록(2015.12.9.), 손○○의 감사 중임승낙서(2015.3.31.) 및 법무법인 ○○○으로부터 공증○○○받은 정기주주총회 의사록○○○, 직원 10명과 구내식당 운영자 ○○○ 및 거래은행 직원들○○○이 작성한 근무사실확인서, 청구법인의 회계감사를 수행한 ○○○의 공인회계사 5명이 작성한 확인서 2부 등을 각각 제시하고 있다.

3) 청구법인은 김○○의 근무사실을 입증하는 증빙으로 김○○의 근무모습을 촬영한 사진, 김○○의 명함, 김○○의 ○○○ 수료증, 청구법인 확장이전 준공식(2015.12.18.) 참석 사진, 이사결정서○○○ 이사회 의사록○○○, 임시주주총회 의사록○○○, 임원 퇴직급여 지급규정, 임원 급여 및 상여금 규정, 주주전원의 서면결의서(2015.6.30.), 허○○ 등 직원 10명과 구내식당 운영자 안○○○ 및 거래처인 ○○○에서 작성한 근무사실확인서, 김○○의 ○○○ 수료증(2014.10.6.), 김○○이 거래처에 보낸 전자메일 6건, 김○○이 청구법인 인근의 편의점 및 병원에서 사용한 신용카드 사용내역, 김○○이 청구법인 직원으로서 건강검진 후 통보받은 건강검진결과 통보서 1부, 2015년 11월부터 2015년

12월까지의 근무기록부(보안업체 에스원 출력분) 등을 제시하고 있다.

[판단]

이상의 사실관계 및 관련 법령 등을 종합하여, 먼저 쟁점1)에 대하여 살펴건대, 처분청은 손○○ 및 김○○이 실제 근무하지 아니하여 쟁점인건비를 손금에 산입할 수 없다는 의견이나, 임원에게 지급되는 보수가 그 법인의 규모, 영업내용, 당해 임원의 직무내용, 그 밖에 사용인에 대한 급여지급 사항과 그 법인과 동종·동일 규모의 사업을 영위하는 법인이 임원에게 지급하는 보수에 비추어 과다한 경우로서 조세부담을 부당하게 감소시키는 경우가 아니라면 이를 손금으로 인정하여야 할 것인바,

청구법인은 손○○이 감사업무를 수행하였음을 입증할 수 있는 객관적 증빙을 제시하지 못하고 있고, 비상근 상태인 손○○에게 단지 통장관리만으로 고액의 인건비를 지급한다는 것은 건전한 상식과 사회통념에 비추어 용인되기 어려워 보이며, 손○○은 다수의 건물을 임대하는 부동산 임대업을 영위하고 있는 것으로 확인되므로, 근로의 제공 및 경영참여 사실이 객관적으로 확인되지 아니하는 이상 손○○에 대한 인건비를 손금으로 인정하기 어렵다 할 것.

한편, 김○○의 경우 청구법인이 설계연수교육 수료증(2014.7.21.~2014.7.24.), 준공식 참석 사진, 김○○이 날인한 이사결정서(2015.6.30., 2015.12.9.)·이사회 의사록(2015.12.9.)·임시주주총회 의사록(2012.6.1.)·서면결의서(2015.6.30.), 김○○이 거래처에 보낸 전자메일 6건, 김○○이 청구법인 인근의 편의점 및 병원에서 사용한 신용카드 사용내역, 김○○이 청구법인 직원으로서 건강검진 후 통보받은 건강검진결과 통보서 1부, 지문인식 방식의 근무기록부○○○ 등을 제시하고 있고, 김○○은 이 건 과세기간 동안 다른 직업이나 사업을 영위한 이력이 없는 것으로 확인되며 청구법인의 법인등기부등본에 사내이사로 계속 등재되어 있는 점 등에 비추어 김○○이 실제로 근무하지 아니하였다고 보기는 어려우므로 김○○에 대한 인건비는 손금에 산입함이 타당하나, 김○○의 해외어학연수는 청구법인의 업무와 관련이 있는지 여부가 객관적으로 확인되지 아니하므로 그 기간 동안에 지급된 인건비는 손금으로 인정하기 어렵다 할 것.

4. 장려하기 위한 세무조정

(1) 퇴직급여/퇴직연금

1) 한마디 정의

직원들이 퇴사하는 시점에 지급할 퇴직금을 위해 회사가 미리 준비하는 비용은 한도 이내로 손금으로 인정한다.

2) 읽어보기

회사의 근로자는 회사의 내부 "퇴직급여지급규정" 및 "회사의 퇴직급여지급규정"에 따라 근로를 제공하고 퇴직금을 받아갈 권리가 생긴다. 이러한 근로자의 권리는 바꾸어 말하면 회사에게 퇴직금을 지급할 의무가 있다고 할 수 있는데 이 회사의 의무는 회사가 고용시점에 근로자에게 제시한 조건에 따라 결정되겠지만 만약에 그 조건이 "근로자퇴직급여보장법"에서 정한 최소 퇴직금 금액보다 적을 때에는 적어도 최소 퇴직금의 금액을 지급하도록 법에서 강제하고 있다. 결국 회사는 근로자를 고용하는 이유로 회사의 퇴직급여지급규정이나 근로자퇴직급여보장법에서 정한 퇴직급여를 지급할 의무를 부담하게 되고 법인세법에서는 이 의무의 금액을 손금으로 인정하도록 하고 있다. 그렇다면 이 의무의 금액이 회계에서 어떻게 비용으로 기록되고 법인세법에서 세무조정을 어떻게 하는지 순서대로 배워보도록 하자.

구 분	정 의	회계와 법인세법 적용
퇴직급여	미리 인식하는 퇴직급여 비용 (전입액)	• 퇴직급여충당부채 전입 • 법인세법의 한도와 비교
퇴직급여충당부채	직원을 위해 지급할 퇴직급여 부채	• 퇴직급여 지급 시 차감
퇴직연금운용자산	퇴직연금에 가입하여 적립한 금액	

3) 취지와 주요 내용

① 취지

회사가 임직원의 퇴직급여 지급을 위해 미리 비용으로 인식하는 퇴직급여는 원칙적으로 확정된 비용이 아니기 때문에 법인세법에서 손금으로 인정될 수 없다. 하지만 임직원의 퇴직급여 수급권 보장을 목적으로 회사가 인식한 퇴직급여는 법인세법의 한도까지 손금으로 인정하여준다.

임직원이 퇴사하는 시점에 지급해야 할 의무가 확정되는 퇴직급여에 대해 회계에서는 의무가 발생되는 시점부터 회사의 부채로 인식하고 그에 따른 비용을 인식하도록 하고 있다.

즉, 보통 퇴직급여 지급규정은 근속연수가 1년을 초과할 것을 요건으로 하고 있는데 1년을 넘는 직원에 대해 그 시점부터 매년 증가하는 퇴직급여 금액을 부채로 증가시키도록 하고, 증가된 금액을 비용으로 직원이 근무하는 기간 동안 인식한다. 이렇게 쌓아놓은 부채는 직원이 퇴사하는 시점에 퇴직금을 지급하면서 사라지게 되는 것이다. 퇴직급여가 직원이 퇴사하는 시점이 아닌 재직 중에 비용을 미리 인식하는 발생주의와 수익·비용대응 원칙의 회계처리를 확인할 수 있다.

반면에 법인세법에서는 이렇게 재직 중인 임직원을 위해 회계에서 인식한 (퇴직급여)비용과 (퇴직급여충당)부채에 대해 원칙적으로는 권리·의무 확정주의에 따라 비용으로 인정하면 안 될 것이다. 임직원이 퇴사할 때까지는 금액이나 시기가 확정된 비용이 아니기 때문이다. 하지만 법인세법에서는 퇴직급여충당부채가 가지는 임직원의 수급권 보장 성격을 고려하여 예외적으로 법인세법에서 정하는 한도의 금액까지 손금을 인정하여 준다. 이렇게 법인세법의 기본 논리에 따르면 인정할 수 없지만 예외적으로 인정하는 항목들은 회계처리를 먼저 수행해야 하고 한도 이내의 금액만 인정한다는 요건을 정한 경우가 많다. 이러한 세무조정 항목들을 결산조정이라고 한다. 따라서 퇴직급여와 퇴직급여충당부채의 세무조정은 회계처리와 세법의 한도, 퇴직급여를 지급할 때의 세무조정에 대해 배울 필요가 있다.

② 주요 내용

㉮ 충당부채의 회계처리

충당부채란 지급해야 할 의무의 금액과 시기가 확정되어있지 않은 부채를 의미한다. 회계에서는 미래에 발생할 것으로 예상되는 현재의무의 금액을 합리적으로 추정가능하다면 그 의무를 이행하기 위해 소요될 금액을 추정하여 부채를 인식하고 그 금액만큼 비용을 인식하도록 하고 있다. 예를 들어 회사가 판매한 제품에 대해 1년간 무상 A/S를 제공하는 경우 A/S 의무를 제품보증충당부채라는 이름으로 부채와 비용으로 인식하도록 하는 것이다. 이러한 의무는 제품을 판매한 시점에 발생하지만 실제로 판매한 제품 중 몇 개의 제품에서 언제 A/S 의무가 발생할지 알 수는 없으므로 합리적으로 추정하여야 한다. 만약에 추정한 합리적인 충당부채의 금액이 100만 원일 경우 제품을 판매한 해에 100만 원의 비용과 부채를 동시에 인식한다. 제품을 판매함으로써 얻어진 수익과 제품을 판매함으로써 발생한 의무의 비용을 동시에 인식하는 회계처리이다. 그런데 미래의 발생할 비용의 금액을 어떻게 합리적으로 추정할지는 여전히 불확실하다. 회계에서는 최선의 추정치로 금액을 정하도록 하지만 실무에서는 과거의 경험률과 같은 기준을 이용하거나 퇴직급여충당부채는 회계기준에 따라 기준이 되는 금액을 다르게 정하고 있다.

구 분	내 용
일반기업회계기준	모든 임직원이 일시에 퇴사한다고 가정할 때 지급해야 할 금액
국제회계기준	보험수리적 가정에 따라 계산한 현재시점의 의무 금액

㉯ 추계액과 법인세법의 한도

추계액은 회사가 임직원이 퇴사하는 시점에 지급해야 할 의무금액에 해당한다. 회계에서 추계액의 금액만큼 부채와 비용을 인식하는데 세법에서도 한도 이내로 비용을 인정하는 것을 앞서 배웠다. 법인세법에서는 한도의 금액을 정할 때 기준으로서 이 추계액을 이용한다. 결국 법인세법의 한도는 추계액을 상한으로 전년도까지 인정되었던 한도를 제외한 나머지를 당해 사업연도의 손금의 한도로 인정한다. 즉, 추계액에서 전년도의 한도를 제외한 나머지와 올해 비용으로 인식된 퇴직급여를 비교하여 한도를 초과하는 퇴직급여를 손금불산입하고 유보로 소득처분 한다. 그런데 법인세법에서는 한도를 매년 줄여나가다가 2016년도 이후부터는 한도를 추계액의 0%만 인정하고 있다. 따라서 외부적립의 방식이 아니라면 내부유보의 방식으로는 퇴직급여충당부채의 전입액을 손금으로 인정받을 수 없다.

㉰ 퇴직연금 회계처리

외부적립과 내부유보의 방식은 무슨 얘기일까? 이 얘기는 IMF시절로 거슬러 올라간다. IMF 이전에는 회사들이 직원의 퇴직급여 수급권을 보장하기 위해 재무상태표에 퇴직급여충당부채라는 부채를 인식하면서 같은 금액의 비용을 인식하여 자본을 줄이고 결국 주주가 배당받아갈 금액을 줄이는 회계처리를 해왔다. 하지만 이것은 단지 불특정한 회사의 자산 일부를 유보한다는 의미일 뿐 적극적인 수급권 보호를 위해 현금을 적립하는 방식은 아니다. 결국 IMF 기간 중에 도산하는 회사들이 청산의 과정에서 자산을 매각하지만 회사가 보유한 대부분의 자산은 매각가치가 장부금액에 크게 못미쳤다. 때문에 장부금액에 근거하여 유보했던 퇴직급여충당부채들은 선순위 부채에 밀려 근로자들에게 지급되지 못하고 파산하는 회사가 많았다. 이에 정부는 좀 더 실질적인 방법으로 퇴직급여 수급권을 보장하기 위해 2006년도에 퇴직연금제도를 도입하였다.

퇴직연금제도는 "근로자퇴직급여보장법"에서 찾을 수 있는데, 회사에게 전체 퇴직급여 추계액 중 일정 비율 이상의 금액을 외부에 연금으로 적립하도록 강제하는 규정이다. 따라서 회사가 은행이나 증권사와 같은 퇴직연금운용사업자에게 현금을 적립하면 다른 금융상품에 투자되어 수익을 내며 증식시켜 나가다가 지정된 근로자가 퇴사하는 때에 퇴직급여로 지급된다. 결국 회사는 이 기금을 회사의 사업 목적으로 꺼내어 쓸 수 없기 때문에 그만큼 직원에게 수급권이 보장되는 것이다.

구 분		내 용
내부유보		퇴직급여충당부채를 비용으로 전입한다.
외부적립	DB형 퇴직연금	퇴직급여충당부채를 외부적립하여 채운다.
	DC형 퇴직연금	외부적립 금액을 비용처리하고 부채는 인식하지 않는다.

㉣ 퇴직연금의 종류

회사가 임직원을 위해 가입할 수 있는 퇴직연금은 두 가지 종류로 나눈다. 군이 퇴직연금의 종류를 나누어 놓은 이유는 퇴직연금은 현금을 모아 놓았으니 필연적으로 투자를 통해 수익을 얻을 기회가 있고, 이 투자수익을 회사와 임직원 중 누구의 귀속으로 할지를 선택할 수 있도록 길을 열어주기 위한 것이다. 즉, 회사와 임직원 중 기금의 운용지시를 하는 자가 수익을 얻거나 손실에 대한 책임을 지게 하였다. 이때 회사가 운용지시를 하고 그에 대한 책임을 지는 경우 임직원에게 지급할 퇴직급여는 확정되고 DB(Defined Benefit)형이라 부르는 한편, 임직원이 운용지시를 한다면 이에 책임을 지고 회사는 기금에 현금을 불입하는 것으로 모든 의무를 다하게 되므로 DC(Defined Cost)형이라고 이름을 정하였다. 이때 DB형은 퇴직급여를 지급하는 회사의 책임이 기금의 운용에 따라 달라지므로 기금을 자산으로 인식하고 퇴직급여부채도 같이 인식한다. 하지만 DC형에 가입한 경우 회사는 기금에 납입함으로써 모든 권리의무가 확정되기 때문에 자산과 부채를 인식하지 않고 현금의 불입액을 퇴직급여비용으로 인식하고 회계처리를 마무리한다. 단, 임원을 위해 가입한 DC형 퇴직연금은 지급시점에 임원을 위하여 지출한 금액이 임원퇴직금 한도를 초과한 금액만큼 손금불산입 세무조정을 수행한다.

구분	운용지시	적립 후 회사의 지급책임	자산·부채 인식
DB형	회사	책임 존재	자산·부채 인식
DC형	임직원	책임 없음	자산·부채 미인식

　　법인세법에서는 내부유보 방식이든 외부적립 방식이든 추계액의 금액까지는 손금으로 인정하여 준다. 하지만 앞서 보았듯이 내부유보방식은 2016년도 이후로 손금으로 인정받을 수 있는 한도가 없으므로 회사는 추계액의 금액을 최대한 퇴직연금으로 가입하여야 손금을 인정받을 수 있다.

[판단하기: 퇴직급여충당부채와 퇴직연금의 한도]

　　앞서 살펴본 것처럼 퇴직급여와 관련한 충당부채를 통해 손금으로 인정받을 수 있는 총액은 퇴직급여추계액과 같다. 여기에서 퇴직급여의 추계액이란 두 가지로 나눌 수 있다.

(1) 추계액의 종류: 법인세법 시행령 제44조의2 제4항
① 일시퇴직기준 추계액: 해당 사업연도 종료일 현재 재직하는 임원 또는 사용인의 전원이 퇴직할 경우에 퇴직급여로 지급되어야 할 금액의 추계액(제44조에

따라 손금에 산입하지 아니하는 금액과 제3항 본문에 따라 손금에 산입하는 금액은 제외한다)에서 해당 사업연도 종료일 현재의 퇴직급여충당금을 공제한 금액에 상당하는 연금에 대한 부담금

② 보험수리적 가정에 따른 추계액: 다음 각 목의 금액을 더한 금액(제44조에 따라 손금에 산입하지 아니하는 금액과 제3항 본문에 따라 손금에 산입하는 금액은 제외한다)에서 해당 사업연도 종료일 현재의 퇴직급여충당금을 공제한 금액에 상당하는 연금에 대한 부담금

    가. 「근로자퇴직급여보장법」 제16조 제1항 제1호에 따른 금액

    나. 해당 사업연도 종료일 현재 재직하는 임원 또는 사용인 중 「근로자퇴직급여보장법」 제2조 제8호에 따른 확정급여형퇴직연금제도에 가입하지 아니한 사람 전원이 퇴직할 경우에 퇴직급여로 지급되어야 할 금액의 추계액과 확정급여형퇴직연금제도에 가입한 사람으로서 그 재직기간 중 가입하지 아니한 기간이 있는 사람 전원이 퇴직할 경우에 그 가입하지 아니한 기간에 대하여 퇴직급여로 지급되어야 할 금액의 추계액을 더한 금액

퇴직급여추계액 = Max[①, ②]

① 일시퇴직기준 추계액
② 보험수리적 가정에 따른 추계액(*)
(*) IFRS를 적용하고 있는 법인이 기말현재 재무상태표에 계상하는 금액과는 차이가 있다. 재무상태표에 계상하는 보험수리적 가정에 따른 금액은 회사채 이자율을 적용하지만, 법인세법에서 규정하는 근로자퇴직급여보장법에 따른 금액은 국공채 이자율을 할인율로 적용하는 차이가 있음을 기억하자

---

(2) 퇴직급여충당금의 한도: 법인세법 시행령 제60조

① 법 제33조 제1항에서 "대통령령으로 정하는 바에 따라 계산한 금액"이란 퇴직급여의 지급대상이 되는 임원 또는 사용인(확정기여형 퇴직연금 등이 설정된 자는 제외한다. 이하 이 조에서 같다)에게 해당 사업연도에 지급한 총급여액(제44조 제4항 제2호에 따른 총급여액을 말한다)의 100분의 5에 상당하는 금액을 말한다.

② 제1항에 따라 손금에 산입하는 퇴직급여충당금의 누적액은 해당 사업연도 종료일 현재 재직하는 임원 또는 사용인의 전원이 퇴직할 경우에 퇴직급여로 지급되어야 할 금액의 추계액과 제44조의2 제4항 제1호의2 각 목의 금액을 더한 금액 중 큰 금액(제44조에 따라 손금에 산입하지 아니하는 금액은 제외한다)에 다음 각 호의 비율을 곱한 금액을 한도로 한다.

7. 2016년 1월 1일 이후 개시하는 사업연도: 100분의 0

```
퇴직급여충당부채 한도 = Min[①, ②]
① 총급여 × 5%
② 추계액 × 0% + 퇴직금전환금 - 퇴직급여충당부채 설정 전 잔액
```

(3) 퇴직연금의 한도: 법인세법 시행령 제44조의2

④ 제2항에 따라 지출하는 금액 중 확정기여형 퇴직연금 등의 부담금을 제외한 금액은 제1호 및 제1호의2의 금액 중 큰 금액에서 제2호의 금액을 뺀 금액을 한도로 손금에 산입하며, 둘 이상의 부담금이 있는 경우에는 먼저 계약이 체결된 퇴직연금 등의 부담금부터 손금에 산입한다.

1. 해당 사업연도 종료일 현재 재직하는 임원 또는 사용인의 전원이 퇴직할 경우에 퇴직급여로 지급되어야 할 금액의 추계액(제44조에 따라 손금에 산입하지 아니하는 금액과 제3항 본문에 따라 손금에 산입하는 금액은 제외한다)에서 해당 사업연도 종료일 현재의 퇴직급여충당금을 공제한 금액에 상당하는 연금에 대한 부담금

1의2. 다음 각 목의 금액을 더한 금액(제44조에 따라 손금에 산입하지 아니하는 금액과 제3항 본문에 따라 손금에 산입하는 금액은 제외한다)에서 해당 사업연도 종료일 현재의 퇴직급여충당금을 공제한 금액에 상당하는 연금에 대한 부담금

   가. 「근로자퇴직급여보장법」 제16조 제1항 제1호에 따른 금액

   나. 해당 사업연도 종료일 현재 재직하는 임원 또는 사용인 중 「근로자퇴직급여보장법」 제2조 제8호에 따른 확정급여형퇴직연금제도에 가입하지 아니한 사람 전원이 퇴직할 경우에 퇴직급여로 지급되어야 할 금액의 추계액과 확정급여형퇴직연금제도에 가입한 사람으로서 그 재직기간 중 가입하지 아니한 기간이 있는 사람 전원이 퇴직할 경우에 그 가입하지 아니한 기간에 대하여 퇴직급여로 지급되어야 할 금액의 추계액을 더한 금액

2. 직전 사업연도 종료일까지 지급한 부담금

```
퇴직연금충당부채 한도 = Min[①, ②]
① 추계액 - 퇴직급여충당부채 세법상 잔액 - 기설정잔액
② 사외적립금액 - 기설정잔액
```

하지만 주의할 점은 퇴직급여의 세무조정은 결산조정방식이기 때문에 결산상 먼저 퇴직급여를 비용으로 인식하여야 하고 인식한 비용과 한도를 비교하여 세무조정을 하는데 DB형 퇴직연금은 외부 적립액을 비용이 아닌 자산으로 인식하므로 세무조정이 불가능해진다. 따라서 DB형의 경우에는 한도 이내로 신고조정을 인정하여 준다. 그리고 DC형 퇴직연금은 기금에 불입하기만 하면 회사의 손금이 확정되기 때문에 기금의 불입액을 전액 손금으로 인정하여 준다.

ⓜ **회계처리와 세무조정**

이하에는 회사가 확정급여형(DB형) 퇴직연금에 가입한 경우에 발생 가능한 세무조정을 살펴본다.

[기중의 회계처리와 세무조정]

(기중에 퇴사한 직원에게 퇴직연금 8,000,000원과 회사의 현금 2,000,000원 총 10,000,000원을 퇴직급여로 지급)

차 변		대 변	
퇴직급여충당부채	10,000,000원	사외적립자산	8,000,000원
		현금	2,000,000원

[세무조정]
손금산입 퇴직급여충당부채 8,000,000원   유보
익금산입 퇴직연금충당부채 8,000,000원 △유보

(회계상 퇴직급여충당부채는 10,000,000원이 계상되어 있지만 사업연도에 총 15,000,000원 - 퇴직연금 8,000,000원, 현금 7,000,000원의 퇴직급여를 지급. 이때 퇴직급여충당부채에 대한 전기 유보 2,000,000원 존재)

차 변		대 변	
퇴직급여충당부채	10,000,000원	사외적립자산	8,000,000원
퇴직급여	5,000,000원	현금	7,000,000원

[세무조정]
손금산입 퇴직급여충당부채 2,000,000원   유보
익금산입 퇴직연금충당부채 2,000,000원 △유보

(임원의 퇴직으로 퇴직연금 80,000,000원과 현금 20,000,000원으로 총 퇴직급여 100,000,000원을 지급하였으나 법인세법상 현실적 퇴직에 해당하지 않음)

차 변		대 변	
퇴직급여충당부채	100,000,000원	사외적립자산	80,000,000원
		현금	20,000,000원

[세무조정]
손금산입 퇴직급여충당부채 100,000,000원 △유보
익금산입 가지급금 100,000,000원 유보

[기말의 회계처리와 세무조정]

(당기 중 추계액 10,000,000원 증가에 따라 10,000,000원을 퇴직급여충당부채로 설정하고 8,000,000원의 연금을 납입, 퇴직급여충당부채의 한도는 0, 퇴직연금충당부채의 한도는 납입액과 같음)

차 변		대 변	
퇴직급여	10,000,000원	퇴직급여충당부채	10,000,000원
사외적립자산	8,000,000원	현금	8,000,000원

[세무조정]
손금불산입 퇴직급여충당부채 10,000,000원 유보
손금산입 퇴직연금충당부채 8,000,000원 △유보

[판단하기: DC형 퇴직연금의 한도 계산]

법인세법 시행령

(1) 확정기여형 퇴직연금의 불입 시

확정기여형(DC형) 퇴직연금의 납입으로서 회사는 퇴직급여로 인한 의무를 모두 이행하기 때문에 해당 금액만큼의 추계액이 발생하지 않고 마찬가지로 퇴직급여충당부채도 인식하지 않는다. 따라서 회계에서는 확정기여형 퇴직연금의 불입액을 전액 퇴직급여(비용)로 인식한다. 한편 법인세법에서는 이러한 확정기여형 퇴직연금의 불입액만큼 회사의 의무가 확정되고 현금이 지출되므로 해당 사업연도의 손금으로 인정하여 불입 시에 별도로 세무조정이 발생하지 않는다.

(2) 확정기여형 퇴직연금 가입자의 퇴직 시

확정기여형 퇴직연금의 가입자가 퇴직하는 경우 해당 금액의 지급은 별도로 회계처리하지 않는다. 한편 법인세법에서는 임원에게 지급한 확정기여형 퇴직연금의 합계가 해당 임원의 퇴직급여 한도와 비교하여 한도를 초과하는 금액에 대해 지급한 사업연도에 익금에 산입하여 세무조정이 발생한다.

[임원에게 지급한 확정기여형 퇴직연금] 법인세법 시행령 제44조의2 제3항

임원에 대한 부담금은 법인이 퇴직 시까지 부담한 부담금의 합계액을 퇴직급여로 보아 제44조 제4항을 적용하되, 손금산입한도 초과금액이 있는 경우에는 퇴직일이 속하는 사업연도의 부담금 중 손금산입 한도 초과금액 상당액을 손금에 산입하지 아니하고, 손금산입 한도 초과금액이 퇴직일이 속하는 사업연도의 부담금을 초과하는 경우 그 초과금액은 퇴직일이 속하는 사업연도의 익금에 산입한다.

4) 세무조정 준비하기(한도, 결산조정/신고조정)

항 목	내 용
퇴직급여충당부채 변동 확인	전입액, 퇴직급여 지급액 확인
추계액 확정	일시퇴직기준, 보험수리기준에 따른 추계액 산정
퇴직금 지급 시 세무조정	퇴직금 지급액의 퇴직연금 추인 세무조정
내부유보 방식	퇴직급여충당금의 한도계산과 세무조정
외부적립 방식	DB형 퇴직연금의 한도계산과 세무조정

5) 세무조정과 서식작성

① 세무조정 사례

㈜에스에이치랩의 당기 중 퇴사한 임직원의 내역과 퇴직금 지급내역, 재직 중인 근로자에 대한 내용이 아래와 같다. 퇴직급여충당부채와 퇴직연금에 대한 세무조정을 수행하고 서식을 작성하시오.

(1) 당기 중 퇴사자 내역과 퇴직금 지급액
- 당기 중 박태영 사원이 퇴사(현실적인 퇴직에 해당)하였고 확정급여형 퇴직연금을 통해 퇴직급여를 지급하였다.

성 명	직 위	지급액	비 고
박태영	사원	4,000,000원	

- 당기 퇴사한 사원을 위한 퇴직급여 지급의 회계처리는 아래와 같다.

차 변		대 변	
퇴직급여충당부채	4,000,000원	사외적립자산	4,000,000원

(2) 재직 중인 근로자 명세서
- 기말 현재 회사의 임직원은 2명으로 이현준 대표이사는 확정급여형 퇴직연금제도를, 유지환 사원은 확정기여형 퇴직연금제도에 가입하였다.
- 회사는 임직원을 위해 지급규정에 따른 추계액의 100%를 퇴직연금에 가입하고 있으며 퇴직연금의 종류에 따라 회계처리를 적절히 수행 중이다.

성 명	직 위	지급규정에 따른 추계액
이현준	대표이사	10,000,000원
유지환	사원	8,000,000원

(3) 퇴직급여충당부채의 계정금액 변동

퇴직급여충당부채 변동			
상계	4,000,000원	기초	9,000,000원
기말	10,000,000원	설정	5,000,000원

퇴직연금예치금의 변동			
기초	9,000,000원	상계	4,000,000원
설정	5,000,000원	기말	10,000,000원

- 당기 중 퇴직급여충당부채와 퇴직연금 적립액의 회계처리는 아래와 같이 수행하였다.

차 변		대 변	
퇴직급여	5,000,000원	퇴직급여충당부채	5,000,000원
사외적립자산	5,000,000원	현금	5,000,000원

(4) 기초 50호(을) 서식과 기타 자료

항 목	금 액
퇴직급여충당금	9,000,000원
퇴직연금충당금	△9,000,000원

- 당기말 현재 재직 중인 임직원에게 지급한 총 급여는 108,000,000원이며, 이 중 이현준 대표이사의 급여는 60,000,000원이다.

[세무조정]

(1) 퇴직급여 지급의 세무조정
- 확정급여형 퇴직연금 설정자의 퇴사로 퇴직연금충당금의 세무조정이 발생
  [익금산입] 퇴직연금충당금 4,000,000원 유보

> *[손금산입] 퇴직급여충당금 4,000,000원 △유보*
>
> (2) 퇴직급여충당금의 세무조정
> - 퇴직급여충당금의 한도 = Min[①, ②] = 0
>   ① 세법상 총급여 × 5% = 60,000,000 × 5% = 3,000,000원
>   ② 추계액에 따른 한도 = 10,000,000원 × 0% - [9,000,000원 - 4,000,000원
>   - (9,000,000원 - 4,000,000원)] = 0
>   *[손금불산입] 퇴직급여충당금 한도초과 5,000,000원 유보*
>
> (3) 퇴직연금충당금의 세무조정
> - 퇴직연금충당금의 한도 = Min[①, ②] = 5,000,000원
>   ① 추계액 한도 = 10,000,000원 - 0 - (9,000,000 - 4,000,000) = 5,000,000원
>   ② 사외적립자산 한도 = 10,000,000원 - 5,000,000 = 5,000,000원
>   *[손금산입] 퇴직연금충당금 5,000,000원 △유보*

② 세무조정

항목(순서)	내 용
① 퇴직금 지급액 세무조정	퇴직금 지급액 100만 원 중 DB형 퇴직 연금 80만 원, 회사 지급액 20만 원 지급 [익금산입] 퇴직연금충당금 4,000,000원 유보 [손금산입] 퇴직급여충당금 4,000,000원 △유보
② 퇴직급여 충당금 세무조정	퇴직급여충당금 전입액의 한도 초과액 세무조정 [손금불산입] 퇴직급여충당금 5,000,000원 유보
③ 퇴직연금 충당금 세무조정	DB형 퇴직연금의 한도 이내 손금산입 신고조정 [손금산입] 퇴직연금충당금 5,000,000원 △유보

③ 서식작성

■법인세법 시행규칙【별지 제32호 서식】<개정 2016. 3. 7 >

(앞 쪽)

사업	2023.01.01	퇴직급여충당금조정명세서	법 인 명	(주)에스에이치랩
연도	2023.12.31		사업자등록번호	106-81-12345

1. 퇴직급여 충당금 조정

「법인세법시행령」 시행령」 제60조 제1항에 따른 한도액	① 퇴직급여 지급대상이 되는 임원 또는 직원에게 지급한 총급여액(⑲의 계)		② 설 정 률	③ 한 도 액 (①×②)	비 고
	60,000,000		5/100	3,000,000	

「법인세법시행령」 제60조제2항및 제3항에 따른 한도액	④ 장부상 충당금 기초잔액	⑤확정기여형 퇴직연금자의 설정전 기계상된 퇴직급여충당금	⑥ 기중 충당금 환입액	⑦기초충당금 부인누계액	⑧기중퇴직금 지급액	⑨ 차감액 (④-⑤-⑥-⑦-⑧)
	9,000,000			9,000,000	4,000,000	(△4,000,000)0
	⑩추계액 대비 설정액 (㉒ × 설정률)		⑪퇴직금전환금		⑫설정률 감소에 따라 환입을 제외하는 금액 MAX(⑨-⑩-⑪, 0)	⑬ 누적 한도액 (⑩-⑨+⑪+⑫)

한도초과액 계 산	⑭ 한 도 액 MIN(③, ⑬)	⑮ 회 사 계 상 액	⑯ 한 도 초 과 액 (⑮-⑭)
		5,000,000	5,000,000

2. 총급여액 및 퇴직급여추계액 명세

구 분 계정명	⑰ 총 급 여 액		⑱퇴직급여 지급대상이 아닌 임원 또는 직원 에 대한 급여액		⑲퇴직급여 지급대상이 되는 임원 또는 직원 에 대한 급여액		⑳기말현재 임원 또는 직원 전원의 퇴직시 퇴직급여 추계액	
	인원	금 액	인원	금 액	인원	금 액	인원	금 액
직원급여(판)	2	108,000,000	1	48,000,000	1	60,000,000	1	10,000,000
							_㉑근로자퇴직급여 보장 법」에 따른 추계액 [퇴직연금미가입자의 경우 일시퇴직기준(⑳) 을 적용하여 계산한 금액]	
							인원	금 액
							㉒세법상 추계액 MAX(⑳, ㉑)	
계	2	108,000,000	1	48,000,000	1	60,000,000		10,000,000

210㎜ × 297㎜ [백상지 80g/ ㎡ 또는 중질지 80g/ ㎡]

사업	2023.01.01	퇴직연금부담금 조정명세서	법인명	(주)에스에이치랩
연도	2023.12.31		사업자등록번호	106-81-12345

1. 퇴직연금 등의 부담금 조정

①퇴직급여추계액	당기말현재 퇴직급여충당금				⑥퇴직부담금 등 손금산입누적한도액 (① - ⑤)
	②장부상 기말잔액	③확정기여형 퇴직연금자의 퇴직연금 설정전 기계상된 퇴직급여충당금	④당기말 부인누계액	⑤차 감 액 (② - ③ - ④)	
10,000,000	10,000,000		10,000,000		10,000,000

⑦이미 손금산입한 부담금 등(⑰)	⑧손금산입한도액 (⑥ - ⑦)	⑨ 손금산입대상 부담금 등(⑱)	⑩ 손금산입범위액 (⑧과⑨중 작은 금액)	⑪회사손금 계 상 액	⑫조정금액 (⑩ - ⑪)
5,000,000	5,000,000	5,000,000	5,000,000		5,000,000

2. 이미 손금산입한 부담금 등의 계산

가. 손금산입대상 부담금 등 계산

⑬퇴직연금예치금 등 계(㉒)	⑭기초퇴직연금 충당금등 및전기말 신고조정에의한 손금산입액	⑮퇴직연금충당금 등 손금부인누계액	⑯기중퇴직연금 금 등 수령 및 해약액	⑰이미 손금산입한 부 담 금 등 (⑭ - ⑮ - ⑯)	⑱손금산입대상 부 담 금 등 (⑬ - ⑰)
10,000,000	9,000,000		4,000,000	5,000,000	5,000,000

나. 기말퇴직연금 예치금등의 계산

⑲기초퇴직연금예치금 등	⑳기중퇴직연금예치금 등 수령 및 해약액	㉑당기퇴직연금예치금 등의 납입액	㉒퇴직연금예치금 등 계 (⑲ - ⑳ + ㉑)
9,000,000	4,000,000	5,000,000	10,000,000

210mm×297mm[백상지 80g/ ㎡ 또는 중질지 80g/ ㎡]

제15호와 제3호의 기록을 확인하세요! (249~252페이지)

6) 세무조사 사례

서면-2017-법인-1465, 2017.10.26.

확정급여형 퇴직급여제도를 운용하면서 사업연도 말에 확정급여채무 현재가치의 증감이나 사외적립자산 공정가치의 증감으로 발생한 보험수리적손익을 기타포괄손익으로 인식하고, 미처분이익잉여금으로 대체하는 경우 미처분이익잉여금의 감소로 처리한 금액은 손금산입(기타)으로, 미처분이익잉여금의 증가로 처리한 금액은 익금산입(기타)으로 각각 세무조정하여 「법인세법」 제33조 및 「법인세법 시행령」 제44조의2에 따라 손금산입하는 것임.

서면법규과-1151, 2013.10.22.

퇴직급여충당금의 손금산입 한도는 퇴직연금제도 가입자에 대하여 근로자퇴직급여보장법에 따라 산정한 금액과 미가입자에 대하여 퇴직급여로 지급되어야 할 금액의 추계액을 합한 금액과 임직원 전원이 퇴직할 경우에 퇴직급여로 지급되어야 할 금액의 추계액을 비교하여 계산함.

법규법인 2012-135, 2012.6.5.

내국법인이 임직원에 대한 확정기여형 퇴직연금을 설정하면서 설정 전의 근무기간분에 대한 부담금을 지출한 경우 그 지출금액은 퇴직급여충당금에서 먼저 지출한 것으로 보고 이를 초과하여 지출한 부담금은 손금에 산입함.

법규법인 2012-133, 2012.6.5.

국제회계기준을 도입함에 따라 퇴직급여추계액을 보험수리적 가정을 이용하여 산정하면서 기초의 퇴직급여충당금을 감소하고 이월이익잉여금의 증가로 회계처리한 경우 퇴직급여충당금의 감소에 따라 이월이익잉여금의 증가로 처리한 금액은 익금산입(기타)으로 세무조정

(2) 대손충당금

1) 한마디 정의

회사가 보유한 채권의 예상되는 대손 손실에 대해 비용처리된 금액 중 법인세법의 한도를 초과하는 금액은 손금불산입한다.

2) 읽어보기

기업 간의 거래에서 신용거래가 생기기 시작한 이후로 회사의 재무상태표에는 채권이 자산의 중요한 항목으로 채워지기 시작했다. 채권은 의무를 지는 상대방에게 약정한 행동을 해주길 요구할 수 있는 권리를 말하는데, 매출거래의 결과로 매출자가 매입자에게 가지는 금전채권을 매출채권이라고 부른다. 따라서 대부분의 영업활동이 활발한 회사의 재무상태표에는 거액의 매출채권이 자리잡고 있다. 하지만 이러한 채권은 항상 부실화될 가능성이 있다는 단점이 있다. 채무자로부터 회수하지 못하면 채권자는 그만큼의 자산을 잃게 되는 것이다. 그렇기 때문에 회계에서는 재무상태표에 그러한 위험을 표시하도록 하여 정보이용자들에게 정보를 제공하고자 한다. 회계기준에서는 회사가 기말에 보유한 모든 채권에 대해 회수할 수 있을 것으로 예상되는 금액으로 표시하도록 하기 위해 대손충당금의 회계처리를 정하고 있다. 대손충당금의 회계처리는 채권 중 못받을 것으로 예상되는 금액만큼 차변에 비용(대손상각비)을 인식하고 같은 금액의 대손충당금을 대변에 기록하는 것을 말한다. 이렇게 기록된 대변의 대손충당금은 재무상태표의 관련된 채권의 차감 항목으로 기록하여 결과적으로 채권은 본래의 총액에서 대손충당금을 차감한 잔액으로 표시하게 된다. 그렇다면 법인세법에서는 이렇게 인식한 비용(대손상각비)을 손금으로 인정할 것인지 판단이 필요하다. 결과부터 알아본다면 법인세법은 대손충당금을 인식하기 위해 회계에서 인식한 비용을 한도 이내로 손금으로 인정한다.

3) 취지와 내용

① 취지

법인세법에서 손금의 인식시기를 정하는 기준으로 권리의무 확정주의가 있음을 앞서 보았다. 이 기준에 따르면 회계에서 인식한 대손충당금의 전입비용(대손상각비)은 채권의 손실이 예상되는 금액을 미리 비용처리한 금액이므로 대손이 확정된 비용이라고 보기 어렵다. 따라서 원칙적인 권리의무 확정주의에 따르면 이 비용은 손금으로 인정할 수 없다. 하지만 법인세법에서는 대손충당금의 회계처리의 유용성과 범용성을 존중하여 손금으로 인정하는 대신 한도를 두어 한도를 초과하는 금액은 손금불산입으로 세무조정하도록 하고 있다.

② 주요내용

대손충당금의 손금불산입 규정에서는 아래의 내용을 배울 것이다.

항 목	내 용	용 도
한도 계산	대손충당금의 손금인정 한도가 있어.	한도 시부인 세무조정
설정가능채권	충당금 설정 불가 채권이 있어.	대손충당금의 설정 한도
설정률	충당금 설정기준은 어떻게 정할까?	
대손금 비교	대손의 확정시기와 손금시기가 달라.	회계처리와 세무조정 절차

㉮ 한도 계산

대손충당금은 회계의 수익·비용 대응원칙에 따라 생겨난 계정과목이고 현금을 수수하는 것과 같은 거래를 기반으로 하지 않기 때문에 회계처리에 의하지 않고는 세법상 이를 손금으로 인정할 근거를 가지기 어렵다. 따라서 대손충당금의 손금불산입 세무조정은 "결산조정사항"에 해당한다.

먼저 대손충당금의 회계처리는 회사가 기말 현재 가지고 있는 채권의 잔액 중 회수하지 못할 것으로 판단되는 합리적인 대손추정액을 산정하는 것부터 시작한다. 회계기준에 따라 이 합리적인 대손추정액을 산정하는 방법은 회계 단원을 참고하자.

이렇게 대손추정액을 산정하고 나면 같은 금액의 대손충당금이 기말에 기록되도록 대손상각비(비용)와 대손충당금을 보충법에 따라 회계처리한다. 예를 들어 회사가 기말 현재 보유한 채권의 잔액이 1억 원인데 이 중 1백만 원을 못받을 것으로 예상한다면 재무상태표에는 채권 1억 원과 대손충당금 1백만 원(음수)이 자산에 동시에 기록되어야 한다. 그런데 만약 기초의 대손충당금이 60만 원만큼 기록되어 있었다면 기말에 추가로 대손충당금을 40만 원만 기록하면 될 것이다. 따라서 이 경우 기말의 대손충당금 회계처리는 아래와 같다.

[대손충당금 회계처리]
기초 대손충당금 60만 원, 기말 채권의 대손추정액 100만 원인 경우 회계처리

(차변) 대손상각비 40만 원 / (대변) 대손충당금 40만 원

대손상각비가 비용으로 인식되었기 때문에 앞서 살펴본 퇴직급여충당금의 세무조정과 같이 비용 인식액 중 법인세법의 한도 초과금액을 손금불산입으로 세무조정하면 될 것으로 생각할 수 있지만, 대손충당금의 한도 시부인과 퇴직급여충당금의 한도 시부인 세무조정의 가장 큰 차이점은 대손충당금은 총액법에 따라 세무조정하고 퇴직급여충당금은 보충법에 따라 세무조정한다는 점이다. 따라서 위 예시의 경우 기말의 법인세법상 한도가 90만 원이라면 아래와 같이 세무조정을 하게 된다.

[대손충당금 세무조정]
기말 대손충당금 잔액 100만 원, 법인세 한도 90만 원, 전년도 말 대손충당금 30만 원 유보

[손금불산입] 대손충당금 한도초과 10만 원 유보
[손금산입] 전기 대손충당금 유보 추인 30만 원 △유보

특이한 점은 총액법 세무조정으로 인하여 전기유보를 반대조정으로 추인하여야 한다는 점이다. 만약에 이러한 세무조정을 보충법에 따라 수행한다면 기말의 세무상 대손충당금은 70만 원이므로(재무상태표상 가액 100만 원 - 전기유보 30만 원) 한도 90만 원까지 전기의 유보를 추인하여 20만 원의 손금산입 세무조정을 해주는 것과 같다. 결과적으로 총액법과 보충법 모두 소득금액에 미치는 영향은 동일하다. 다만, 대손충당금의 한도의 금액이 아래와 같이 전체 세무상 채권의 잔액 중 대손충당금 설정률을 곱한 금액으로 계산하다보니 기말의 대손충당금 잔액과 비교해야 했기 때문에 총액법 세무조정이 등장하게 된 것이다.

법인세법 시행령 제61조

$$한도 = (세무상\ 채권\ 잔액 - 설정\ 불가능\ 채권) \times \max[1\%,\ 대손실적률]$$

- 대손실적률 $= \dfrac{당기세무상\ 대손인정액}{(전기말\ 세무상\ 채권잔액 - 전기말\ 설정불가채권)}$
- 세무상 채권 잔액 = 재무상태표상 기말 채권 잔액 + 기말 채권 유보

여기에서 세무상 채권 잔액이란, 기말 현재 재무상태표에 기록된 각종의 채권 잔액에 세무상 남아있는 채권의 유보 잔액을 합한 금액을 말한다. 세무상 채권의 유보는 50호(을) 서식에서 확인할 수 있는데, 채권의 유보가 발생하는 사례는 앞서 대손금의 회계처리와 세무조정에서 확인할 수 있다.

㉯ 설정 가능 채권

법인세법에서는 정책적인 이유에서 대손충당금의 설정을 인정하지 않는 채권의 종류를 열거하고 있다. 각각의 항목이 설정 불가 채권으로 열거된 사유는 아래와 같다.

법인세법 제19조의2
- 채무보증으로 인한 구상채권
- 특수관계인에게 업무와 관련없이 지급한 자금의 대여액

[동일인에 대한 채권채무의 상계] 법인세법 시행규칙 제32조 제2항

법인이 동일인에 대하여 매출채권과 매입채무를 가지고 있는 경우에는 당해 매입채무를 상계하지 아니하고 대손충당금을 계상할 수 있다. 다만, 당사자 간의 약정에 의하여 상계하기로 한 경우에는 그러하지 아니하다.

사실 법인세법에서는 대손충당금의 설정이 인정되는 채권을 열거하고 있지만 그 범위가 넓어 회사가 보유하고 회계에서 채권으로 인정된 것은 대부분 인정되고, 실무에서는 앞서 설명한 대손충당금 설정불가 채권을 제외하여 한도를 계산하고 있다. 그리고 앞서 대손금의 손금불산입 단원에서 등장한 대손 불가채권을 준용하고 있음을 알 수 있다.

보론 ⠿ 채권의 발생과 대손사유 발생시기 사이에 특수관계에 변동이 있는 경우

법인-409, 2010.4.26.

법인이 업무와 관계없이 특수관계법인에게 지급한 대여금은 대여 후 특수관계 소멸여부에 관계없이 대손금으로 손금에 산입할 수 없는 것임.

법규법인 2014-243, 2014.8.25.

내국법인이 다른 내국법인과 특수관계가 성립되기 이전에 당해 법인의 업무와 관련없이 자금을 대여하였다가 특수관계가 성립한 이후 대손사유가 발생하는 경우, 그 대손금은 각 사업연도 소득금액을 계산할 때 손금에 산입하는 것임.

조심 2015서2043, 2015.11.25.

대손금을 손금에 산입할 수 없는 특수관계자에 대한 업무무관 가지급금인지 여부는 그 대여행위 당시가 아닌 그 대손사유가 발생할 당시를 기준으로 판단함(대법원 2014.7.24., 2012두6247, 조심 2011중2906 같은 뜻임).

㉰ 설정률

법인세법에서 대손충당금의 한도는 설정대상 채권의 잔액에 설정률을 곱하여 계산하는데, 이때 일반법인의 설정률은 최소 1%를 인정하고 회사의 실제 대손실적률이 1%를 넘는다면 대손실적률을 대손충당금 설정률로 인정하여 준다. 그런데 회사가 만약 법인세법에 열거된 금융회사인 경우 설정률은 금융위원회가 정하는 업종별 대손충당금 적립기준도 포함하여 결정하게 하였다.

종 류	설정률
일반회사	채권의 장부가액의 합계액의 100분의 1에 상당하는 금액과 채권잔액에 대손실적률을 곱하여 계산한 금액 중 큰 금액
금융회사	금융위원회가 기획재정부장관과 협의하여 정하는 대손충당금 적립기준에 따라 적립하여야 하는 금액, 채권잔액의 100분의 1에 상당하는 금액 또는 채권잔액에 대손실적률을 곱하여 계산한 금액 중 큰 금액. 대상 금융회사는 열거되어 있음.

[판단하기: 금융위원회가 정하는 적립기준]

은행업 감독규정 제29조 [대손충당금 등 적립기준]
① 은행은 보유자산 등에 대하여 제32조 제1항의 "한국채택국제회계기준"에 따라 충당금을 적립하고, 다음 각 호에서 정한 바에 따라 건전성 분류별로 각각 산출된 금액(국제결제은행의 내부등급법을 사용하는 은행으로서 각 호에 따른 합계 금액이 이에 상응하는 내부등급법상 예상손실금액에 미달하는 경우에는 해당 호가 적용되는 보유자산 등에 대하여 건전성 분류별로 각각 산출된 예상손실금액)이 이에 상응하는 건전성 분류별 충당금보다 많은 경우에는 그 차액을 매 결산 시(분기별 가결산을 포함한다)마다 대손준비금으로 적립한다.
1. 은행계정 및 종합금융계정의 대출채권, 금융리스채권, 금융리스선급금, 여신성가지급금 및 미수이자에 대하여 건전성 분류에 따라 다음 각 목에서 정하는 금액의 합계 금액
   가. "정상" 분류 자산의 100분의 0.85 이상. 다만, 통계법에 따른 한국표준산업분류상 건설업(F), 도매 및 소매업(G), 숙박 및 음식점업(H), 부동산 및 임대업(L)은 100분의 0.9 이상

대손실적률을 계산할 때 당기 인정된 대손금에는 당기에 회계상 존재하는 채권의 대손금액뿐만 아니라 전기 이전에 대손부인된 채권의 금액 중 당기에 대손사유를 충족하여 손금산입 △유보로 세무조정한 금액을 포함하여 계산한다. 대손충당금 한도계산 시 세무상 채권 잔액에 채권의 유보를 합산하듯이 대손사유를 충족하지 못한 채권은 세무상 존재하는 채권이기 때문에 대손사유를 나중에 대손사유를 충족하여 유보를 추인하는 세무조정을 한다면 당기에 인정되는 대손금에 포함하여야 하는 것이다. 채권의 대손사유와 세무조정에 대한 내용은 대손금의 세무조정을 참고하기 바란다.

㉣ 대손금과 관계

앞서 대손금의 주제에서는 채권에 대손사유가 발생하였을 때 법인세법에서 정한 대손사유에 해당한다면 손금으로 인정함을 보았다. 그런데 같은 채권에 대해 대손이 확정되기 이전에 대손이 예상되는 금액을 추정하여 미리 비용처리하고 대손충당금을 인식하는 것을 보았다. 법인세법에서는 이러한 대손충당금 설정을 위한 비용(대손상각비)도 손금으로 인정하는데, 그렇다면 하나의 채권 금액에 대해 이중으로 손금을 인정하는 것으로 오해할 수 있다. 대손금과 대손충당금의 회계처리와 세무조정이 어떤 순서와 관계를 맺고 있는지 예를 들어 알아보도록 하자.

[판단하기: 대손금과 대손충당금의 사건 발생 흐름]

대손금과 대손충당금의 연중 회계처리 순서는 일반적으로 아래와 같다.

시점	회계		법인세
	차변	대변	
채권 발생	매출채권 100원	매출액 100원	–
대손 예상	대손상각비 10원	대손충당금 10원	손금불산입 5원 유보
채권 대손	대손충당금 3원	매출채권 3원	손금불산입 3원 유보
대손 예상	대손상각비 13원	대손충당금 13원	손금산입 5원 △유보 손금불산입 10원 유보
대손 사유	–	–	손금산입 3원 △유보

- 대손실적률 5%(첫째 연도, 둘째 연도)
- 첫째 연도 대손 채권 법인세법의 대손사유를 충족하지 못함.
- 첫째 연도 채권 잔액 100원, 대손예상액 10원
- 둘째 연도 채권 잔액 200원, 대손예상액 20원
- 둘째 연도에 대손사유를 충족하였음.

4) 세무조정 준비하기

항 목	내 용
채권 잔액 취합	회계상 채권 장부금액과 채권의 유보 합산
설정불가채권 제외	대손충당금 설정 불가채권 제외
대손실적률 계산	당기 대손 인정금액과 전기말 세무상 채권잔액 비율
한도계산	세무상 채권잔액에 설정률을 곱하여 한도 계산
세무조정	회계상 대손충당금 잔액과 한도 비교 세무조정

5) 세무조정과 서식작성

① 세무조정 사례

㈜에스에이치랩(중소기업이 아님)의 기말 현재 채권내역과 당기 중 대손내역은 아래와 같다. 회사가 채권의 회수를 위한 회수노력을 다한 경우에 대손금에 대한 세무조정을 수행하고 서식을 작성하시오.

(1) 대손충당금 변동내역

회사는 대손충당금 정책에 따라 기말 채권의2%만큼 대손충당금을 인식하였음.

대손충당금 변동

상계	30,000,000원	기초	60,000,000원
기말	70,000,000원	설정	40,000,000원

(2) 기말 현재 재무상태표 채권의 내역

항 목	금 액	비 고
외상매출금	2,500,000,000원	도매 거래처 매출채권
외상매출금	500,000,000원	특수관계인 매출채권 (가지급금 성격으로 인정됨)
대여금	300,000,000원	임직원 대여금
미수금	200,000,000원	-
합계	3,500,000,000원	

(3) 당기 채권 대손내역

항 목	금 액	사 유
외상매출금	20,000,000원	거래처 대리점의 부도(2021.3.12.)가 확인됨.
외상매출금	2,000,000원	상사채권의 소멸시효가 도과함.
미수금	3,000,000원	본사 건물 임차인의 파산선고(2021.10.23.) 확인
대여금	5,000,000원	채무자인 특수관계 계열사의 파산선고 확인

(4) 전기말 유보 내역

항 목	금 액	사 유
대여금	20,000,000원	채무자인 특수관계 계열사에 대한 대여금 손금부인액
미수금	1,000,000원	2019년도에 부도로 대손처리 후 부인된 상사채권의 소멸시효가 도과함.
대손충당금	30,000,000원	전기 대손충당금 한도초과

(5) 전기 설정대상채권

전기의 법인세법에 따른 대손충당금 설정대상채권은 20억 원임.

[세무조정]

(1) 설정대상채권
- 설정대상채권 잔액 = 재무상태표 채권 잔액 + 채권 유보 - 설정불가능 채권
  = 3,500,000,000원 + (21,000,000원 - 1,000,000원
  + 25,000,000원) - (500,000,000원 + 300,000,000원
  + 25,000,000원)
  = 2,720,000,000원

[대손금 세무조정 참고]

(1) 당기 대손금의 대손사유 충족여부 확인
- 회사는 중소기업이 아니므로 외상매출금의 부도 후 6개월은 대손사유를 충족하지 않음.
  손금불산입 외상매출금 20,000,000원 유보
- 특수관계인에 대한 대여금은 대손처리할 수 없음.
  손금불산입 대여금 5,000,000원 유보

(2) 전기말 채권 유보의 대손사유 충족여부 확인
- 미수금은 당기에 소멸시효 도과로 대손사유를 충족하게 됨.
  손금산입 미수금 1,000,000원 △유보

---

(2) 당기 대손실적률 계산 = MAX[1%, 대손실적률] = 1%
- 당기 대손인정액 = 30,000,000원 - 25,000,000원 + 1,000,000원
  = 6,000,000원

$$\bullet \text{ 대손실적률} = \frac{6,000,000원}{2,000,000,000원} = 0.3\%$$

(3) 한도 계산 = 2,720,000,000원×1% = 27,200,000원

(4) 한도 시부인

　　• 한도초과액 = 70,000,000원 − 27,200,000원 = 42,800,000원

② 세무조정

항목(순서)	내 용
① 한도 시부인	세무상 대손충당금 한도와 기말 대손충당금 잔액을 비교하여 한도초과금액 세무조정 [손금불산입] 대손충당금 한도초과　42,800,000원 유보
② 전기 유보 추인	전기말 제50호(을) 서식에 기록된 대손충당금 한도초과 유보금액의 추인 [손금산입] 전기 대손충당금 유보 30,000,000원 △유보

③ 서식작성

■ 법인세법 시행규칙【별지 제34호 서식】<개정 2019. 3. 20.>

사업 연도	2023.01.01 ~ 2023.12.31	대손충당금 및 대손금조정명세서	법 인 명	(주)에스에이치랩
			사업자등록번호	106-81-12345

1. 대손충당금조정

	①채권잔액 (21의 금액)	②설정률			③한도액 (①×②)	회 사 계 상 액			⑦한도초과액 (⑥-③)
손금 산입액 조정	2,720,000,000	(ㄱ) $\frac{1}{100}$	(ㄴ) 실적률	(ㄷ) 적립기준	27,200,000	④당기계상액 40,000,000	⑤보충액 30,000,000	⑥계 70,000,000	42,800,000

	⑧장부상 충당금 기초잔액	⑨기 중 충당금 환입액	⑩충당금 부 인 누계액	⑪당기대손금 상 계 액 (27의 금액)	⑫당기설정 충당금 보충액	⑬환입할금액 (⑧-⑨-⑩- ⑪-⑫)	⑭회 사 환입액	⑮과소환입· 과다환입 (△)(⑬-⑭)
익금 산입액 조정	60,000,000		30,000,000	30,000,000	30,000,000	-30,000,000		-30,000,000

	⑯계정과목	⑰채권잔액의 장부가액	⑱기말현재 대 손 금 부인누계	⑲합 계 (⑰+⑱)	⑳충 당 금 설정제외 채 권	21채권잔액 (⑲-⑳)	비 고
채권 잔액	외상매출금	3,000,000,000	20,000,000	3,020,000,000	500,000,000	2,520,000,000	
	단기대여금	300,000,000	25,000,000	325,000,000	325,000,000		
	미수금	200,000,000		200,000,000		200,000,000	
	계	3,500,000,000	45,000,000	3,545,000,000	825,000,000	2,720,000,000	

2. 대손금조정

22일자	23계정 과목	24채권 내역	25대손 사유	26금액	대손충당금상계액			당기손금계상액			비 고
					27계	28시인액	29부인액	30계	31시인액	32부인액	
03/12	외상매출금	매출채권	부도	20,000,000	20,000,000		20,000,000				
06/18	외상매출금	매출채권	소멸시효	2,000,000	2,000,000	2,000,000					
10/23	미수금		파산신고	3,000,000	3,000,000	3,000,000					
12/31	미수금		파산신고	5,000,000	5,000,000		5,000,000				
	계			30,000,000	30,000,000	5,000,000	25,000,000				

3. 국제회계기준 등 적용 내국법인에 대한 대손충당금 환입액의 익금불산입액의 조정

33대손충당금 환입액의 익금불산입액	익금에 산입할 금액		36차 액 MIN(33,Max(0 , 34-35))	37상계후 대손충당금 환입액의 익금불산입 금액(33-36)	비 고
	34「법인세법」제34조 제1항에 따라 손금에 산입하여야 할 금액 Min(③, ⑥)	35「법인세법」제34조 제3항에 따라 익금에 산입하여야 할 금액 MAX(0,⑧-⑩-⑪)			

210mm×297mm[일반용지 70g/㎡(재활용품)]

제15호와 제3호의 기록을 확인하세요! (249~252페이지)

6) 세무조사 사례

대법원 2012두6247, 2014.7.24.

[제목]

특수관계자에 대한 업무무관 가지급금인지 여부는 그 대손사유가 발생할 당시를 기준으로 판단하여야 할 것임.

[판단]

구 법인세법 제34조 제3항 제2호 등의 입법 취지는 법인이 특수관계자에게 업무와 무관하게 가지급금을 제공하고 그 회수에 노력을 기울이지 아니하다가 대손사유가 발생하여 채권 회수가 불가능하게 된 경우에는 그 대손금을 손금불산입함으로써 특수관계자에 대한 비정상적인 자금대여관계를 유지하는 것을 제한하고 기업자금의 생산적 운용을 통한 기업의 건전한 경제활동을 유도하는데 있는 점, 법인이 특수관계자에게 업무와 무관하게 가지급금을 제공한 후 대손사유가 발생하기 전에 특수관계가 소멸하였다면 더 이상 비정상적으로 자금을 대여하고 있는 것이라고 볼 수 없으므로 업무무관 가지급금에 대한 세법적 규제를 가할 필요가 없는 점 등을 종합하여 보면, 구 법인세법 구 제34조 제3항 제2호 등에 따라 대손금을 손금에 산입할 수 없는 특수관계자에 대한 업무무관 가지급금인지 여부는 그 대손사유가 발생할 당시를 기준으로 판단하여야 할 것이다.

(3) 감가상각비

1) 한마디 정의

유형자산의 감가상각비는 법인세법의 한도를 초과하는 금액에 대해 손금불산입하고 유보로 소득처분한다.

2) 읽어보기

감가상각비란 회사가 보유하고 사업에 이용하는 유형자산 중에 사업에 사용할 수 있는 기간이 유한한 자산에 대해 해당 자산의 취득금액을 사용할 수 있는 기간에 나누어 비용으로 인식하는 금액을 말한다. 예를 들어

100만 원에 취득한 노트북을 회사의 사업에 5년간 이용할 예정인데 해당 기간이 지나면 더 이상 사용할 수도 없고 외부에 매각해도 회수할 수 있는 금액이 없을 것으로 예상한다고 하자. 회사는 100만 원의 취득금액을 5년에 나누어 매년 같은 금액인 20만 원씩 자산의 금액을 깎아나가며 같은 금액의 비용(감가상각비)을 인식하는 회계처리를 한다. 자세한 사항은 회계의 내용을 참고하도록 하자.

법인세법에서 이렇게 인식하는 감가상각비가 손금으로 인정받을 수 있을까? 엄격하게 말한다면 자산의 취득을 위해 지출하는 금액은 손금으로 인정해야겠지만 이를 얼마의 금액으로 나누어 손금으로 인정해야 할지는 회사의 추정에 맡기고 있기 때문에 확정된 손금으로 보기는 어려울 수 있다. 법인세법에서는 감가상각비에 대해 "결산조정사항"으로 정하고 자산별로 매 사업연도에 손금으로 인정하는 한도를 두어 한도를 초과하는 감가상각비는 손금불산입하고 유보로 소득처분하도록 하고 있다. 일반적인 감가상각비의 세무조정은 여기까지를 말한다. 하지만 실무에서 더 빈번하게 등장하는 주제는 회사가 취득한 자산을 자산이 아닌 비용처리를 하면서 주로 발생한다. 자산의 취득금액을 자산이 아닌 비용으로 인식하는 경우 회계에서는 그만큼 해당 기간의 비용이 과도하게 인식되고 자산이 과소평가되는 결과를 낳는다. 그리고 법인세법에서는 이러한 회계처리를 그대로 반영하는 경우 해당 사업연도의 소득금액이 낮아져 법인세를 적게 납부하게 된다. 따라서 회계와 법인세법에서는 각자 자산의 취득금액을 비용으로 처리할지 자산으로 인식해야 할지에 대한 기준을 정하게 되는데 이를 자본적 지출과 수익적 지출이라고 부르고 이 기준에 따라 "즉시상각의제"라는 방식으로 세무조정을 하게 된다. 해당 내용에 대해서는 각론에서 좀 더 자세하게 배워보도록 하자.

3) 취지와 내용

① 취지

사업연도별로 비확정비용이라고 볼 수 있는 감가상각비는 법인세법에서 손금으로 인정받기 위해 자산별로 한도를 계산하여 시부인의 세무조정을 한다. 또한 자산의 취득금액을 감가상각의 방식을 통하지 않고 손금으로 처리한 경우에 이에 대해 손금의 적정성을 판단할 수 있는 기준으로 자본적 지출의 개념을 두고 법인세법의 입장과 다른 세무처리에 대해서는 즉시상각의제로서 세무조정하도록 하고 있다.

② 주요 내용

감가상각비의 세무조정에서는 회계와 세법의 내용을 함께 고려하여 아래의 내용에 대해 살펴볼 것이다.

항 목	내 용	용 도
감가상각요소	감가상각비 계산방법	한도계산 항목 확정
한도 계산	감가상각비 한도 계산방법	감가상각비 시부인 세무조정
자본적 지출	자산으로 보아야 하는 지출액	자산, 비용처리의 적정성 판단
즉시상각의제	자본적 지출금액의 회계처리	자본적 지출 관련 세무조정
예외규정	즉시상각의제의 예외규정	예외적으로 인정되는 비용처리

㉮ 감가상각 요소

감가상각비를 계산하기 위해서는 아래의 네 가지 항목을 확정해야 한다.

㉮ 취득원가: 사업에 사용할 목적으로 자산을 취득하기 위해 소요되는 금액
㉯ 내용연수: 자산을 사업에 사용할 수 있을 것으로 예상되는 기간
㉰ 잔존가치: 내용연수가 지나고 자산에 남아있는 가치
㉱ 상각방법: 자산의 가치가 소멸하는 형태를 표현하는 감액의 방식

상기의 항목들은 취득원가를 제외하고 회사의 추정에 따라 결정된다는 공통점이 있다. 먼저 내용연수의 경우 자산을 얼마나 사업에 사용할 수 있을지는 미래의 자산 이용 상황이나 특별한 사건에 따라 달라질 수 있다. 이렇게 같은 자산을 동시에 취득하더라도 실제로 사용할 수 있는 기간은 달라질 수 있는 것이고 이렇게 추정된 내용연수에 따라 매년 감가상각비로 비용처리되는 금액은 크게 달라지게 된다. 내용연수 뿐만 아니라 잔존가치나 상각방법은 미래에 결정되거나 눈에 보이지 않는 가치의 감소를 금액으로 표현하기 위한 항목들이기 때문에 추정이 개입될 수밖에 없는 항목들이다. 따라서 이러한 요소들로 계산되는 감가상각비는 각 사업연도에 인식될 금액이 확정되어있지 않다고 볼 수 있다. 법인세법에서는 비확정손금인 감가상각비에 대해 예외적으로 손금을 인정하는 대신 결산조정 항목으로서 회계에서 비용처리되는 금액에 대해 한도의 금액까지만 손금으로 인정하여 준다. 이때 법인세법에서 인정되는 한도의 금액은 회사의 업종과 자산의 종류에 따라 상기 ㉯~㉱의 항목을 법인세법에서 정하는 바에 따라 계산하도록 한다. 따라서 이하에서는 감가상각의 요소에 대해 법인세법이 어떻게 정하고 있는지 순서대로 배워보도록 한다.

먼저 법인세법에서 감가상각을 할 수 있는 자산으로 열거한 항목은 아래와 같다.

[판단하기: 감가상각자산]

법인세법에서는 감가상각자산으로 아래의 항목을 열거하고 있다.

분류	항목		
유형고정자산	• 건물(부속설비를 포함한다) 및 구축물 • 차량 및 운반구, 공구, 기구 및 비품, 기계 및 장치		
	• 선박 및 항공기, 동물 및 식물, 기타 유사한 유형고정자산		
무형고정자산	특허권 어업권 채취권 디자인권 광업권	댐사용권 상표권, 실용신안권 수리권 수도시설이용권 주파수이용권	전용측선이용권 수도시설관리권 공항시설관리권 항만시설관리권 유료도로관리권
	사용수익기부자산가액 전신전화전용시설이용권 하수종말처리장시설관리권	열공급시설이용권 공업용수도시설이용권 전기가스공급시설이용권	
	• 영업권(합병 또는 분할로 인하여 합병법인 등이 계상한 영업권은 제외한다)		
	• 개발비: 상업적인 생산 또는 사용전에 재료·장치·제품·공정·시스템 또는 용역을 창출하거나 현저히 개선하기 위한 계획 또는 설계를 위하여 연구결과 또는 관련 지식을 적용하는데 발생하는 비용으로 기업회계기준에 따른 개발비 요건을 갖춘 것		
제외	• 사업에 사용하지 아니하는 것(유휴설비를 제외한다) • 건설 중인 것 • 시간의 경과에 따라 그 가치가 감소되지 아니하는 것		

㉯ 내용연수와 상각방법

감가상각방법은 자산의 가치가 감소되는 방식에 따라 자산의 취득원가를 내용연수에 따라 비용으로 배분하는 방식을 말한다. 주로 쓰이는 방식에는 매년 같은 금액의 감가상각비를 인식하는 정액법과 매년 같은 율을 인식하는 정률법이 있으며, 법인세법에서는 자산의 종류별로 인정하는 감가상각방법을 열거하고 있고 일부는 회사가 선택할 수 있도록 하고 있다.

[판단하기: 감가상각 방법]

법인세법 시행령 제26조

자산의 종류에 따라 상각방법이 선택 가능한 경우 신고기한 내에 적용을 신청할 수 있다. 만약에 영업을 개시하였거나 새로운 종류의 자산을 취득하였지만 신고하지 않은 경우 법인세법에서 정한 방법에 따라 적용하는데 아래 상각방법 중 굵은 글씨로 표시된 것이 무신고 시 적용하는 상각방법이다.

분 류	종 류	상각방법
유형고정자산	건축물	정액법
	건축물 외의 유형고정자산	정률법 또는 정액법
무형고정자산	광업권, 폐기물매립시설	생산량비례법 · 정액법
	광업용 유형고정자산	생산량비례법 · 정률법 · 정액법
	개발비	사용이 가능한 시점부터 20년 이내의 기간 내에서 신고 내용 연수에 따라 경과월수에 비례하여 상각하는 방법 (무신고 시 5년 정액법)
	사용수익기부자산가액	사용수익기간 균등 안분 금액
	주파수이용권, 공항시설관리권, 항만시설관리권	고시 · 등록한 기간 내 균등상각
	기타 무형고정자산	정액법

상각방법을 선택하여 적용하려면 세법에 따라 정해진 기한 내에 신고하여야 한다. 신고 시 상각방법과 아래에서 배울 내용연수의 신고기한은 다음과 같다.

항 목	상각방법	내용연수
최초신고	(신설법인) 그 영업을 개시한 날이 속하는 사업연도의 법인세 과세표준의 신고기한까지	
	(신규취득) 그 취득한 날이 속하는 사업연도의 법인세 과세표준의 신고기한까지	(신규취득) 좌동 (새로운 업종의 사업을 개시) 개시한 날이 속하는 사업연도의 법인세 과세표준의 신고기한까지
변경신고	변경할 (상각방법/내용연수)를 적용하고자 하는 최초 사업연도의 종료일까지	

상각방법은 위와 같이 정률법과 정액법, 생산량비례법 등으로 구분되는데, 각 방법에 따라 감가상각비의 한도를 구하는 식은 아래와 같다.

[감가상각 범위액] 집행기준 23 - 26 - 2 【상각범위액의 계산】
감가상각의 방법에 따라 감가상각범위액(감가상각 한도)을 계산하는 식은 아래와 같다.

방 법	계 산
정액법	취득가액 × 상각률(1/내용연수) 취득가액은 영 제72조에 따른 취득가액으로 세무계산상 취득가액(장부상 취득가액 + 비용계상한 자본적 지출액의 누계액)을 말한다.
정률법	미상각잔액(당기 감가상각비 계상 전) × 상각률 * 미상각잔액은 세무계산상 미상각잔액을 말하며, 다음의 ㉠ 또는 ㉡과 같이 계산한다. 　㉠ 당기말 B/S상 취득가액(취득가액 + 당기 자산계상한 자본적 지출액) - 당기말 B/S상 감가상각누계액 + (당기 감가상각비 계상액 + 당기 비용계상한 자본적 지출액) + 전기말 상각부인누계액(유보) 　㉡ (전기말 B/S상 취득가액 - 전기말 B/S상 감가상각누계액) + (당기 자산계상한 자본적 지출액 + 당기 비용계상한 자본적 지출) + 전기말 상각부인누계액
생산량비례법	취득가액 × 해당 사업연도 중 그 광구에서 채굴한 양 / 그 자산이 속하는 광구의 총채굴예정량

만약에 감가상각의 기간이 1년이 안된다면 아래의 경우에 따라 상각범위액을 계산한다.

(1) 본래의 사업연도가 1년 미만인 경우 상각범위액

= 감가상각 자산가액 × 환산내용연수에 해당하는 상각률

* 환산내용연수 = 내용연수 × 12/사업연도 월수
* 월수는 역에 따라 계산하되, 1월 미만 일수는 1월로 한다((2), (3), (4)의 월수계산도 동일).

(2) 일시적으로 사업연도가 1년 미만인 경우 상각범위액

= 일반적인 상각범위액 × 해당 사업연도의 월수/12

* 사업연도의 변경, 의제, 법인의 신설로 인한 사업연도의 일시적 1년 미만

(3) 사업연도 중 신규 취득한 자산의 경우 상각범위액

= 일반적인 상각범위액 × 사업에 사용한 날부터 해당 사업연도 종료일까지의 월수/12

(4) 신설법인의 1년 미만 최초 사업연도 중 취득한 자산 상각범위액

= 일반적인 상각범위액 × 취득 후 월수/12

이제 내용연수에 대해 알아보자. 내용연수는 자산을 회사가 사업에 사용할 것으로 예상되는 기간인데 법인세법에서는 회사가 취득한 자산의 종류와 업종에 따라 적용할 내용연수를 정하고 있고, 이를 기준내용연수라고 부른다. 하지만 같은 종류의 자산이라도 회사별로 자산의 이용 방식이 다를 수 있으므로 기준내용연수에서 25%를 가감하여 회사가 내용연수를 선택할 수 있도록 하고 있다. 따라서, 기준내용연수가 아닌 세법상 허용되는 범위 내의 내용연수를 적용하기 위해서는 세무서에 적용할 내용연수를 신고하여야 한다. 먼저 자산의 종류별 법정 기준내용연수는 아래와 같다.

[판단하기: 기준내용연수]

법인세법 시행규칙 별표2, 별표3, 별표5, 별표6

1. 자산의 종류에 따른 기준내용연수

(1) 시험연구용 자산

시험연구용 자산은 열거된 내용연수를 그대로 이용하여야 한다.

자산범위	자산명	내용연수
1. 새로운 지식이나 기술의 발견을 위한 실험 연구시설 2. 신제품이나 신기술을 개발할 목적으로 관련된 지식과 경험을 응용하는 연구시설	(1) 건물부속설비 (2) 구축물 (3) 기계장치	5년
3. 신제품이나 신기술과 관련된 시제품, 원형, 모형 또는 시험설비 등의 설계, 제작 및 시설을 위한 설비 4. 새로운 기술에 수반되는 공구, 기구, 금형 등의 설계 및 시험적 제작을 위한 시설 5. 직업훈련용 시설	(4) 광학기기 (5) 시험기기 (6) 측정기기 (7) 공구 (8) 기타 시험연구용 설비	5년

1. 시험연구용 자산 중 조세특례제한법 시행령 제25조의3 제3항 제2호에 따른 연구 시험용 시설 및 직업훈련용 시설에 대한 투자에 대해 조세특례제한법 제24조에 따른 세액공제를 이미 받은 자산에 대해서는 이 내용연수표에 따른 감가상각비를 손금에 산입할 수 없다.
2. 법인이 시험연구용자산에 대하여 이 내용연수표를 적용하지 아니하고자 하는 경우에는 별표5 건축물 등의 기준내용연수 및 내용연수범위표 또는 별표6 업종별 자산의 기준내용연수 및 내용연수범위표를 적용하여 감가상각비를 손금에 산입할 수 있다.

(2) 무형고정자산

무형고정자산은 열거된 내용연수를 그대로 이용하여야 한다.

구분	내용연수	무형고정자산
1	5년	영업권, 디자인권, 실용신안권, 상표권
2	7년	특허권
3	10년	어업권, 「해저광물자원 개발법」에 의한 채취권(생산량비례법

구분	내용연수	무형고정자산
		선택 적용), 유료도로관리권, 수리권, 전기가스공급시설이용권, 공업용수도시설이용권, 수도시설이용권, 열공급시설이용권
4	20년	광업권(생산량비례법 선택 적용), 전신전화전용시설이용권, 전용측선이용권, 하수종말처리장시설관리권, 수도시설관리권
5	50년	댐사용권

(3) 기타 감가상각자산

구조 또는 자산별·업종별로 기준내용연수에 그 기준내용연수의 100분의 25를 가감하여 기획재정부령으로 정하는 내용연수범위(이하 "내용연수범위"라 한다) 안에서 법인이 선택하여 납세지 관할 세무서장에게 신고한 내용연수와 그에 따른 상각률. 다만, 제3항 각 호의 신고기한 내에 신고를 하지 아니한 경우에는 기준내용연수와 그에 따른 상각률로 한다.

구분	기준내용연수와 가능범위	구조 또는 자산명
1	5년 (4~6년)	차량 및 운반구(운수업, 기계장비 및 소비용품 임대업에 사용되는 차량 및 운반구를 제외한다), 공구, 기구 및 비품
2	12년 (9~15년)	선박 및 항공기(어업, 운수업, 기계장비 및 소비용품 임대업에 사용되는 선박 및 항공기를 제외한다)
3	20년 (15~25년)	연와조, 블록조, 콘크리트조, 토조, 토벽조, 목조, 목골모르타르조, 기타조의 모든 건물(부속설비를 포함한다)과 구축물
4	40년 (30~50년)	철골·철근콘크리트조, 철근콘크리트조, 석조, 연와석조, 철골조의 모든 건물(부속설비를 포함한다)과 구축물

1. 건물(부속설비를 포함한다) 및 구축물이 기준내용연수 및 내용연수범위가 서로 다른 2 이상의 복합구조로 구성되어 있는 경우에는 주된 구조에 의한 기준내용연수 및 내용연수범위를 적용한다.
2. 구분 3과 구분 4를 적용함에 있어서 부속설비에는 당해 건물과 관련된 전기설비, 급배수·위생설비, 가스설비, 냉방·난방·통풍 및 보일러설비, 승강기설비 등 모든 부속설비를 포함하고, 구축물에는 하수도, 굴뚝, 경륜장, 포장도로, 교량, 도크, 방벽, 철탑, 터널 기타 토지에 정착한 모든 토목설비나 공작물을 포함한다. 다만, 부속설비를 건축물과 구분하여 업

종별 자산으로 회계처리하는 경우에는 별표6을 적용할 수 있다.

3. 구분 3과 구분 4를 적용함에 있어서 건물 중 변전소, 발전소, 공장, 창고, 정거장·정류장·차고용 건물, 폐수 및 폐기물 처리용 건물, 유통산업발전법 시행령에 의한 대형점용 건물(당해 건물의 지상층에 주차장이 있는 경우에 한한다), 국제회의산업육성에 관한 법률에 의한 국제회의시설 및 무역거래기반조성에 관한 법률에 의한 무역거래기반시설(별도의 건물인 무역연수원을 제외한다), 축사, 구축물 중 하수도, 굴뚝, 경륜장, 포장도로와 폐수 및 폐기물처리용 구축물과 기타 진동이 심하거나 부식성 물질에 심하게 노출된 것은 기준내용연수를 각각 10년, 20년으로 하고, 내용연수 범위를 각각 (8~12년), (15~25년)으로 하여 신고내용연수를 선택 적용할 수 있다.

(4) 업종별 자산 대한 업종별 기준내용연수

앞서 열거되지 않은 기계장치 등 업종별 자산은 하기의 기준에 따라 기준내용연수를 결정한다.

구분	기준내용연수 및 내용연수범위 (하한~상한)	적용대상자산(다음에 규정된 한국표준산업분류상 해당업종에 사용되는 자산) 대분류
1	4년 (3~5년)	제조업
		교육서비스업
2	5년 (4~6년)	농업, 임업 및 어업
		광업
		제조업
		수도, 하수 및 폐기물 처리, 원료 재생업
		건설업
		도매 및 소매업
		운수업
		정보통신업
		금융 및 보험업
		전문, 과학 및 기술 서비스업
		사업시설관리, 사업지원 및 임대서비스업

구분	기준내용연수 및 내용연수범위 (하한~상한)	적용대상자산(다음에 규정된 한국표준산업분류상 해당업종에 사용되는 자산) 대분류
2	5년 (4~6년)	공공행정, 국방 및 사회보장행정
		보건업 및 사회복지 서비스업
		예술, 스포츠 및 여가 관련 서비스업
		협회 및 단체, 수리 및 기타 개인 서비스업
		가구 내 고용활동 및 달리 분류되지 않은 자가소비 생산활동
		국제 및 외국기관
3	6년 (5~7년)	제조업
		정보통신업
4	8년 (6~10년)	제조업
		건설업
		운수 및 창고업
		숙박 및 음식점업
		부동산업
		협회 및 단체, 수리 및 기타 개인 서비스업
5	10년 (8~12년)	농업, 임업 및 어업
		광업
		제조업
6	12년 (9~15년)	제조업
		운수업
7	14년 (11~17년)	제조업
8	16년 (12~20년)	전기, 가스, 증기 및 공기조절 공급업
9	20년 (15~25년)	수도, 하수 및 폐기물 처리, 원료재생업

[판단하기: 내용연수의 특례]

시행령 특정 자산, 중고자산, 감가상각의 의제

① 기준내용연수 ± 50%

　　납세지 관할 지방국세청장의 승인이 필요한 특정한 경우에 50%를 가감하여 적용 가능

- 사업장의 특성으로 자산의 부식·마모 및 훼손의 정도가 현저한 경우
- 영업개시 후 3년이 경과한 법인으로서 당해 사업연도의 생산설비(건축물을 제외)의 기획재정부령이 정하는 가동률이 직전 3개 사업연도의 평균가동률보다 현저히 증가한 경우
- 새로운 생산기술 및 신제품의 개발·보급 등으로 기존 생산설비의 가속상각이 필요한 경우
- 경제적 여건의 변동으로 조업을 중단하거나 생산설비의 가동률이 감소한 경우
- 감가상각자산에 대하여 국제회계기준을 최초로 적용하는 사업연도에 결산내용연수를 변경한 경우(결산내용연수가 연장된 경우 내용연수를 연장하고 결산내용연수가 단축된 경우 내용연수를 단축하는 경우만 해당하되 내용연수를 단축하는 경우에는 결산내용연수보다 짧은 내용연수로 변경할 수 없다)
- 감가상각자산에 대한 기준내용연수가 변경된 경우. 다만, 내용연수를 단축하는 경우로서 결산내용연수가 변경된 기준내용연수의 100분의 25를 가감한 범위 내에 포함되는 경우에는 결산내용연수보다 짧은 내용연수로 변경할 수 없다.

> (신규) 최초 취득이나 설립의 날부터 3월 또는 (변경) 그 변경할 내용연수를 적용하고자 하는 최초 사업연도의 종료일까지 내용연수승인(변경승인)신청서를 제출

② 기준내용연수 × 50%

　　기준내용연수의 50% 이상이 경과된 자산을 법인이나 사업자로부터 취득한 경우에 50% 이내로 기준내용연수에서 차감하여 적용 가능

> 중고자산을 취득한 경우에는 그 취득일이 속하는 사업연도의 법인세 과세표준 신고기한까지 내용연수변경신고서를 제출

③ 강제 감가상각비 손금산입(감가상각의 의제)

　　법인세가 면제되거나 감면되는 사업을 경영하는 법인(중소기업특별세액감면 등)으로서 법인세를 면제받거나 감면받은 경우에는 개별 자산에 대한 감

가상각비가 법 제23조 제1항 본문에 따른 상각범위액이 되도록 감가상각비를 손금에 산입

㉓ 한도 계산

감가상각비의 한도는 회계의 감가상각비 계산식과 유사하다. 단지 법인세법에서는 앞서 살펴본 것과 같이 회사의 업종과 자산의 종류에 따라 감가상각 요소의 자율성이 제한되는 것과 감가상각 방법과 내용연수에 따라 상각률이 법에서 정해진다는 것, 잔존가치는 인정되지 않는다는 점이 다르다. 법인세법의 상각률은 아래 표와 같다.

[감가상각비 상각률] 법인세법 시행규칙 별표4(11년~60년 생략)

내용연수	정액법에 의한 상각률	정률법에 의한 상각률
년	할분리	할분리
2	500	777
3	333	632
4	250	528
5	200	451
6	166	394
7	142	349
8	125	313
9	111	284
10	100	259

이상의 내용을 고려하여 아래의 자산 취득에 따라 감가상각범위액을 계산하는 연습을 해보도록 하자.

[신규 자산의 취득과 감가상각요소의 결정]
- 회사가 최초로 건물을 1월 1일에 취득하였고 취득금액은 30억 원임.
- 건물은 철근콘크리트로 지어졌으며 취득 직후 사용 시작
- 회계상 내용연수는 40년, 정액법(상각률 0.025)

위의 상황에서 법인세법에 따른 내용연수와 상각방법의 신고가 소득금액에 미치는 영향을 살펴보자.

항 목	회 계		법인세법
	차 변	대 변	
건물 취득	건물 30억 원	건설 중인 자산 30억 원	–
감가상각	감가상각비 0.75억 원	감가상각누계액 0.75억 원	감가상각 시부인

[검토]
철근콘크리트 공법의 건물은 기준내용연수는 40년이고 정액법의 상각방법이 인정된다. 회사는 건물을 최초 취득하였기 때문에 기준내용연수의 가감 범위 내에서 내용연수를 선택하여 신고할 수 있다. 신고가능한 범위는 30년에서 50년으로 1년씩 가감할 수 있지만, 효과를 가늠하기 위해 양 끝의 내용연수를 기준으로 상각률을 살펴보면 아래와 같다.

상각률	50년	40년	30년
정액법	0.020	0.025	0.034

회계에서 인식할 내용연수가 40년으로 결정되었다면, 각 내용연수를 선택할 때 감가상각비 시부인 금액은 아래와 같다.

상각률	50년	40년	30년
상각범위액	60,000,000원	75,000,000원	102,000,000원
한도초과	15,000,000원	–	–

내용연수에 따라 상각범위액(한도)이 달라지고 50년의 내용연수에서 6천만 원을 초과하는 감가상각비는 손금으로 인정되지 않는다. 그리고 감가상각비는 결산조정사항이기 때문에 40년보다 적은 내용연수를 적용하더라도 감가상각비로 인식한 금액보다 더 많은 손금이 인정되지는 않는다. 따라서 회계의 감가상각비 인식액과 세무상의 감가상각요소를 함께 고려하여 신고할 필요가 있다.

㉣ 자본적 지출

감가상각의 요소를 결정하고 한도의 시부인 세무조정은 회사의 자산이 많은 경우 계산이 다소 까다로울 수 있다는 점 외에는 별다른 세무상 문제가 발생하지는 않는 편이다. 다만, 자산의 취득금액 요소를 결정할 때 자산의 취득금액에 가산해야 할 항목을 비용처리한 경우 자본적 지출과 즉시상각의제를 검토할 필요성이 발생할 수 있다. 예를 들어 회사가 보유하는 기계장치에 추가적인 수선비가 발생하여 외부 용역을 맡기고 용역비를 지출하였다고 해보자. 회사가 지출한 수선 용역비는 해당 자산의 가치를 증가시키거나 내용연수를 증가시키는 것과 같이 자산의 효용성을 높일 수 있다. 그렇다면 지출액을 전액 해당 사업연도의 손금으로 볼지 아니면 자산의 취득금액에 포함하여 감가상각 시부인을 통해 손금으로 인식할지 판단을 해야 한다. 이에 대해 법인세법에서는 자본적 지출의 요건을 충족하는 경우 자산의 취득금액으로 보아 매년 감가상각의 방식으로 손금산입하도록 규정하고 있다.

법인세법 시행령 제31조

법인이 소유하는 감가상각자산의 내용연수를 연장시키거나 당해 자산의 가치를 현실적으로 증가시키기 위하여 지출한 수선비를 말하며, 다음 각 호의 1에 해당하는 것에 대한 지출을 포함하는 것으로 한다.
1. 본래의 용도를 변경하기 위한 개조
2. 엘리베이터 또는 냉난방장치의 설치
3. 빌딩 등에 있어서 피난시설 등의 설치
4. 재해 등으로 인하여 멸실 또는 훼손되어 본래의 용도에 이용할 가치가 없는 건축물·기계·설비 등의 복구
5. 기타 개량·확장·증설 등 제1호 내지 제4호와 유사한 성질의 것

위의 자본적 지출 요건은 정량적인 판단기준이 아니기 때문에 실제로 회사에 발생한 자산에 대한 지출액이 자본적 지출에 해당하는지 여부를 판단하기 쉽지 않다. 예규나 판례에서는 어떻게 판단하고 있는지 예시적으로 아래와 같이 찾아볼 수 있다.

[고정자산의 자본적 지출] 법인세법 기본통칙 23-31…1

영 제31조 제2항 제5호에 규정하는 자본적 지출에는 다음 각 호의 예에 따라 처리하는 것을 포함한다.
1. 토지만을 사용할 목적으로 건축물이 있는 토지를 취득하여 그 건축물을 철거하거나, 자기소유의 토지상에 있는 임차인의 건축물을 취득하여 철거한 경우 철거한 건축물의 취득가액과 철거비용은 당해 토지에 대한 자본적 지출로 한다.
2. 토지구획정리사업의 결과 무상분할 양도하게 된 체비지를 대신하여 지급하는 금액은 토지에 대한 자본적 지출로 한다.
3. 도시계획에 의한 도로공사로 인하여 공사비로 지출된 수익자부담금은 토지에 대한 자본적 지출로 한다.
4. 공장 등의 시설을 신축 또는 증축함에 있어서 배수시설을 하게 됨으로써 공공하수도의 개축이 불가피하게 되어 그 공사비를 부담할 경우 그 공사비는 배수시설에 대한 자본적 지출로 한다.
5. 설치 중인 기계장치의 시운전을 위하여 지출된 비용에서 시운전 기간 중 생산

된 시제품을 처분하여 회수된 금액을 공제한 잔액은 기계장치의 자본적 지출로 한다.

6. 수입기계장치를 설치하기 위하여 지출한 외국인 기술자에 대한 식비 등 체재비는 기계장치에 대한 자본적 지출로 한다.

7. 영 제68조 제3항의 규정에 의한 장기할부조건으로 자산을 취득함에 있어서 이자상당액을 가산하여 매입가액을 확정하고 그 지불을 연불방법으로 한 경우의 이자상당액은 당해 자산에 대한 자본적 지출로 한다. 이 경우 당초 계약 시 이자상당액을 당해 자산의 가액과 구분하여 지급하기로 한 때에도 또한 같다. 다만, 영 제72조 제3항 제1호의 규정에 의하여 계상한 현재가치할인차금과 매입가액 확정 후 연불대금 지급 시에 이자상당액을 변동이자율로 재계산함에 따라 증가된 이자상당액은 그러하지 아니한다.

8. 부가가치세 면세사업자의 고정자산 취득에 따른 매입세액은 당해 자산에 대한 자본적 지출로 한다.

9. 사역용, 종축용, 착유용, 농업용 등에 사용하기 위하여 소, 말, 돼지, 면양 등을 사육하는 경우 그 목적에 사용될 때까지 사육을 위하여 지출한 사료비, 인건비, 경비 등은 이를 자본적 지출로 한다.

10. 목장용 토지(초지)의 조성비 중 최초의 조성비는 토지에 대한 자본적 지출로 한다.

11. 토지, 건물만을 사용할 목적으로 첨가 취득한 기계장치 등을 처분함에 따라 발생한 손실은 토지, 건물의 취득가액에 의하여 안분계산한 금액을 각각 당해 자산에 대한 자본적 지출로 한다.

12. 부동산 매매업자(주택신축판매업자를 포함한다)가 토지개발 또는 주택신축 등 당해 사업의 수행과 관련하여 그 토지의 일부를 도로용 등으로 국가 등에 무상으로 기증한 경우 그 토지가액은 잔존토지에 대한 자본적 지출로 한다.

13. 기계장치를 설치함에 있어서 동 기계장치의 무게에 의한 지반침하와 진동을 방지하기 위하여 당해 기계장치 설치장소에만 특별히 실시한 기초공사로서 동 기계장치에 직접적으로 연결된 기초공사에 소요된 금액은 이를 동 기계장치에 대한 자본적 지출로 한다.

㉺ **즉시상각의제**

회사의 자산에 대한 지출액이 발생한 경우 해당 지출액의 종류에 따라 회계와 세무의 처리가 달라질 수 있는데, 이를 정리하면 아래와 같다.

분 류	회 계	세 무
자본적 지출	자산으로 회계처리	감가상각 시부인(한도금액은 회계와 차이)
	비용으로 회계처리	즉시상각의제
수익적 지출	자산으로 회계처리	손금산입 유보 세무조정, 감가상각 추인
	비용으로 회계처리	회계상 비용 인정, 세무조정 없음.

만약에 회사가 자본적 지출액을 모두 비용으로 회계처리하고 이에 대해 별도의 세무조정을 수행하지 않는다면 회사는 해당 사업연도의 소득금액이 과소하게 신고되어 법인세를 적게 내고 이후에 세무조사 과정에서 추징될 수 있다. 따라서 이에 대해 미리 세무조정을 해야 하는데 법인세법에서는 이러한 경우에 회계에서 비용으로 처리된 금액을 자산의 취득금액에 가산하여 한도금액을 계산하고 그 비용과 해당 자산의 감가상각비를 합하여 모두 감가상각비로 보고 한도 시부인을 하도록 하는데 이를 즉시상각의제라고 부른다. 별도의 세무조정 방법을 만들기보다 감가상각 시부인 세무조정에 포함하여 세무조정하도록 하는 것이다.

또한 감가상각자산이 진부화, 물리적 손상 등에 따라 시장가치가 급격히 하락하여 법인이 기업회계기준에 따라 손상차손을 계상한 경우(천재지변 등에 의한 파손·멸실 제외)에는 해당 금액을 감가상각비로서 손금으로 계상한 것으로 보아 즉시상각의제를 적용한다.

㉑ 즉시상각 예외

회사는 영위하는 사업에 따라 자본적 지출액이 빈번하게 발생할 수 있고 그럴 때마다 자산의 취득원가에 가산하고 감가상각 한도를 계산한다면 감가상각비의 세무조정이 너무 복잡해져 납세협력비용이 부당하게 증가될 수 있다. 법인세법에서는 이러한 불편을 해소하기 위해 법에 정한 내용에 대해서는 자본적 지출에 해당하더라도 지출 사업연도에 모두 비용처리한다면 손금으로 인정하여주는 특례를 열거하고 있다. 열거된 내용은 아래와 같다.

항목	내 용	제한 요건
수선비	1. 개별 자산별로 수선비로 지출한 금액이 600만 원 미만인 경우 2. 개별 자산별로 수선비로 지출한 금액이 직전 사업연도 종료일 현재 재무상태표상의 자산가액(취득가액에서 감가상각누계액 상당액을 차감한 금액을 말한다)의 100분의 5에 미달하는 경우 3. 3년 미만의 기간마다 주기적인 수선을 위하여 지출하는 경우 (수선비로 지출한 금액의 600만 원 판단 방법) 법인 46012-2660, 1996.9.20. 수선비로 지출한 가액이 수익적 지출액과 자본적 지출액을 합하여 300만 원 이상(과거기준)인 경우에는 자본적 지출액은 즉시 상각으로 보아 감가상각 시부인 계산함.	당해 사업연도의 손금으로 계상한 경우
소액자산	다음 각 호의 것을 제외하고 그 취득가액이 거래단위별로 100만 원 이하인 감가상각자산 1. 그 고유업무의 성질상 대량으로 보유하는 자산 2. 그 사업의 개시 또는 확장을 위하여 취득한 자산	그 사업에 사용한 날이 속하는 사업연도의 손금으로 계상
특정자산	1. 어업에 사용되는 어구(어선용구를 포함한다) 2. 영화필름, 공구, 가구, 전기기구, 가스기기, 가정용 기구·비품, 시계, 시험기기, 측정기기 및 간판 3. 대여사업용 비디오테이프 및 음악용 콤팩트디스크로서 개별자산의 취득가액이 30만 원 미만인 것 4. 전화기(휴대용 전화기를 포함한다) 및 개인용 컴퓨터(그 주변기기를 포함한다)	
생산설비	시설의 개체 또는 기술의 낙후로 인하여 생산설비의 일부를 폐기하거나 사업의 폐지 또는 사업장의 이전으로 임대차계약에 따라 임차한 사업장의 원상회복을 위하여 시설물을 철거하는 경우에는 당해 자산의 장부가액에서 1천 원을 공제한 금액	폐기일이 속하는 사업연도의 손금에 산입

4) 세무조정 준비하기

항 목	내 용
기존 자산의 감가상각비	기존 자산과 신규 취득자산의 감가상각요소 신고내역 확인
자산의 수선, 취득 관련 지출	손익계산서에 비용처리된 수선, 취득관련 비용 지출 확인
자본적 지출액 판단	세무상 자본적 지출 판단과 회계처리 내역 확인
세무조정	자본적 지출액을 고려하여 한도 시부인과 세무조정

5) 세무조정

① 세무조정 사례

㈜에스에이치랩의 당기 중 유형자산의 감가상각비 회계처리와 내역은 아래와 같다. 감가상각비에 대한 세무조정을 수행하고 서식을 작성하시오.

(1) 보유자산 내역과 회계상 감가상각요소

항목	취득일	취득금액	내용연수	상각방법	잔존가치
기계장치	2023.1.12.	80,000,000원	5년	정액법	–
차량운반구	2023.1.1.	60,000,000원	4년	정액법	2,000,000원

(2) 감가상각비 회계처리

차 변		대 변	
감가상각비(기계)	16,000,000원	감가상각누계액	16,000,000원
감가상각비(차량)	15,000,000원	감가상각누계액	15,000,000원

(3) 자산의 감가상각요건 신고
• 회사는 제조업을 영위하고 있으며 취득자산에 대한 별도의 내용연수나 상각방법의 신고는 하지 않았다.

[세무조정]
(1) 세법상 감가상각요소 결정
• 회사는 유형자산의 감가상각요소를 별도로 신고하지 않았기 때문에 기준내용

연수와 미신고 시 상각방법에 따라 감가상각비 시부인을 수행한다.

• 차량운반구는 앞에서 설명한 업무용승용차의 강제 내용연수인 5년을 적용한다.

항목	취득금액	기준내용연수	미신고 상각방법	잔존가치
기계장치	80,000,000원	4년	정률법	-
차량운반구	60,000,000원	5년	정액법	-

(2) 세무상 감가상각한도 계산

• 정률법 상각률 4년(0.528), 5년(0.2)을 이용하여 한도 계산

항목	취득금액	상각률	한도	한도초과
기계장치	80,000,000원	0.528	42,240,000원	-
차량운반구	60,000,000원	0.2	12,000,000원	3,000,000원

(3) 세무조정 [손금불산입] 감가상각비 한도초과 3,000,000원 유보

② 세무조정

항목(순서)	내 용
① 한도 시부인	회계상 감가상각비와 즉시상각의제 금액을 고려한 감가상각비 금액과 한도를 비교하여 한도초과금액 세무조정 [손금불산입] 감가상각비 한도초과 3,000,000원 유보

③ 서식 작성

■ 법인세법 시행규칙 [별지 제20호 서식(1)] <개정 2012.2.28>

[미상각자산 전체 1/1]

사업 연도	2023.01.01 ~ 2023.12.31	유형자산감가상각비 조정명세서(정률법)		법 인 명	(주)에스에이치랩
				사업자등록번호	106-81-12345

자산구분			총계	포장기계	산타계		
(1) 종류 또는 업종명							
(2) 구조(용도) 또는 자산명				포장기계	산타계		
(3) 취득일				2023.01.12	2023.01.01		
(4) 내용연수(기준.신고)				4	5		
상각계산의기초가액	재무상태표 자산가액	(5) 기말현재액	140,000,000	80,000,000	60,000,000		
		(6) 감가상각누계액	31,000,000	16,000,000	15,000,000		
		(7) 미상각잔액(5-6)	100,000,000	64,000,000	45,000,000		
	(8) 회사계산감가상각비		31,000,000	16,000,000	15,000,000		
	(9) 자본적지출액						
	(10) 전기말의제상각누계액						
	(11) 전기말부인누계						
	(12) 가감계(7+8+9-10+11)		140,000,000	80,000,000	60,000,000		
(13) 일반상각율.특별상각율				0.528	0.451		
상각범위액계산	당기산출상각액	(14) 일반상각액	54,240,000	42,240,000	12,000,000		
		(15) 특별상각액					
		(16) 계(14+15)	54,240,000	42,240,000	12,000,000		
	취득가액	(17) 전기말현재취득가액					
		(18) 당기회사계산증가액					
		(19) 당기자본적지출액					
		(20) 계(17+18+19)					
	(21) 잔존가액(20)×5/100		7,000,000	4,000,000	3,000,000		
	(22) 당기상각시인범위액 {(16) 단, (12-16)<21인경우 12)}		54,240,000	42,240,000	12,000,000		
(23) 회사계산상각액(8)+(9)			31,000,000	16,000,000	15,000,000		
(24) 차감액(23)-(22)			-23,240,000	-26,240,000	3,000,000		
(25) 최저한세적용에따른특별상각부인액							
조정액	(26) 상각부인액 ((24)+(25))		3,000,000		3,000,000		
	(27) 기왕부인액중당기손금 추인액(11, 단1≤ |_24|)						
(28) 당기말부인액 누계(11+26-|27|)			3,000,000		3,000,000		
당기말의제 상각액	(29) 당기의제상각액 (|_24|-|27|)		26,240,000	26,240,000			
	(30) 의제상각액누계(10+29)		26,240,000	26,240,000			
신고조정감가 상각비 계산 (2013.12.31 이전취득분)	(31) 기준상각률						
	(32) 종전상각비						
	(33) 종전감가상각비 한도 [32-{23-(28-11)}]			-16,000,000			
	(34) 추가손금산입대상액						
	(35) 동종자산 한도계산 후 추가손금산입액						
신고조정감가 상각비 계산 (2014.1.1 이후취득분)	(36) 기획재정부령으로 정하는 기준내용연수						
	(37) 기준감가상각비 한도						
	(38) 추가손금산입액						
(39) 추가손금산입 후 당기말부인액 누계 (28-35-38)			3,000,000		3,000,000		

210mm×297mm[백상지 80g/㎡ 또는 중질지 80g/㎡]

사업 연도	2023.01.01 ~ 2023.12.31	감가상각비조정명세서합계표		법 인 명		(주)에스에이치랩
				사업자등록번호		106-81-12345

①자 산 구 분		코드	②합 계 액	유 형 자 산			⑥무 형 자 산
				③건 축 물	④기계장치	⑤기타자산	
재 무 상태표 상가액	⑩기 말 현 재 액	01	140,000,000		80,000,000	60,000,000	
	⑩감가상각누계액	02	31,000,000		16,000,000	15,000,000	
	⑩미 상 각 잔 액	03	109,000,000		64,000,000	45,000,000	
⑭상 각 범 위 액		04	54,240,000		42,240,000	12,000,000	
⑮회사 손금계상액		05	31,000,000		16,000,000	15,000,000	
조 정 금 액	⑯상 각 부 인 액 (⑮- ⑭)	06	3,000,000			3,000,000	
	⑰시 인 부 족 액 (⑭- ⑮)	07	26,240,000		26,240,000		
	⑱기왕부인액 중 당기손금추인액	08					
⑲신고조정손금계상액		09					

작성방법

1. ⑮회사손금계상액란 : 「법인세법」 제23조제1항에 따라 결산서상 손금으로 계상한 금액을 적습니다.

2. ⑱기왕부인액 중 당기손금추인액란: 당기에 시인부족액이 발생한 경우 당기 이전까지 한도초과로 부인했던 금액과 당기 시인
부족액중 작은 금액[별지 제20호서식(1) 유형자산감가상각비명세서의 ㉗금액, 별지 제20호서식(2) 유. 무형자산
감가상각비명세서의 ㉔ 금액의 합]을 적습니다.

3. ⑲신고조정손금계상액란: 「법인세법」 제23조제2항에 따라 추가로 손금산입한 금액[" 유형자산감가상각비조정명세서
[별지20호 서식(1),(2)]" 의 추가손금산입액 합계(1)의 ㉟, ㊱, (2) 의 ㉝, ㊱)]를 적습니다.

210㎜×297㎜[백상지 80g/ ㎡ 또는 중질지 80g/ ㎡]

제15호와 제3호의 기록을 확인하세요! (249~252페이지)

6) 세무조사 사례

[판단하기: 자본적 지출]

서면-2016-법인-4829, 2016.11.30.

[제목]

법인이 토지의 용도변경 등으로 당해 자산의 가치를 현실적으로 증가시키기 위하여 금전 등을 기부채납하는 경우 이를 토지에 대한 자본적 지출로 보는 것임.

[질의]

(사실관계)

○ 질의법인은 ○○시 소재 ○○○○으로서 「공공기관 지방이전에 따른 혁신도시 건설 및 지원에 관한 특별법」에 따라 이전공공기관으로 지정되어 201×년 ××월 ○○시로 이전할 계획이며,

  – 해당 이전계획에 따라 기존 임대 등을 위하여 사용 중인 ○○시 소재 토지 등을 매각하려고 하였으나 장기간 매각되지 아니하였음.

○ 질의법인은 201×.×.××. 상기 토지 등의 원활한 매각을 위해 ○○시가 도시계획시설 해제 등 도시계획을 수립·변경하는 경우 토지의 가치상승분을 ○○시에 기부채납하기로 약정한 바,

  – 당해 토지에 대한 ○○시의 도시계획시설 해제 및 상업용지로 용도변경에 따라 201×.××.××. 제3자와 매각계약을 체결하였으며,

  – ○○시에 그 매각가격의 ×%인 ×,×××백만 원을 가치상승환원금으로 기부채납한 후 이를 토지에 대한 자본적 지출로 회계처리하였음.

(질의내용)

○ 토지의 용도변경 등을 위한 기부채납액이 자본적 지출에 해당 여부

[회신]

귀 질의의 경우 법인이 토지의 용도변경 등으로 당해 자산의 가치를 현실적으로 증가시키기 위하여 금전 등을 기부채납하는 경우에는 「법인세법 시행령」 제31조에 따라 이를 토지에 대한 자본적 지출로 보는 것임.

[관련 사례]

○ 법인-30, 2010.1.12.

내국법인이 보유한 토지에 대하여 「개발이익환수에 관한 법률」에 의하여 부과받은 개발부담금은 당해 토지에 대한 자본적 지출로 보아 「법인세법 시행령」

제72조 제4항 제2호에 의하여 토지가액에 가산하는 것임.

○ 서면2팀-518, 2007.3.27.
법인이 자산을 취득하는 과정에서 발생하는 부대비용은 「법인세법」 제41조에 의해 당해 자산의 취득가액에 포함되는 것이나, 귀 질의의 경우 주민설명회 및 지역신문에 대한 광고비용의 지출목적이 토지의 용도변경을 위한 것이며 용도변경을 통해 당해 자산의 가치를 현실적으로 증가시키기 위한 경우에는 같은 법 시행령 제31조에 의해 이를 토지에 대한 자본적 지출로 보는 것임.

○ 서일 46011-11717, 2003.11.27.
주유소를 운영하는 사업자가 유류탱크의 교체과정에서 주유소 토지의 기름오염 정도를 조사하기 위한 오염검사비 및 해당 오염된 토지를 복원하기 위한 토지복원공사비를 지출한 경우 해당 지출이 그 토지의 가치를 증가시키는 지출인 경우에는 해당 토지에 대한 자본적 지출로 하는 것이며, 원상을 회복할 정도의 지출인 경우에는 수익적 지출로 하는 것이나, 이에 해당하는지 여부는 사실판단할 사항임.

○ 법인 46012-1831, 2000.8.28.
귀 질의의 경우 도시계획법에 의한 공업지역 안의 공장시설을 지방으로 이전하고 그 부속토지를 매각하고자 하는 법인이 그 매각을 원활히 하고 나머지 토지의 지가상승을 위하여 도시계획지역을 주거지역 또는 상업지역으로 변경하는 조건으로 당해 토지의 일부를 지방자치단체에 기부한 경우에 기부하는 토지의 가액은 이를 그 나머지 토지에 대한 자본적 지출로 하는 것임. 이 경우 기부하는 토지의 지상에 위치한 건축물을 동 지방자치단체의 비용으로 철거하기로 한 경우에 당해 건축물의 가액은 각 사업연도의 소득금액 계산상 이를 손금에 산입하는 것임.

○ 법인 46012-3312, 1994.12.6.
법인이 건축에 사용할 수 없는 토지를 건축가능용지로 변경하기 위하여 그 토지의 일부를 국가·지방자치단체에 도로로 기부하는 경우 당해 기부토지의 가액은 잔여토지에 대한 자본적 지출로 하는 것임.

○ 법인 22601-1837, 1990.9.17.
개발이익환수에 관한 법률에 의거 개발사업시행자가 납부하는 개발부담금 당해 토지에 대한 자본적 지출에 해당하는 것임.

(4) 기부금

1) 한마디 정의

회사가 지출한 기부금의 금액은 법인세법의 열거된 대상에게 지급된 것만 한도 이내로 손금을 인정하고 그 밖의 금액은 손금불산입한다.

2) 읽어보기

기업이 지출하는 기부금은 공익적인 목적에 따라 현금이나 현물을 제공하기 때문에 기본적으로 사업과 관련이 없는 비용이라는 특징이 있다. 그리고 기부금을 지출하는 상대방이 공익을 목적으로 하는 정부기관이나 비영리법인인 경우가 많다. 결국 기부금은 회사가 지출하는 목적이 사업과 관련이 없다는 점과 지출하는 상대방의 범위가 넓지 않고 특정되어 있다는 특징이 있다. 이에 따라 법인세법에서도 회사가 지출하는 기부금 중 사업과 관련 없이 공익적인 목적에 따라 특정한 대상 업체에 지급한 금액에 대해 한도 이내로 손금을 인정하여 준다.

지출목적	지출 상대방	분류
업무관계 원활화 목적	–	기업업무추진비
공익 목적	특수관계인	부당행위계산부인
	특수관계인 외	기부금

3) 취지와 내용

① 취지

앞서 살펴본 것처럼 기부금은 사업과 관련 없이 지출하기 때문에 손금으로 인정하는 것에 대해 이견이 있을 수 있다. 업무무관비용으로 보아 손금불산입할 수 있을 것이기 때문이다. 이에 대해 정부가 예산으로써 지출해야 할 것들에 대해 민간에 일부 그 기능을 대신하게 하고 이를 장려하기 위해 손금으로 인정하여 주기 위해 기부금의 손금산입 규정을 두었고, 손금으로 인정하여 주기 위한 기준을 정하여 손금으로 인정하여 줄 기부금의 종류와 대상기관, 한도의 규정을 두고 있다는 의견이 있다. 동 규정이 도입된 계기가 어찌되었든 기부금의 손금산입 취지는 크게 다르지 않을 것이다. 이하에서는 법인세법에서 열거하고 있는 기부금의 대상 업체와 그 종류, 한도의 금액을 어떻게 계산하는지에 대해 배울 것이다.

② 주요 내용

기부금의 세무조정에서는 아래의 내용에 대해 살펴볼 것이다.

항 목	내 용	용 도
기부금의 특성	업무와 무관, 재산 증여의 손실 인식	손금인정 여부
기부금의 분류	특례기부금, 일반기부금, 기타 기부금	한도 차등
현물기부금	비일반기부금은 시가, 그 외는 장부금액	기부 금액 확정
기부금의제	특수관계자 외 고가매입 저가양도	
한도 계산	기부금의 종류별 한도 초과 세무조정	3호 서식에 기록
증빙수취 의무	기부금영수증의 보관의무	기부금영수증 미수취 가산세

㉮ 기부금의 분류

기부금은 본래 업무와 관련 없는 비용이지만 공익적인 측면을 고려하여 예외적으로 지급받은 상대방의 종류에 따라 한도 이내로 손금에 산입하여 준다. 즉, 법인세법에서 정한 기부금 대상에 기부하는 경우에만 손금을 인정하여 주는데 기부금 대상으로 지정된 단체는 정부나 지방자치단체, 국군, 사회복지법인 등과 같이 비영리의 목적을 가진 것이 특징이다. 그런데 여기에서 주목할 점은 법인세법은 기부금 대상을 크게 둘로 나누어 특례기부금단체와 일반기부금단체로 나누고 있다는 점이다. 단체를 둘로 나누고 특례기부금단체에 지급하는 기부금에 대해서는 일반기부금단체에 지급하는 기부금보다 더 높은 한도를 인정하여 준다. 이렇게 단체별로 한도를 차등함으로써 법인세법은 특례기부금단체로의 기부를 유도하고 있다. 아래의 단체별 구분을 확인하여 법인세최소화를 위해 기부금 대상을 정하여 지출할 수 있을 것이다.

구분	대 상
특례	1. 국가나 지방자치단체에 무상으로 기증하는 금품의 가액. 다만, 「기부금품의 모집 및 사용에 관한 법률」의 적용을 받는 기부금품은 같은 법 제5조 제2항 (신탁)에 따라 접수하는 것만 해당한다. 2. 국방헌금과 국군장병 위문금품의 가액 3. 천재지변으로 생기는 이재민을 위한 구호금품의 가액 4. 다음 각 목의 기관(병원은 제외한다)에 시설비·교육비·장학금 또는 연구비로 지출하는 기부금 　가. 「사립학교법」에 따른 사립학교 　나. 비영리 교육재단(국립·공립·사립학교의 시설비, 교육비, 장학금 또는 연구비 지급을 목적으로 설립된 비영리 재단법인으로 한정한다) 　다. 「근로자직업능력개발법」에 따른 기능대학 　라. 「평생교육법」에 따른 전공대학의 명칭을 사용할 수 있는 평생교육시설 및 원격대학 형태의 평생교육시설 　마. 「경제자유구역 및 제주국제자유도시의 외국교육기관 설립·운영에 관한 특별법」에 따라 설립된 외국교육기관 및 「제주특별자치도 설치 및 국제자유도시 조성을 위한 특별법」에 따라 설립된 비영리법인이 운영하는 국제학교 　바. 「산업교육진흥 및 산학연협력촉진에 관한 법률」에 따른 산학협력단 　사. 「한국과학기술원법」에 따른 한국과학기술원, 「광주과학기술원법」에 따른 광주과학기술원, 「대구경북과학기술원법」에 따른 대구경북과학기술원 및 「울산과학기술원법」에 따른 울산과학기술원 및 「한국에너지공과대학교법」에 따른 한국에너지공과대학교 　아. 「국립대학법인 서울대학교 설립·운영에 관한 법률」에 따른 국립대학법인 서울대학교, 「국립대학법인 인천대학교 설립·운영에 관한 법률」에 따른 국립대학법인 인천대학교 및 이와 유사한 학교로서 대통령령으로 정하는 학교 　자. 「재외국민의 교육지원 등에 관한 법률」 제2조 제3호에 따른 한국학교(대통령령으로 정하는 요건을 충족하는 학교만 해당한다)로서 대통령령으로 정하는 바에 따라 기획재정부장관이 지정·고시하는 학교

구분	대상
특례	차. 「한국장학재단 설립 등에 관한 법률」에 따른 한국장학재단 5. 다음 각 목의 병원에 시설비·교육비 또는 연구비로 지출하는 기부금 　가. 「국립대학병원 설치법」에 따른 국립대학병원 　나. 「국립대학치과병원 설치법」에 따른 국립대학치과병원 　다. 「서울대학교병원 설치법」에 따른 서울대학교병원 　라. 「서울대학교치과병원 설치법」에 따른 서울대학교치과병원 　마. 「사립학교법」에 따른 사립학교가 운영하는 병원 　바. 「암관리법」에 따른 국립암센터 　사. 「지방의료원의 설립 및 운영에 관한 법률」에 따른 지방의료원 　아. 「국립중앙의료원의 설립 및 운영에 관한 법률」에 따른 국립중앙의료원 　자. 「대한적십자사 조직법」에 따른 대한적십자사가 운영하는 병원 　차. 「한국보훈복지의료공단법」에 따른 한국보훈복지의료공단이 운영하는 병원 　카. 「방사선 및 방사성동위원소 이용진흥법」 제13조의2에 따른 한국원자력의 　　학원 　타. 「국민건강보험법」에 따른 국민건강보험공단이 운영하는 병원 　파. 「산업재해보상보험법」 제43조 제1항 제1호에 따른 의료기관 6. 사회복지사업, 그 밖의 사회복지활동의 지원에 필요한 재원을 모집·배분하 　는 것을 주된 목적으로 하는 비영리법인(대통령령으로 정하는 요건을 충족하 　는 법인만 해당한다)으로서 대통령령으로 정하는 바에 따라 기획재정부장관 　이 지정·고시하는 법인에 지출하는 기부금
일반	1. 다음 각 목의 비영리법인에 대하여 해당 공익법인 등의 고유목적사업비로 지 　출하는 기부금. 다만, 바목에 따라 지정·고시된 법인에 지출하는 기부금은 　지정일이 속하는 연도의 1월 1일부터 6년간 지출하는 기부금으로 한정한다. 　가. 「사회복지사업법」에 따른 사회복지법인 　나. 「영유아보육법」에 따른 어린이집 　다. 「유아교육법」에 따른 유치원, 「초·중등교육법」 및 「고등교육법」에 따른 　　학교, 「근로자직업능력개발법」에 따른 기능대학, 「평생교육법」 제31조 제 　　4항에 따른 전공대학 형태의 평생교육시설 및 같은 법 제33조 제3항에 따 　　른 원격대학 형태의 평생교육시설 　라. 「의료법」에 따른 의료법인 　마. 종교의 보급, 그 밖에 교화를 목적으로 「민법」 제32조에 따라 문화체육관 　　광부장관 또는 지방자치단체의 장의 허가를 받아 설립한 비영리법인(그 　　소속 단체를 포함한다) 　바. 「민법」 제32조에 따라 주무관청의 허가를 받아 설립된 비영리법인(이하 　　이 조에서 "「민법」상 비영리법인"이라 한다), 비영리외국법인, 「협동조합

구분	대 상
일반	기본법」 제85조에 따라 설립된 사회적협동조합(이하 이 조에서 "사회적협동조합"이라 한다), 「공공기관의 운영에 관한 법률」 제4조에 따른 공공기관(같은 법 제5조 제3항 제1호에 따른 공기업은 제외한다. 이하 이 조에서 "공공기관"이라 한다) 또는 법률에 따라 직접 설립 또는 등록된 기관 중 다음의 요건을 모두 충족한 것으로서 주무관청의 추천을 받아 기획재정부장관이 지정하여 고시한 법인 1) 다음의 구분에 따른 요건 　가) 「민법」상 비영리법인 또는 비영리외국법인의 경우: 정관의 내용상 수입을 회원의 이익이 아닌 공익을 위하여 사용하고 사업의 직접 수혜자가 불특정 다수일 것(비영리외국법인의 경우 추가적으로 「재외동포의 출입국과 법적 지위에 관한 법률」 제2조에 따른 재외동포의 협력·지원, 한국의 홍보 또는 국제교류·협력을 목적으로 하는 것일 것). 다만, 「상속세 및 증여세법 시행령」 제38조 제8항 제2호 각 목 외의 부분 단서에 해당하는 경우에는 해당 요건을 갖춘 것으로 본다. 　나) 사회적협동조합의 경우: 정관의 내용상 「협동조합기본법」 제93조 제1항 제1호부터 제3호까지의 사업 중 어느 하나의 사업을 수행하는 것일 것 　다) 공공기관 또는 법률에 따라 직접 설립 또는 등록된 기관의 경우: 설립목적이 사회복지·자선·문화·예술·교육·학술·장학 등 공익목적 활동을 수행하는 것일 것 2) 해산하는 경우 잔여재산을 국가·지방자치단체 또는 유사한 목적을 가진 다른 비영리법인에 귀속하도록 한다는 내용이 정관에 포함되어 있을 것 3) 인터넷 홈페이지가 개설되어 있고, 인터넷 홈페이지를 통하여 연간 기부금 모금액 및 활용실적을 공개한다는 내용이 정관에 포함되어 있으며, 재지정의 경우 매년 기부금 모금액 및 활용실적을 사업연도 종료일부터 3개월 이내에 해당 비영리법인 및 국세청의 인터넷 홈페이지에 각각 공개하였을 것 4) 비영리법인으로 지정·고시된 날이 속하는 연도와 그 직전 연도에 해당 비영리법인의 명의 또는 그 대표자의 명의로 특정 정당 또는 특정인에 대한 「공직선거법」 제58조 제1항에 따른 선거운동을 한 것으로 권한 있는 기관이 확인한 사실이 없을 것 5) 제13항에 따라 지정이 취소된 경우에는 그 취소된 날부터 3년, 같은 항에 따라 재지정을 받지 못하게 된 경우에는 그 지정기간의 종료일부터 3년이 지났을 것. 다만, 제5항 제1호에 따른 의무를 위반한 사유만으로

구분	대상
일반	지정을 취소하거나 재지정을 하지 아니한 경우에는 그러하지 아니하다. 2. 다음 각 목의 기부금 　가. 「유아교육법」에 따른 유치원의 장 · 「초 · 중등교육법」 및 「고등교육법」에 의한 학교의 장, 「근로자직업능력개발법」에 의한 기능대학의 장, 「평생교육법」 제31조 제4항에 따른 전공대학 형태의 평생교육시설 및 같은 법 제33조 제3항에 따른 원격대학 형태의 평생교육시설의 장이 추천하는 개인에게 교육비 · 연구비 또는 장학금으로 지출하는 기부금 　나. 「상속세 및 증여세법 시행령」 제14조 제1항 각 호의 요건을 갖춘 공익신탁으로 신탁하는 기부금 　다. 사회복지 · 문화 · 예술 · 교육 · 종교 · 자선 · 학술 등 공익목적으로 지출하는 기부금으로서 기획재정부장관이 지정하여 고시하는 기부금 4. 다음 각 목의 어느 하나에 해당하는 사회복지시설 또는 기관 중 무료 또는 실비로 이용할 수 있는 시설 또는 기관에 기부하는 금품의 가액. 다만, 나목1)에 따른 노인주거복지시설 중 양로시설을 설치한 자가 해당 시설의 설치 · 운영에 필요한 비용을 부담하는 경우 그 부담금 중 해당 시설의 운영으로 발생한 손실금(기업회계기준에 따라 계산한 해당 과세기간의 결손금을 말한다)이 있는 경우에는 그 금액을 포함한다. 　가. 「아동복지법」 제52조 제1항에 따른 아동복지시설 　나. 「노인복지법」 제31조에 따른 노인복지시설 중 다음의 시설을 제외한 시설 　　1) 「노인복지법」 제32조 제1항에 따른 노인주거복지시설 중 입소자 본인이 입소비용의 전부를 부담하는 양로시설 · 노인공동생활가정 및 노인복지주택 　　2) 「노인복지법」 제34조 제1항에 따른 노인의료복지시설 중 입소자 본인이 입소비용의 전부를 부담하는 노인요양시설 · 노인요양공동생활가정 및 노인전문병원 　　3) 「노인복지법」 제38조에 따른 재가노인복지시설 중 이용자 본인이 재가복지서비스에 대한 이용대가를 전부 부담하는 시설 　다. 「장애인복지법」 제58조 제1항에 따른 장애인복지시설. 다만, 다음 각 목의 시설은 제외한다. 　　1) 비영리법인(「사회복지사업법」 제16조 제1항에 따라 설립된 사회복지법인을 포함한다) 외의 자가 운영하는 장애인 공동생활가정 　　2) 「장애인복지법 시행령」 제36조에 따른 장애인생산품 판매시설 　　3) 장애인 유료복지시설 　라. 「한부모가족지원법」 제19조 제1항에 따른 한부모가족복지시설 　마. 「정신건강증진 및 정신질환자 복지서비스 지원에 관한 법률」 제3조 제6호 및 제7호에 따른 정신요양시설 및 정신재활시설

구분	대 상
일반	바. 「성매매방지 및 피해자보호 등에 관한 법률」 제6조 제2항 및 제10조 제2항에 따른 지원시설 및 성매매피해상담소 사. 「가정폭력방지 및 피해자보호 등에 관한 법률」 제5조 제2항 및 제7조 제2항에 따른 가정폭력 관련 상담소 및 보호시설 아. 「성폭력방지 및 피해자보호 등에 관한 법률」 제10조 제2항 및 제12조 제2항에 따른 성폭력피해상담소 및 성폭력피해자보호시설 자. 「사회복지사업법」 제34조에 따른 사회복지시설 중 사회복지관과 부랑인·노숙인 시설 차. 「노인장기요양보험법」 제32조에 따른 재가장기요양기관 카. 「다문화가족지원법」 제12조에 따른 다문화가족지원센터 타. 「건강가정기본법」 제35조 제1항에 따른 건강가정지원센터 파. 「청소년복지 지원법」 제31조에 따른 청소년복지시설
	6. 다음 각 목의 요건을 모두 갖춘 국제기구로서 기획재정부장관이 지정하여 고시하는 국제기구에 지출하는 기부금 가. 사회복지, 문화, 예술, 교육, 종교, 자선, 학술 등 공익을 위한 사업을 수행할 것 나. 우리나라가 회원국으로 가입하였을 것

㉯ 현물기부금

기부금의 경우 금전이 아닌 재산적 가치가 있는 물건으로 지급할 수 있을 것이다. 이때 앞서 현물기업업무추진비의 경우와 마찬가지로 현물로 지급한 물건의 가치를 어떻게 평가하는지에 따라 기부금의 합계가 달라지고 결과적으로 한도초과로 손금불산입되는 금액도 달라질 수 있다. 현물기업업무추진비의 경우 기부금의 종류에 따라 평가가 달라진다.

구 분	평 가
특례기부금, 일반기부금	장부금액
기타 기부금	시가. 단, 시가가 장부금액보다 낮은 경우 장부금액

만약에 기부금을 지급받은 대상이 특수관계가 있고 일반기부금 대상으로 열거된 경우 시가로 평가하여 기부금의 세무조정을 수행하며, 특수관계가 있는 비일반기부금 대상인 경우에는 기부금이 아닌 부당행위계산부인의 여부를 판단하여야 한다.

㉓ 기부금의제

기부행위 외에 회사가 특수관계인 외의 자에게 정당한 사유 없이 회사가 보유한 자산을 정상가액보다 낮게 판매하거나 높게 매입하는 경우 정상가액과의 차이를 일반기부금으로 보아 세무조정을 한다. 만약에 자산을 거래한 상대방이 일반기부금 대상에 포함되지 않는다면 비일반기부금으로 보아 손금불산입하고 기타사외유출로 소득처분한다.

[판단하기: 기부금의 의제]

법인세법 시행령 제35조
특수관계인 외의 자에게 정당한 사유 없이 자산을 정상가액보다 낮은 가액으로 양도하거나 특수관계인 외의 자로부터 정상가액보다 높은 가액으로 매입하는 것을 말한다. 이 경우 정상가액은 시가에 시가의 100분의 30을 더하거나 뺀 범위의 가액으로 한다.

㉔ 한도 계산

기부금은 앞서 살펴본 것처럼 회사가 비용처리한 금액 중 기부금의 종류에 따라 한도 이내의 금액만이 손금으로 인정받는다. 한도를 계산하는 식은 아래와 같다.

구 분	손금산입 한도액
특례기부금	[기준소득금액 − 공제 가능한 이월결손금*] × 50퍼센트 기준소득금액 = 차가감소득 + 일반기부금 + 특례기부금 * 각 사업연도 소득의 80%를 한도로 이월결손금 공제를 적용받는 법인은 기준소득금액의 80%를 한도로 한다.
일반기부금	[기준소득금액 − 공제 가능한 이월결손금 − 특례기부금 손금산입액 (이월하여 손금에 산입한 금액을 포함한다)] × 10퍼센트(사업연도 종료일 현재 「사회적기업 육성법」 제2조 제1호에 따른 사회적기업은 20퍼센트로 한다)

기부금의 한도에서 특이한 점은 한도를 계산하기 위해 기부금의 세무조정을 제외한 나머지 세무조정을 모두 완료한 뒤에 차가감소득금액을 확정하여야 한도를 계산할 수 있다는 점이다. 기부금을 손금으로 인정하여주지만 소득금액의 일정비율 이상 지출하는 것을 막기 위하여 소득금액을 이용한 한도를 정한 것이 그 이유이다. 따라서 기부금의 세무조정은 다른 소득금액에 대한 세무조정이 모두 끝나고 수행하며, 세무조정의 결과를 제15호 서식이 아닌 제3호 서식의 차가감소득금액 하단에 직접 기록하는 특징이 있다.

기부금 세무조정의 특징을 더 살펴보면 회계에서 비용으로 인식하여야만 인정되므로 결산조정사항이고 실제로 현금을 지출하여야 손금으로 인정된다는 특징이 있다. 즉, 기부금의 약정으로 기말 현재 지출되지 않았지만 부채의 인식을 통해 비용처리가 되더라도 손금으로 인정되지는 않는다. 실무적으로 지급되지 않은 기부금은 기부금영수증을 받을 수 없기 때문에 세무조정을 하기 어렵게 된다. 한 사업연도에 한도를 초과하여 지출한 특례기부금이나 일반기부금은 10년간 이월하여 해당 사업연도에 지출한 기부금과 함께 한도 이내로 손금산입받을 수 있다.

[판단하기: 기부금 이월공제]

법인세법 제24조 제5항
특례기부금 및 일반기부금의 손금산입한도액을 초과하여 손금에 산입하지 아니한
금액은 해당 사업연도의 다음 사업연도 개시일부터 10년 이내에 끝나는 각 사업연
도로 이월하여 그 이월된 사업연도의 소득금액을 계산할 때 특례기부금 및 일반기
부금이 각각의 손금산입한도액에 미달하는 금액의 범위에서 손금에 산입한다.

법인세법 제24조 제6항
제2항 및 제3항에 따라 손금에 산입하는 경우에는 제5항에 따라 이월된 금액을
해당 사업연도에 지출한 기부금보다 먼저 손금에 산입한다. 이 경우 이월된 금
액은 먼저 발생한 이월금액부터 손금에 산입한다.

㉺ 증빙수취 의무
기부금을 지급하면 지급한 법인은 지급받은 법인으로부터 기부금영수
증을 발급받아야 하고, 기부금영수증을 보관하지 않은 경우 손금으로 인
정받지 못한다.

4) 세무조정 준비하기

항 목	내 용
기부금영수증	당기 중 기부금영수증 수령내역 정리
손익계산서 기부금	기부금영수증 수령합계와 손익계산서 기부금 잔액 대사
기부금 세무조정	기부금의 종류별 한도계산 및 세무조정
기부금 서식 작성	세무조정내역 서식 작성 및 제3호 서식 작성

5) 세무조정과 서식작성

① 세무조정 사례

㈜에스에이치랩의 당기 중 지출한 기부금의 내역이 아래와 같다. 기부금에 대한 세무조정을 수행하고 서식을 작성하시오.

(1) 기부금 지출액

구 분	종 류	금 액
국방헌금	특례	500,000원
국립암센터에 지급한 연구비	특례	4,000,000원
배문고등학교에 지급한 고유목적사업비	일반	5,000,000원
법에 따라 설립된 아동복지시설	일반	600,000원
대표이사 종중 기부금	비일반	1,000,000원
합계		11,100,000원

(2) 소득금액 계산에 필요한 항목
- 당기순이익: 100,000,000원
- 기부금을 제외한 세무조정 합계
  익금산입: 30,000,000원(비일반기부금 세무조정 포함)
  손금산입: 45,000,000원
- 공제 가능한 이월결손금: 50,000,000원

[세무조정]

(1) 기준소득금액
   = 100,000,000 + 30,000,000 − 45,000,000 + 10,100,000 = 95,100,000원

(2) 특례기부금 한도 = (95,100,000 − 50,000,000) × 50% = 22,550,000원

(3) 일반기부금 한도
   = (95,100,000 − 50,000,000 − 4,500,000) × 10% = 4,060,000원

② 세무조정

항목(순서)	내 용
① 일반기부금 한도 시부인	회사가 지출한 일반기부금의 합계와 일반기부금의 한도를 비교하여 한도초과금액 세무조정 [손금불산입] 일반기부금 한도초과 1,540,000원 기타사외유출
② 특례기부금 한도 시부인	회사가 지출한 특례기부금의 합계와 일반기부금의 한도를 비교하여 한도초과금액 세무조정 (예시) [손금불산입] 특례기부금한도초과 1,000,000원 기타사외유출
③ 기타기부금 세무조정	비일반기부금 전액을 실질귀속자에게 세무조정 [손금불산입] 기타기부금 1,000,000원 대표자 상여

③ 서식 작성

기부금의 세무조정은 기부금의 합계를 집계하는 제22호 기부금명세서 서식과 기부금의 한도를 시부인하는 제21호 기부금 조정명세서 서식으로 나눈다. 또한 한도 시부인이 끝나면 기부금의 세무조정은 제15호 서식이 아닌 제3호 서식에 직접 기입한다.

기부금의 한도를 계산하기 위해서는 다른 세무조정이 완료되고 차가감소득이 확정이 되어야 하기 때문에 차가감소득에 영향을 미치는 제15호 서식에 적지 않는 것이다.

사업 연도	2023.01.01 ~ 2023.12.31			기부금명세서				법 인 명	(주) 에스에이치랩
								사업자등록번호	106-81-12345

구분		③과목	④ 월별	⑤적 요	기 부 처		⑧금액	비 고
①유형	②코드				⑥법인명등	⑦사업자 등록번호등		
법정	10	기부금	2023.1	국방헌금	육군훈련소		500,000	
법정	10	기부금	2023.2	국립암센타연구비	국립암센타		4,000,000	
지정	40	기부금	2023.3	배문고등학교 고유목적사업비	배문고등학교		5,000,000	
지정	40	기부금	2023.4	아동복지시설	서울성로원		600,000	
기타	50	기부금	2023.5	대표이사 종중 기부금	전주이씨종중		1,000,000	
⑨소계	가. 「법인세법」 제24조 제2항제1호의 특례기부금(코드 10)						4,500,000	
	나. 「법인세법」 제24조 제3항제1호의 일반기부금(코드 40)						5,600,000	
	다. 「조세특례제한법」 제88조의4제13항의 우리사주조합 기부금(코드 42)							
	라. 그 밖의 기부금(코드 50)						1,000,000	
	계						11,100,000	

210㎜×297㎜[백상지 80g/ ㎡ 또는 중질지 80g/ ㎡]

사업 연도	2023.01.01 ~ 2023.12.31	기부금조정명세서	법 인 명	(주)에스에이치랩
			사업자등록번호	106-81-12345

1. 「법인세법」 제24조제2항제1호에 따른 특례기부금 손금산입액 한도액 계산

① 소득금액계	95,100,000	⑤ 이월잔액 중 손금산입액 MIN(④, ㉓)	
② 「법인세법」 제13조제1항제1호에 따른 이월결손금 합계액 (「기준소득금액의 80% 한도)	50,000,000	⑥ 당해연도지출액 손금산입액 MIN[(④-⑤) > 0, ③]	4,500,000
③ 「법인세법」 제24조제2항제1호에 따른 특례기부금 해당 금액	4,500,000	⑦ 한도초과액 [(③-⑥) >0]	
④ 한도액 {[(①-②) >0]×50%}	22,550,000	⑧ 소득금액 차감잔액 [(①-②-⑤-⑥) >0]	40,600,000

2. 「조세특례제한법」 제88조의4 우리사주조합에 지출하는 기부금 손금산입액 한도액 계산

⑨ 「조세특례제한법」 제88조의4 제13항에 따른 우리사주 기부금 해당 금액		⑪ 손금산입액 MIN(⑨, ⑩)	
⑩ 한도액 (⑧×30%)	12,180,000	⑫ 한도초과액[(⑨-⑩)>0]	

3. 「법인세법」 제24조제3항제1호에 따른 일반기부금 손금산입 한도액 계산

⑬ 「법인세법」 제24조제3항제 1호에 따른 일반기부금 해당 금액	5,600,000	⑯당해연도지출액 손금산입액 MIN[(⑭-⑮) > 0, ⑬]	4,060,000
⑭ 한도액 ((⑧-⑪) × 10%,20%)	4,060,000	⑰한도초과액[(⑬-⑯)>0]	1,540,000
⑮ 이월잔액 중 손금산입액 MIN(⑭, ㉓)			

4. 기부금 한도 초과액 총액

⑱기부금 합계액(③+⑨+⑬)	⑲손금산입합계(⑥+⑪+⑯)	⑳한도초과액합계(⑱-⑲) = (⑦+⑫+⑰)
10,100,000	8,560,000	1,540,000

210mm×297mm[백상지 80g/㎡ 또는 중질지 80g/㎡]

제15호와 제3호의 기록을 확인하세요! (249~252페이지)

5. 기부금 이월액 명세

사업 연도	기부금 종류	㉑한도 초과 손금불산입액	㉒기공제액	㉓공제가능 잔액(㉑ - ㉒)	㉔해당사업연도 손금추인액	㉕차기이월액 (㉓ - ㉔)

6. 해당 사업연도 기부금 지출액 명세

사업 연도	기부금 종류	㉖지출액 합계금액	㉗해당 사업연도 손금산입액	㉘차기 이월액 (㉖ - ㉗)
202312	「법인세법」 제24조 제2항 제1호에 따른 특례기부금	4,500,000	4,500,000	
	「법인세법」 제24조 제3항 제1호에 따른 일반기부금	5,600,000	4,060,000	1,540,000

6) 세무조사 사례

서면-2017-법인-0108, 2017.5.17.

[질의]

(사실관계)

○ 질의법인은 국내 외 와이어로프, 경강선 등 특수선재 제품의 생산 등을 주 영업목적으로 설립된 법인임.

○ 질의법인 및 질의법인의 최대주주는 예술, 문화 및 후원사업 등을 목적사업으로 영위하는 비영리 재단법인을 설립할 계획이며, 일반기부금단체로 지정받을 예정임.

○ 질의법인은 비영리 재단법인에게 질의법인 소유 부동산 중 일부 공간을 무상으로 임대하며, 질의법인으로부터 지원받은 공간은 비영리 재단법인의 목적사업만을 위하여 사용될 예정임.

(질의내용)

○ 내국법인이 특수관계인인 일반기부금단체에 부동산을 무상임대할 경우 세무처리

[회신]

내국법인이 특수관계인인 일반기부금 단체 등에 부동산을 무상 임대하고 당해 단체에서 고유목적사업에 사용하는 경우 임대료 시가 상당액을 일반기부금으로 보는 것이나, 특수관계인인 일반기부금 단체 등에 기부금 지출로 인해 법인의 소득에 대한 조세의 부담을 부당히 감소시킨 것으로 인정되는 경우에는 그러하지 아니하는 것임.

서면-2015-법령해석법인-1656, 2016.7.4.

[질의]

(사실관계)

○ 질의법인은 담배 제조·판매업을 영위하는 내국 영리법인으로,

  - 2015 사업연도 중 질의법인의 계열사가 근로복지기본법에 따라 설립한 사내근로복지기금에 기부금을 지출함.

(질의내용)

○ 법인이 다른 법인이 설립한 사내근로복지기금에 기부금을 지출하는 경우 법인세법 시행령 제36조 및 같은 법 시행규칙 제18조 제1항에 따른 일반기부금

에 해당하는지 여부

[회신]

내국법인이 다른 법인이 설립한 「근로복지기본법」에 따른 사내근로복지기금에 기부금을 지출하는 경우 해당 기부금은 「법인세법 시행규칙」 별표6의2 제50호에 따른 일반기부금에 해당하는 것임.

(5) 수입배당금

1) 한마디 정의

모회사가 자회사로부터 수령한 배당소득은 자회사의 사업소득에 대한 법인세를 차감한 잔액이므로 이중과세를 방지하기 위해 모회사의 배당금 수입액의 일정 금액을 익금불산입한다.

2) 읽어보기

어떤 사업을 수행하고자 할 때 이를 개인사업의 형태나 법인사업의 형태 중 선택이 가능할 것이다. 법인사업이 발생하게 된 이유는 개인은 어려운 대규모 자본이 필요한 사업을 하는 경우에 여러 투자자의 자본을 모아 하나의 사업을 수행할 수 있다는 장점이 있기 때문이다. 따라서 법인사업은 사업에 투자하고 있는 주주가 많고, 주주를 대신하여 경영을 수행하는 이사를 선임하여 소유와 경영이 분리되는 특징이 있다. 그러다보니 법인의 형태인 회사에 투자하고 있는 다수의 주주와 채권자 그리고 경영자인 이사와 같은 이해관계자들의 권리와 의무를 조정하는 내용의 상법 규정을 어렵지 않게 찾을 수 있다.

이제 세법의 관점에서 법인사업이 개인사업과 다른 점을 살펴보자. 개인사업의 이익은 당연히 사업을 수행한 개인에게 돌아가지만 법인이 사업에서 벌어들인 이익은 투자자인 주주에게 돌려주는 배당이라는 절차가 필요하다. 그런데 배당이라는 것은 법에서 인정한 사람(법적실체)인 법인에서 주주로 부가 이동하는 과정이므로 부의 이동에 대해 세법은 과세하도록 하고 있다. 결국 개인사업자는 사업소득을 한 번 과세받는 것과 달리 법인사업자는 사업의 소득을 법인세로 먼저 과세받고, 세후 소득을 배당하면 배당을 받은 주주는 법인이든 개인이든 배당소득으로 한 번 더 과세받게 된다. 따라서 그대로 과세된다면 사업을 직접 수행하고자 하는 사업자의 입장에서 법인사업은 개인사업보다 항상 세금을 더 납부하는 이중과세의 불합리함이 생기게 된다. 이러한 이중과세를 방지하기 위해 도입된 제도가 수입배당금 익금불산입 규정이다. 모회사가 받은 배당금 수입을 익금에 산입하지 않겠다는 것이다.

3) 취지와 내용

① 취지

법인이 주주에게 지급하는 배당은 별도의 법적 실체 간 부의 이동이므로 사람 사이에 돈이 이동되는 것과 같이 소득에 대한 과세가 필요하다. 하지만 앞서 살펴본 것처럼 배당에 대해 차별 없이 과세한다면 이는 이중과세의 불합리함을 불러일으키게 된다. 따라서 세법에서는 이중과세를 완화하기 위해 장치를 두고 있는데, 이는 자연인인 주주에게 적용되는 소득세법과 법인주주에게 적용되는 법인세법의 규정이 다소 다르다. 두 세법의 차이점을 조정 대상 주주와 이중과세를 완화하기 위해 조정하는 소득 단계를 기준으로 차이점을 살펴보면 아래와 같다.

1차 소득	2차 소득	조정 대상 주주	조정 방법
개인사업	개인사업자	이중과세 아님.	–
법인사업	자연인(소득세법)	배당받는 모든 주주	그로스업 및 배당소득공제
	법인(법인세법)	사업목적의 주주	수입배당금 익금불산입

법인에게서 자연인인 주주가 배당을 받는 경우 소득세법에서는 법인단계에서 납부한 법인세에 해당하는 금액을 주주가 종합소득을 신고할 때 공제하여 준다. 이를 배당세액공제라고 한다. 만약 법인인 주주가 배당을 받는다면 법인세법에서는 주주가 자회사의 사업에 투자한 경우에만 이중과세를 조정하여 준다. 자회사의 사업이 아닌 단순한 주식투자의 경우에는 조정을 해주지 않는데 법인세법에서는 어떠한 기준으로 사업에 대한 투자를 구분하는지, 어떠한 방식으로 이중과세를 조정하여 주는지를 자세히 살펴보도록 하자.

② 주요 내용

수입배당금 익금불산입 규정은, 다음의 세 가지의 내용을 살펴볼 것이다.

항 목	내 용	용 도
조정대상	배당금수입 중 익금불산입하는 요건은?	조정대상 배당금액 취합
익금불산입률	전체 배당금수입 중 얼마나 조정하지?	익금불산입비율 산정
조정금액	익금불산입하는 금액은 얼마지?	해당 금액 세무조정
지주회사	지주회사는 큰 익금불산입률을 적용해.	모회사가 지주회사인 경우

㉮ 조정대상

모회사가 받은 배당금은 항상 이중과세의 문제가 있으니 법인세법상 과세를 할 때에는 이를 조정해야 한다. 하지만 모든 주주에게 수입배당금을 과세하지 않는 혜택을 준다면 단지 투자목적물로서 주식에 투자한 주주에게 투자수익을 늘려주는 결과를 낳게 된다. 수입배당금 익금불산입을 통해 주주에게 이중과세를 조정해주는 것은 법인사업의 불합리한 차별을 방지하여 법인방식으로의 사업을 활성화하는 데에 목적이 있으므로 사업을 하고자 하는 사람에게 이중과세를 조정하여주고 단지 단기간 투자를 통해 투자수익을 얻고자 하는 주주는 조정하지 않는 것이 합리적일 것이다. 그래서 법인세법에서는 주식의 투자 기간과 지분율에 따라 익금불산입할지 여부를 결정하도록 하고 있다.

구 분	대 상
투자기간	주식의 취득일로부터 배당기준일(결산일)까지 3개월 이상 보유 주식

먼저 법인세법에서는 결산일 현재 3개월 이상 투자 중인 주식에서 발생한 배당금수입만을 익금불산입 대상으로 보고 그 외의 배당금수입은 조정하지 않는다. 예를 들어 12월 31일이 결산일인 회사가 다른 회사의 주식을 총 3회에 걸쳐 투자하고 배당을 수령하였다고 가정하여보자.

항목	투자일	주식수	배당수입	대상 여부
A회사 주식	3월 31일	10,000주	10,000,000원	익금불산입
	7월 10일	20,000주	20,000,000원	
	11월 20일	5,000주	5,000,000원	-

12월 31일을 기준으로 3개월 이전에 취득한 30,000주에서 받은 배당금 3천만 원은 익금불산입 대상이지만 11월 20일에 취득한 주식에서 발생한 배당금수입은 익금불산입 대상에서 제외한다. 장기간 투자한 주식을 사업에 투자한 금액으로 보고 그렇지 않은 주식은 단순한 투자목적의 주식으로 보는 것이다.

㉯ 익금불산입률

이제 투자기간이 3개월을 초과하는 주식의 경우에 어느 정도까지 익금불산입을 하여 줄지를 정해야 한다. 법인세법에서는 자회사에 대한 지분율에 비례하여 익금불산입을 하는 금액을 정하고 있다.

출자비율	익금불산입률
50% 이상	100%
20% 이상 50% 미만	80%
20% 미만	30%

기존 법인세법에서는 자회사가 일반법인인 경우와 상장법인인 경우로 나누어 익금불산입률을 차등 적용하였으나, 2023년도 1월 1일 이후 적용하는 개정세법에서는 이를 통일하여 출자비율에 따라서만 변동되도록 개정하였다.

㉱ 조정금액

수입배당금의 익금불산입 금액은 비교적 간단한 수식으로 계산한다. 먼저 익금불산입 금액은 3개월 기준을 충족한 주식에서 발생한 수입배당금액에 회사의 종류와 지분율에 비례한 익금불산입률을 곱하여 계산하고 만약 회사가 당기 중 차입금의 이자를 지출한 경우 차감금액을 계산하여 익금불산입 금액에서 차감한다. 이때 차감금액은 회사가 주식을 투자할 때 차입으로 자금을 마련한다면 배당금액에 대해 익금불산입도 하고 차입금 이자도 손금으로 인정되므로 투자한 주식에 상당하는 이자금액에 대해서는 익금불산입을 하지 않겠다는 취지로 해석된다. 그래서 아래의 산식에 따라 계산된 금액을 계산하여 손금불산입하고 기타사외유출로 소득처분한다.

[세무조정 금액]

익금불산입액 = 수입배당금액 × 익금불산입비율 − 익금불산입 차감금액

[익금불산입 차감금액]

$$\text{익금불산입 차감금액} = \text{차입금이자} \times \frac{\text{출자주식 등의 장부가액적수} \times \text{익금불산입률}}{\text{사업연도 종료일 재무상태표상 자산총계액 적수}}$$

이때 차감금액에 적용하는 차입금의 이자는 앞에서 배운 지급이자손금불산입 규정에서 선순위로 손금불산입된 금액과 현재가치할인차금, 연지급수입이자를 포함하지 않는다.

[판단하기: 차입금 이자]

적용 대상 차입금이자
• 차입금 및 그 차입금의 이자에는 제55조의 규정에 의하여 이미 손금불산입된 금액이 포함되지 아니하는 것으로 한다(법인세법 시행령 제17조의2 제2항).
• 제4항 제1호에 따른 현재가치할인차금의 상각액 및 같은 항 제2호에 따른 지급이자에 대하여는 법 제18조의2 제1항 제2호, 제18조의3 제1항 제2호(수입배당금 익금불산입 조정금액), 제28조, 제73조, 제73조의2, 제98조, 제120조 및 제120조의2를 적용하지 아니한다(법인세법 시행령 제72조 제6항).

㉱ 지주회사 수입배당금 익금불산입
모회사가 지주회사인 경우에는 자회사로부터 배당을 받거나 경영지도를 하여 수입을 얻는 것을 주목적으로 하므로 지분율에 비례한 익금불산입률을 더 높게 인정하여 준다. 이때 지주회사란 타법에서 정한 지주회사로서 신고된 회사를 의미하며 지주회사에 해당하는 경우 익금불산입률은 아래와 같이 높아진다.

자회사 유형	출자비율	익금불산입률
주권상장법인	40% 이상	100%
	30% 이상 40% 미만	90%
	30% 미만	80%
일반법인	80% 이상	100%
	50% 이상 80% 미만	90%
	50% 미만	80%

자회사가 상장법인일 때와 벤처기업일 때 익금불산입률이 달라지는 것을 확인할 수 있다. 익금불산입률이 높아지므로 모회사가 지주회사에 해당한다면 상기 익금불산입률을 적용하는 것이 유리하고, 지분율이 20(40)% 미만인 경우에는 일반회사의 익금불산입률을 적용할 수 있다. 이때 모회사가 지주회사에 해당하려면 아래와 같이 타법에서 정하는 지주회사로 신고되어야 한다.

이때 각 법률에 따라 지주회사의 수입배당금 익금불산입 요건을 적용할 수 있는 자회사가 정해져 있는데, 그 요건은 아래와 같다.

[판단하기: 지주회사의 수입배당금 익금불산입 대상 자회사]

- 해당 내국법인의 지주회사가 「금융지주회사법」에 따른 금융지주회사(이하 이 호에서 "금융지주회사"라 한다)인 경우: 같은 법 제2조 제1항 제1호의 금융기관(같은 법 시행령 제2조 제2항에 해당하는 법인을 포함한다)
- 해당 내국법인의 지주회사가 금융지주회사 외의 지주회사인 경우: 한국표준산업분류에 따른 금융 및 보험업을 영위하지 아니하는 법인. 다만, 해당 내국법인이 금융지주회사 외의 지주회사인 경우에는 금융 및 보험업을 영위하지 아니하는 법인으로 본다.

지주회사 수입배당금 익금불산입 특례 규정은 2023년도 개정세법에서 삭제 되었으나 2023년 12월 31일 까지는 종전의 특례를 적용할 수 있다.

㉱ 외국자회사 수입배당금 익금불산입

모회사가 10퍼센트(「조세특례제한법」 제22조에 따른 해외자원개발사업을 하는 외국법인의 경우에는 100분의 5) 이상의 출자지분을 보유하는 외국자회사로부터 받은 배당소득에 대해서는 국내 자회사의 수입배당금보다 더 높은 익금불산입률을 적용하여 외국자회사가 외국에서 납부한 법인세액과의 이중과세를 합리적으로 조정하도록 하였다. 따라서 종전에 이중과세 조정을 위해 적용하던 외국납부세액공제의 적용대상에서 제외하도록 하였다.

외국자회사 수입배당금 익금불산입을 확대하는 조항은 2023년도 개정 세법에서 도입되었으며, 2023년 1월 1일 이후 받는 외국자회사의 수입배 당금에 적용한다. 이의 요약 내용은 아래와 같다.

구 분	대 상
투자기간	주식의 취득일로부터 배당기준일(결산일)까지 6개월 이상 보유 주식
익금불산입률	95%

4) 세무조정 준비하기

항 목	내 용
자회사의 종류	자회사가 법에서 인정하는 해외자회사에 해당여부
자회사 지분율과 취득일 확인	배당을 지급한 자회사의 지분 취득일 3개월 조건 확인
지급이자 세무조정	지급이자 세무조정 후 지급이자 잔액 확인
세무조정 금액 계산	익금불산입 대상 금액 계산
세무조정	세무조정 금액 익금불산입하고 기타사외유출 소득처분

5) 세무조정과 서식작성

① 세무조정 사례

㈜에스에이치랩이 당기 중 자회사로부터 수령한 배당금과 주식보유현황이 아 래와 같다. 수입배당금에 대한 세무조정을 수행하고 서식을 작성하시오.

(1) 배당금 수령액

회사명	상장	취득일	지분율	배당금액
LG전자㈜	상장	2019.10.12.	2%	20,000,000원
㈜레모나	비상장	2018.1.12.	32%	8,000,000원

(2) 주식보유현황

회사명	취득원가
LG전자㈜	150,000,000원
㈜레모나	100,000,000원

(3) 기타 재무사항
- 기말 자산총계: 3,000,000,000원
- 차입금이자: 15,000,000원(전액 차입금 이자로서 익금불산입 금액은 없음)
- 회사는 법인세법에서 인정하는 지주회사가 아님.

[세무조정]

(1) 익금불산입률 결정

두 회사 주식의 취득일이 배당기준일로부터 3개월을 초과하므로 수입배당금 익금불산입을 적용

회사명	지분율	익금불산입률
LG전자㈜	2%	30%
㈜레모나	32%	80%

(2) 익금불산입 차감금액 계산

구분	계산식	익금불산입 차감금액
LG전자㈜	15,000,000 × 150,000,000 × 365 × 30% / (30억 원 × 365)	225,000원
㈜레모나	15,000,000 × 100,000,000 × 365 × 80% / (30억 원 × 365)	400,000원

(3) 수입배당금 익금불산입 금액 계산

구분	계산식	익금불산입 차감금액
LG전자㈜	20,000,000 × 30% − 225,000	5,775,000원
㈜레모나	8,000,000 × 80% − 400,000	6,000,000원
합계		11,775,000원

② 세무조정

항목(순서)	내 용
① 수입배당금 익금불산입 세무조정	익금불산입 대상 금액을 계산하여 세무조정 [익금불산입] 수입배당금 11,775,000원 기타

③ 서식작성

법인세법 시행규칙 【별지 제16호의2 서식】 <개정 2020. 3. 13.>

수입배당금액명세서

사업연도	2023.01.01 ~ 2023.12.31	법인명	(주)에스에이치캡	사업자등록번호	106-81-12345

1. 지주회사 또는 출자법인 현황

①법인명	②구분	③사업자등록번호	④소재지	⑤대표자성명	⑥업태, 종목
(주)에스에이치캡	일반법인	106-81-12345	서울 강남구 논현동 1-1(1st Avenue)	이현준	

2. 자회사 또는 배당금 지급법인 현황

⑦법인명	⑧구분	⑨사업자등록번호	⑩소재지	⑪대표자	⑫발행 주식총수	⑬지분율(%)
LG전자 (주)	주권.코스닥상장					2.00
(주)레모나	기타					32.00

3 수입배당금 및 익금불산입 금액 명세

⑭자회사 또는 배당금 지급법인명	⑮배당 금액	⑯익금 불산입비율 (%)	⑰익금불산입 대상금액 (⑮ × ⑯)	⑱지급이자관련 익금불산입 배제 금액	⑲익금 불산입액 (⑰ - ⑱)
LG전자 (주)	20,000,000	30	6,000,000	225,000	5,775,000
(주)레모나	8,000,000	80	6,400,000	400,000	6,000,000
계	28,000,000		12,400,000	625,000	11,775,000

210mm×297mm[백상지 80g/㎡ 또는 중질지 80g/㎡]

제15호와 제3호의 기록을 확인하세요! (249~252페이지)

6) 세무조사 사례

기준 - 2017 - 법령해석법인 - 0046, 2017.9.28.

[질의]

(사실관계)

○ 해당 법인은 광산피해의 방지 및 복구에 관한 법률에 따라 광해방지사업과 석탄사업 지원 및 폐광지역진흥사업을 효율적으로 추진할 목적으로 설립된 비영리법인임.

○ 해당 법인은 배당소득, 이자소득, 임대소득 등 자체 수익사업을 재원으로 상기의 공익사업을 위한 인건비 등 필요경비 지출과 폐광지역 진흥을 위하여,
- 폐광지역진흥지구에서 창업하거나 확장, 진흥지구 안으로 이전하는 기업을 대상으로 대체산업 융자금을 장기, 저리로 대여하고 있고,
- 고유목적사업준비금을 설정하지 아니하고 당기 고유목적사업비 지출액 중 세법상 인정되는 금액에 대해서만 손금에 산입하고 있음.

○ 고유목적사업준비금을 추가로 설정하지 아니하는 사유는 수익사업에서 발생한 소득 중 고유목적사업 인건비 등의 지출액을 제외하고는 대부분 폐광지역 진흥을 위한 대여금으로 사용되어,
- 준비금 사용액으로 인정받기 어려우며 향후 이자상당액을 포함하여 추가 납부할 가능성이 높기 때문임.

○ 201*년에 해당 법인은 자회사(해당 법인이 36%의 주식을 소유하고 있는 상장사)로부터 배당소득 ***억 원, 이자소득 **억 원 및 부동산 임대소득금액 **억 원 등 ***억 원의 과세소득이 발생하였고,
- 해당 법인은 ***억 원의 고유목적사업비 지출액을 손금에 산입하였으나 수입배당금 익금불산입은 적용하지 아니하여 ***억 원을 과세표준으로 계산하고 법인세 ***억 원을 납부함.

(질의내용)

○ 해당 법인은 배당소득 중 일부 금액에 대해 고유목적사업준비금을 설정하여 손금에 산입(또는 고유목적사업비로 손금에 산입)하였는데,
- 배당소득 중 고유목적사업준비금을 설정하여 손금에 산입(또는 고유목적사업비로 손금에 산입)하지 않은 금액에 대해서는 「법인세법」 제18조의3 "수입배당금액의 익금불산입" 규정이 적용될 수 있는지 여부

(6) 각 사업연도소득금액의 계산

　지금까지의 세무조정 항목들을 취합하여 1차의 세무조정을 마무리하고 각 사업연도소득금액을 계산할 수 있다. 법인세법에 따르면 내국법인에게 과세하는 소득 4가지 중 매년 발생하는 익금에서 손금을 차감한 잔액인 각 사업연도소득은 모든 법인이 매년 신고하여야 한다. 지금까지 알아본 세무조정 항목은 모두 회계에서 계산된 당기순이익에서 법인세법상 과세대상소득인 각 사업연도소득금액을 계산하기 위해 알아본 것이다.

　세무조정 항목들은 법인세 과세표준의 신고 시에 법인세법의 별표 서식에 기록하여 신고한다. 대부분의 세무조정 항목은 제15호 서식인 '소득금액조정합계표'에 기록하고 기부금의 손금산입과 이월손금산입 금액은 제3호 서식인 '법인세 과세표준 및 세액조정계산서'에 기록한다.

1) 소득금액조정합계표 작성

■ 법인세법 시행규칙【별지 제15호 서식 부표1】 <개정 2014. 3. 14 >

사업 연도	2023.01.01 ~ 2023.12.31	과목별 소득금액조정명세서(1)		법인명	(주)에스에이치랩
				사업자등록번호	106-81-12345

1. 익금산입 및 손금불산입

①과 목	②금 액	③영업손익 조정금액	④처 분	⑤조정내용
외화환산손실	200,000		유보	외화매출채권의 환산손실을 손금불산입하고 유보로 처분함
외화환산손실	160,000		유보	외화부채의 환산손실을 손금불산입하고 유보로 처분함
증빙미수취 접대비	1,500,000		기타사외유출	접대비중 신용카드등 미사용 금액 손금불산입하고 기타사외유출로 처분함
접대비 한도초과	12,000,000		기타사외유출	접대비 한도초과액 손금불산입하고 기타사외유출로 처분함
인정이자	662,567		상여	대표이사 가지급금에 대한 인정이자 상당액 익금산입하고 상여로 처분함
지급이자	22,131,524		기타사외유출	비업무용 부동산등에 관련한 차입금 지급이자, 손금불산입하고 기타사외 유출로 처분함
지급이자	1,000,000		상여	채권자 불분명 사채이자 손금불산입하고 대표자에 대한 상여로 처분함
건설자금이자	3,000,000		유보	건설중인 자산에 대한 건설자금이자 과소계상분 손금불산입하고 유보로 처분함
업무무관비용	1,000,000		기타사외유출	업무무관토지 유지 관리비용을 손금불산입하고 기타사외유출로 소득처분함
업무무관비용	2,000,000		배당	최대주주관련 업무무관비용을 손금불산입하고 배당으로 소득처분함
업무용승용차 관련비용	4,320,000		상여	업무용승용차량사적사용비용 상여처분함
업무용승용차 감가상각비 한도초과	1,600,000		유보	업무용승용차 감가상각비한도초과액 손금불산입 유보로 처분함
감가상각비 부인액	3,000,000		유보	당기회사계상 감가상각비중 상각부인액 손금불산입하고 유보로 처분함
대손상각비 부인액	25,000,000		유보	당기 대손상각비 중 부인액 손금불산입하고 유보로 처분함
대손충당금 한도초과액	42,800,000		유보	당기 대손충당금 설정액 중 한도초과액 손금불산입하고 유보로 처분함
법인세비용	30,000,000		기타사외유출	당기 법인세등 계상액 손금불산입하고 기타사외유출로 처분함
세금과공과금	1,730,000		기타사외유출	세금과공과금중 가산금등 손금불산입하고 기타사외유출로 처분함
퇴직급여 충당금 한도초과액	5,000,000		유보	퇴직급여 충당금 설정 한도초과액 손금불산입하고 유보로 처분함
퇴직연금 한도초과액	4,000,000		유보	퇴직보험료중 당기 지급액 손금불산입하고 유보로 처분함
합계	161,104,091			

210㎜×297㎜[백상지 80g/㎡ 또는 중질지 80g/㎡]

사업 연도	2023.01.01 ~ 2023.12.31	과목별 소득금액조정명세서(2)		법인명	(주)에스에이치랩
				사업자등록번호	106-81-12345

2. 손금 산입 및 익금불산입

① 과　　목	② 금　액	③ 영업손익 조정금액	④ 처분	⑤ 조정내용
외화환산이익	600,000		유보	외화매출채권이 환산이익을 익금불산입하고 유보로 처분함
대손상각비 부인액	1,000,000		유보	전기 대손상각비 부인액 손금산입하고 유보로 처분함
대손충당금 한도초과액	30,000,000		유보	전기 대손충당금 설정액 중 한도초과액 손금불산입하고 유보(자동추인) 로 처분함
수입배당금	9,525,000		기타	수입배당금 익금불산입하고 기타로 처분함
퇴직급여충당금	4,000,000		유보	퇴직급여 충당금 부인 누계액 중 당기 퇴직금지급으로 상계된 금액에 대하여 손금산입하고 유보로 처분함
퇴직연금충당금	5,000,000		유보	당기 퇴직연금충당금 설정액을 손금산입하고 유보로 처분함
합계	50,125,000			

사업 연도	2023.01.01 ~ 2023.12.31	소득금액조정합계표		법 인 명	(주)에스에이치랩
				사업자등록번호	106-81-12345

익금산입 및 손금불산입				손금산입 및 익금불산입			
①과 목	②금 액	③소득처분		④과 목	⑤금 액	⑥소득처분	
		처분	코드			처분	코드
외화환산손실	200,000	유보	400	외화환산이익	600,000	유보	100
외화환산손실	160,000	유보	400	대손상각비 부인액	1,000,000	유보	100
증빙미수취 접대비	1,500,000	기타사외유출	500	대손충당금 한도초과액	30,000,000	유보	100
접대비 한도초과	12,000,000	기타사외유출	500	수입배당금	9,525,000	기타	200
인정이자	662,567	상여	100	퇴직급여충당금	4,000,000	유보	100
지급이자	22,131,524	기타사외유출	500	퇴직연금충당금	5,000,000	유보	100
지급이자	1,000,000	상여	100				
건설자금이자	3,000,000	유보	400				
업무무관비용	1,000,000	기타사외유출	500				
업무무관비용	2,000,000	배당	200				
업무용승용차 관련비용	4,320,000	상여	100				
업무용승용차감가상각비 한도초과	1,600,000	유보	400				
감가상각비 부인액	3,000,000	유보	400				
대손상각비 부인액	25,000,000	유보	400				
대손충당금 한도초과액	42,800,000	유보	400				
법인세비용	30,000,000	기타사외유출	500				
세금과공과금	1,730,000	기타사외유출	500				
퇴직급여 충당금 한도초과액	5,000,000	유보	400				
퇴직연금 한도초과액	4,000,000	유보	400				
합계	161,104,091			합계	50,125,000		

210mm×297mm 백상지 80g/ ㎡ 또는 중질지 80g/ ㎡]

2) 법인세 과세표준 및 세액조정계산서 작성

■ 법인세법 시행규칙 [별지 제3호 서식] <개정 2023. 3. 20.>

(앞쪽)

사업 연도	2023.01.01 ~ 2023.12.31	법인세과세표준및세액조정계산서	법 인 명	(주)에스에이치랩
			사업자등록번호	106-81-12345

왼쪽

구분	항목	코드	금액
① 각 사 업 연 도 소 득 계 산	⑩ 결산서상당기순손익	01	1,000,000,000
	소득조정금액 ⑩ 익 금 산 입	02	161,104,091
	⑩ 손 금 산 입	03	50,125,000
	⑩ 차 가 감 소 득 금 액 (⑩ + ⑩ - ⑩)	04	1,110,979,091
	⑩ 기 부 금 한 도 초 과 액	05	1,540,000
	⑩ 기부금한도초과이월액 손금산입	54	
	⑩ 각사업연도소득금액 (⑩ + ⑩ - ⑩)	06	1,112,519,091
② 과 세 표 준 계 산	⑩ 각사업연도소득금액 (⑩ = ⑩)		1,112,519,091
	⑩ 이 월 결 손 금	07	50,000,000
	⑩ 비 과 세 소 득	08	
	⑪ 소 득 공 제	09	
	⑪ 과 세 표 준 (⑩ - ⑩ - ⑪)	10	1,062,519,091
	⑪ 선 박 표 준 이 익	55	
③ 산 출 세 액 계 산	⑪ 과세표준 (⑪ + ⑪)	56	1,062,519,091
	⑪ 세 율	11	19
	⑪ 산 출 세 액	12	181,878,627
	⑪ 지 점 유 보 소 득 (법인세법 제96조)	13	
	⑪ 세 율	14	
	⑪ 산 출 세 액	15	
	⑪ 합 계 (⑪ + ⑪)	16	181,878,627
④ 납 부 할 세 액 계 산	⑩ 산출세액 (⑩ = ⑪)		181,878,627
	⑪ 최저한세 적용대상 공제 감 면 세 액	17	
	⑫ 차 감 세 액	18	181,878,627
	⑬ 최저한세 적용제외 공제 감 면 세 액	19	
	⑭ 가 산 세 액	20	
	⑮ 가감계 (⑫ - ⑬ + ⑭)	21	181,878,627
	기한내납부세액 ⑯중 간 예 납 세 액	22	
	⑰수 시 부 과 세 액	23	
	⑱원 천 납 부 세 액	24	
	⑲ 간접투자회사등의 외국납부세액	25	
	⑩ 소계 (⑯+⑰+⑱+⑲)	26	
	㉑ 신 고 납 부 전 가 산 세 액	27	
	㉒ 합 계 (⑩ + ㉑)	28	

오른쪽

구분	항목	코드	금액
	⑬ 감 면 분 추 가 납 부 세 액	29	
	⑭ 차 감 납 부 할 세 액 (⑮ - ⑩ + ⑬)	30	181,878,627
⑤ 토 지 등 양 도 소 득 에 대 한 법 인 세 계 산	양도차익 ⑮ 등 기 자 산	31	1,300,000,000
	⑯ 미 등 기 자 산	32	
	⑰ 비 과 세 소 득	33	
	⑱ 과 세 표 준 (⑮ + ⑯ - ⑰)	34	1,300,000,000
	⑲ 세 율	35	20
	⑭ 산 출 세 액	36	160,000,000
	⑭ 감 면 세 액	37	
	⑫ 차 감 세 액 (⑭ - ⑭)	38	160,000,000
	⑬ 공 제 세 액	39	
	⑭ 동업기업법인세배분액 (가산세 제외)	58	
	⑮ 가 산 세 액 (동업기업 배분액 포함)	40	
	⑯ 가 감 계 (⑫ - ⑬ + ⑭ + ⑮)	41	160,000,000
	기납부세액 ⑭수 시 부 과 세 액	42	
	⑱ ( )세 액	43	
	⑭ 계 (⑭ + ⑱)	44	
	⑩차 감 납 부 할 세 액 (⑯- ⑭)	45	160,000,000
⑥ 미 환 류 소 득 법 인 세	⑯ 과 세 대 상 미 환 류 소 득	59	
	⑫ 세 율	60	
	⑬ 산 출 세 액	61	
	⑭ 가 산 세 액	62	
	⑮ 이 자 상 당 액	63	
	⑯ 납 부 할 세 액 (⑬+⑭+⑮)	64	
⑦ 세 액 계	⑭ 차 감 납 부 할 세 액 계 (⑭ + ⑩ + ⑯)	46	341,878,627
	⑫ 사 실 과 다른회계처리 경정세액공제	57	
	⑬ 분납세액 계산범위액 (⑭ - ⑭ - ⑬ - ⑭ - ⑫ + ⑪)	47	341,878,627
	⑭ 분 납 할 세 액	48	
	⑮ 차 감 납 부 세 액 (⑭ - ⑭)	49	341,878,627

210mm × 297mm[백상지 80g/㎡ 또는 중질지 80g/㎡]

5. 과세표준과 산출세액의 계산

각 사업연도소득금액의 다음 단계는 이월결손금 등을 차감하여 과세표준을 계산하여야 한다. 과세표준은 세율을 곱하기 직전에 나오는 과세대상수량이나 가액을 의미하는데 법인세법에서는 각 사업연도소득에서 이월결손금과 비과세소득, 소득공제를 차감하여 과세표준을 구하도록 하고 있다. 이번 단원에서는 과세표준의 계산을 위해 각 사업연도소득금액에서 차감하는 항목과 과세표준에서 산출세액을 계산하기 위해 곱하는 세율에 대해 알아보도록 하자.

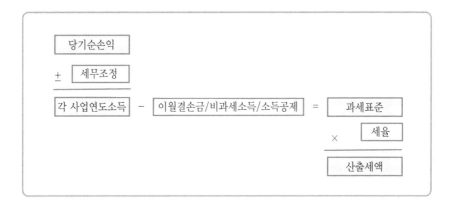

(1) 이월결손금

1) 한마디 정의

한 사업연도에 손금의 합계가 익금의 합계를 초과할 때 그 초과하는 금액을 결손금이라고 하며, 결손금은 15년간 이월하여 회사의 종류에 따라 한도 이내로 소득금액에서 차감한다.

2) 읽어보기

회사의 사업 활동은 연속적으로 수행하지만 이를 과세하기 위해서는 일정 기간으로 분할하여 소득금액과 세액을 확정하여야 한다. 따라서 과세를 용이하게 하기 위해서 법인세법에서는 1년 이내의 기간으로 납세의무자가 정관이나 신고를 통해 과세기간을 정하도록 하고 정하지 않으면 그 기간을 1년으로 하도록 한다. 그런데 대부분의 창업 초기나 업황이 좋지 않을 때에는 수익이 충분하지 않아 익금의 총액이 손금의 총액보다 적은 경우가 많고 이러한 경우 각 사업연도소득금액은 음수가 나오게 된다. 이렇게 손금의 총액이 익금의 총액을 초과하는 금액을 결손금이라 하고, 15년간 이월하여 소득금액이 발생한 사업연도에서 차감하도록 한다. 따라서 이러한 결손금을 이월결손금이라고 부르며, 법인세 납부세액 계산 구조에서 각 사업연도소득금액에서 차감하는 항목으로 두고 있다.

3) 주요 내용

① 주요 내용

항 목	내 용	용 도
공제기한	15년 이내에 발생한 이월결손금을 공제	15년 초과 시 기타공제만 가능
공제한도	중소기업과 특정법인, 그 외의 법인	소득금액의 80%만 공제 가능
기타 공제	채무면제이익, 자산수증이익 보전	익금불산입

㉮ 공제기한

이월결손금 공제기간은 처음에는 5년이였으나, 2009년 1월 1일 이전에 개시한 사업연도에서 발생한 결손금은 10년, 2009년 1월 1일부터 2019년 12월 31일까지의 기간에 발생한 결손금은 10년, 2020년 1월 1일 이후 개시한 사업연도에서 발생한 결손금은 15년이다. 따라서 현재 이월결손금의 공제기한은 15년이라고 볼 수 있다. 이때 이러한 연장된 공제기한을 적용할 수 있는 이월결손금을 2009년과 2020년도 이후에 발생한 결손금으로 구분해 적용하기에 다소 복잡하게 느껴질 수 있는 결과를 낳았다.

결국 정리해보면 결손금이 발생한 연도를 기준으로 공제기한이 정해지므로 2021년도부터 2030년도까지는 직전 10년분 이월결손금만 공제 가능하다. 그리고 2035년 이후 사업연도부터 직전 15년분 이월결손금 공제가 가능한 것이다.

[판단하기: 이월결손금의 공제기간]

법인세법 제13조
① 내국법인의 각 사업연도의 소득에 대한 법인세의 과세표준은 각 사업연도의 소득의 범위에서 다음 각 호의 금액과 소득을 차례로 공제한 금액으로 한다. 다만, 제1호의 금액에 대한 공제는 각 사업연도 소득의 100분의 80[「조세특례제한법」 제6조 제1항에 따른 중소기업(이하 "중소기업"이라 한다)과 회생계획을 이행 중인 기업 등 대통령령으로 정하는 법인의 경우는 100분의 100]을 한도로 한다.
1. 제14조 제3항의 이월결손금 중 다음 각 목의 요건을 모두 갖춘 금액
   가. 각 사업연도의 개시일 전 15년 이내에 개시한 사업연도에서 발생한 결손금일 것
   나. 제60조에 따라 신고하거나 제66조에 따라 결정·경정되거나 「국세기본법」 제45조에 따라 수정신고한 과세표준에 포함된 결손금일 것
2. 이 법과 다른 법률에 따른 비과세소득
3. 이 법과 다른 법률에 따른 소득공제액

㉰ 공제한도

2016년도 1월 1일부터 시행된 개정세법에서는 이월결손금을 공제하려는 사업연도의 일정 비율을 한도로만 공제하도록 하는 규정이 신설되었다. 예를 들어 중소기업이나 한도 적용제외 법인이 아닌 일반법인의2016년도 과세표준을 계산하는 경우에 이월결손금이 많더라도 소득금액의 80%까지만 공제가 가능하고 나머지 20%의 금액에 대해서는 법인세를 납부해야 한다. 해당 규정은 이후 한도율의 개정을 거쳐 현재는 연도별로 한도율이 달라지도록 적용되고 있다.

종류	2018년	2019년~2022년	2023년 이후
중소기업		한도 없음(전액 공제 가능)	
적용제외 법인			
일반 법인	70%	60%	80%

 중소기업이나 시행령에 규정한 특정 법인에 대해서는 이월결손금의 한도 없이 공제가능한 전액을 공제하도록 하고 있는데, 적용제외 대상인 법인은 경영상의 어려움에 처해있거나 유동화거래를 목적으로 하는 법인 등이 포함된다.

[판단하기: 이월결손금 공제한도 적용제외 법인]

법인세법 시행령 제10조
1. 「채무자 회생 및 파산에 관한 법률」 제245조에 따라 법원이 인가결정한 회생계획을 이행 중인 법인
2. 「기업구조조정 촉진법」 제14조 제1항에 따라 기업개선계획의 이행을 위한 약정을 체결하고 기업개선계획을 이행 중인 법인
3. 해당 법인의 채권을 보유하고 있는 「금융실명거래 및 비밀보장에 관한 법률」 제2조 제1호에 따른 금융회사 등이나 그 밖의 법률에 따라 금융업무 또는 기업 구조조정 업무를 하는 「공공기관의 운영에 관한 법률」에 따른 공공기관으로서 기획재정부령으로 정하는 기관과 경영정상화계획의 이행을 위한 협약을 체결하고 경영정상화계획을 이행 중인 법인
4. 채권, 부동산 또는 그 밖의 재산권(이하 이 항에서 "유동화자산"이라 한다)을 기초로 「자본시장과 금융투자업에 관한 법률」에 따른 증권을 발행하거나 자금을 차입(이하 이 항에서 "유동화거래"라 한다)할 목적으로 설립된 법인으로서 다음 각 목의 요건을 모두 갖춘 법인
   가. 「상법」 또는 그 밖의 법률에 따른 주식회사 또는 유한회사일 것
   나. 한시적으로 설립된 법인으로서 상근하는 임원 또는 직원을 두지 아니할 것
   다. 정관 등에서 법인의 업무를 유동화거래에 필요한 업무로 한정하고 유동화거래에서 예정하지 아니한 합병, 청산 또는 해산이 금지될 것
   라. 유동화거래를 위한 회사의 자산 관리 및 운영을 위하여 업무위탁계약 및 자산관리위탁계약이 체결될 것
   마. 2015년 12월 31일까지 유동화자산의 취득을 완료하였을 것

5. 법 제51조의2 제1항 각 호의 어느 하나에 해당하는 내국법인이나 「조세특례제한법」 제104조의31 제1항에 따른 내국법인(유동화 전문회사 등)
6. 「기업 활력 제고를 위한 특별법」 제10조에 따른 사업재편계획 승인을 받은 법인

㉓ 기타 공제

과세표준을 계산하기 위해 각 사업연도소득금액에서 차감하는 용도 이외에 이월결손금은 회사의 소득금액을 감소시키는 다음의 용도로 이용될 수 있다. 아래의 이월결손금의 용도는 각 사업연도소득금액에서 차감하는 것과 달리 공제기한이 없어 15년(10년)을 초과한 이월결손금도 사용할 수 있다. 따라서 채무면제이익이나 자산수증이익이 발생한 경우 15년(10년) 이전에 발생한 이월결손금의 공제를 고려하여야 한다.

항 목	내 용
채무면제이익	이월결손금이 있는 경우 두 이익에 대해 이월결손금을 사용하여 익금불산입할 수 있음(공제기한 무제한).
자산수증이익	

4) 세무조정과 서식작성

이월결손금은 법인세 신고 시에 과세표준을 낮추어 주지만 손금산입하여 각 사업연도소득금액을 낮추는 방식이 아닌 각 사업연도소득금액에서 차감되어 과세표준을 줄이는 역할을 한다. 이월결손금은 발생 시 '50호(갑) 자본금과 적립금조정명세서(갑)' 서식에 작성하여 관리하고, 사용 시 '3호 법인세 과세표준 및 세액조정계산서' 서식에 작성한다.

(2) 비과세소득과 소득공제

각 사업연도소득금액에서 과세표준을 계산하기 위해 차감하는 항목에는 이월결손금 외에 비과세소득과 소득공제가 있다. 비과세소득과 소득

공제는 모두 각 사업연도소득에 포함되는 익금항목이지만 조세정책상의 이유 등으로 과세하지 않는 항목들이다. 이해를 돕기 위해 근로소득자의 종합소득세를 예로 들면 2021년도에 벌어들인 총급여(근로수입금액)가 6,000만 원인 근로자는 6,000만 원의 총급여에 바로 세율을 곱하지 않는다. 먼저 총급여에는 소득세법에서 비과세소득으로 정해놓은 금액이 포함되어 있을 수 있다. 식대 보조를 위해 지급한 월 10만 원 이내의 금액이나 자가운전자에게 지급하는 월 20만 원 이내의 보조금이 그것이다. 이 금액이 모두 포함되어 있을 경우 연간 총급여에서 3,600,000원을 비과세소득으로 제외한다. 또한 소득세법에서는 근로소득자들에게 필요경비 성격으로 정해진 산식에 따라 근로소득공제를 적용한다. 결국 근로소득공제(12,570,000원)까지 공제한 근로소득금액은 43,830,000원이 된다. 소득세법과 같이 법인세법에서도 법인이 벌어들인 각 사업연도소득에서 아래의 항목별로 해당 금액만큼 공제하여 과세표준을 계산하도록 한다. 아래 표에는 내국법인의 과세표준 계산 시 공제하는 항목들을 기록하였다.

구 분	대 상
비과세소득	[법인세법] 제51조 공익신탁의 신탁재산에서 생긴 소득 [조세특례제한법] 제13조 중소기업창업투자회사 등이 벤처기업 등에 2025년 12월 31일까지 출자함으로써 취득한 주식 등의 양도로 인한 양도차익과 벤처기업 등으로부터 2022년 12월 31일까지 받는 배당소득의 비과세
소득공제	[법인세법] 제51조의2 유동화전문회사 등이 배당가능이익의 90% 이상을 배당한 경우 그 금액을 공제 [조세특례제한법] 제30조의3 고용유지중소기업은 2023년 12월 31일이 속하는 사업연도까지 임금감소액의 10%와 시간당 임금 상승에 따른 보전액의 15%를 공제

(3) 과세표준의 계산

각 사업연도소득금액에서 이월결손금과 비과세소득, 소득공제를 차감하면 과세표준이 계산된다. 과세표준은 세법에 따라 직접적으로 세액산출의 기초가 되는 과세대상의 수량 또는 가액을 말하는데 실무적으로 세율을 곱하기 직전에 등장하는 소득금액을 과세표준이라고 생각할 수 있다.

(4) 법인세율

1) 한마디 정의

법인세의 과세대상 소득금액에서 산출세액을 계산하기 위해 곱하는 과세표준대비 산출세액의 비율을 말한다.

2) 읽어보기

우리가 일반적으로 세금을 생각하면 가장 먼저 세율을 떠올리기 쉽다. 우리가 주변에서 쉽게 접할 수 있는 부가가치세는 구입하는 물건의 가격에 10%를 가산하고, 근로자로서 우리가 벌어들인 소득에 대해 누진세율로 소득세가 과세된다는 것을 알고 있다. 법인세도 마찬가지로 법인이 벌어들인 소득에 대해 4단계 누진세율로 과세하고 있다. 현행 법인세율은 과세표준이 2억 원 이하일 때 9%의 세율을 적용하고, 3,000억 원을 초과할 때 24%의 세율로 과세하도록 한다.

3) 현행 법인세율

과세표준	세 율
2억 원 이하	9%
2억 원 초과 200억 원 이하	19%
200억 원 초과 3,000억 원 이하	21%
3,000억 원 초과	24%

4) 산출세액 계산하기

[산출세액의 계산]

회사의 과세표준이 아래와 같을 때 산출세액과 평균세율을 계산하시오

과세표준	산출세액	평균세율
150억 원	29억 8천만 원	19.86%
2,000억 원	435억 8천만 원	21.79%
5,000억 원	1,155억 8천만 원	23.12%

(5) 투자상생협력촉진세제

1) 한마디 정의

기업의 연간 소득금액 중 투자나 임직원에 대한 임금증가 등과 같은 방식으로 외부로 환류하지 않은 미환류소득에 대해 추가로 과세하는 제도이다.

2) 읽어보기

2018년도부터 신설된 투자상생·협력촉진세제는 사실 기존에 법인세법에 규정된 '기업의 미환류소득에 대한 법인세'를 일부 개정하여 조세특례제한법에 이관한 것으로, 기업의 투자와 고용을 촉진하기 위해 도입된 적극적인 유인제도이다. 2015년도부터 적용된 미환류소득에 대한 법인세는 기업의 소득을 투자, 임금증가, 배당재원 등으로 활용하도록 하여 기업소득과 가계소득 간 선순환 유도하고자 하는 목적으로 도입되었다. 도입목적을 거두기 위한 방식이 기존과 다른 점은 연간 기업소득에서 법에서 정하는 투자와 배당, 임직원에 대한 임금증가 등을 차감한 잔액에 20%의 세율을 부과하여 과세하는 것으로 투자와 고용을 장려하는 기존의 세액공제방식보다 더욱 적극적인 방식의 장려책으로 관심을 받았다.

3) 주요 내용

① 과세대상 법인

각 사업연도 종료일 현재 「독점규제 및 공정거래에 관한 법률」 제31조 제1항에 따른 상호출자제한기업집단에 속하는 내국법인이 투자상생·협력촉진세제의 과세대상에 해당한다.

② 미환류소득

투자상생·협력촉진세제의 신고세액을 계산하기 위해서는 아래 항목들을 계산하여야 한다. 먼저 미환류소득을 계산하는 방식은 투자와 임금증가, 상생협력출연금에 출연 중에 기업의 업종이나 규모에 따라 투자가 크게 달라질 수 있는 점을 고려하여 투자를 감안하여 미환류소득을 계산하는 방법과 투자를 제외하여 계산하는 방식으로 구분할 수 있다. 회사는 둘 중에 한가지 방식을 선택하여 3년간 적용하여야 하지만, 이후에 이루어질 수 있는 투자를 위축시킬 우려를 방지하기 위해 투자 제외방식은 1년 유지 후에 변경할 수 있도록 하였다.

미환류소득	계산식
투자포함 방식	기업소득 × 70% - (자산투자액 + 임금증가액 + 상생협력출연금 × 300%)
투자제외 방식	기업소득 × 15% - (임금증가액 + 상생협력출연금 × 300%)
세율	20%(미환류세액에 대한 법인세 = 미환류소득 × 20%)

위의 계산식에 따라 미환류소득을 계산하기 위해 필요한 계산항목은 아래와 같다.

항 목	내 용
Ⓐ 기업소득	각 사업연도소득금액 + 가산항목 - 차감항목 (2025년 12월 31일이 속하는 사업연도까지의 소득에 대해 그 수가 음수인 경우 영으로 보고, 3천억 원을

항목	내용
	초과하는 경우 3천억 원으로 본다)

㉮ 가산항목
- 국세 또는 지방세의 과오납금의 환급금에 대한 이자
- 특례기부금 및 일반기부금 손금산입 한도 초과로 이월되어 해당 사업연도의 손금에 산입한 금액
- 해당 사업연도에 '투자포함방법'에 따라 미환류소득 등을 계산할 때 '투자의 합계액'에 포함된 자산에 대한 감가상각비로서 해당 사업연도의 손금에 산입한 금액

㉯ 차감항목
- 해당 사업연도의 법인세액(내국법인이 직접 납부한 외국법인세액으로서 손금에 산입하지 아니한 세액과 외국법인세액을 포함함), 법인세 감면액에 대한 농어촌특별세액 및 법인지방소득세액
- 상법 제458조에 따라 해당 사업연도에 의무적으로 적립하는 이익준비금
- 법령에 따라 의무적으로 적립하는 적립금으로서 은행법 등 개별 법령 등이 정하는 바에 따라 의무적으로 적립하여야 하는 금액 한도 이내에서 적립하는 다음 중 어느 하나에 해당하는 금액. 이 경우 해당 사업연도에 손금에 산입하지 아니하는 금액으로 한정한다(시행규칙 제45조의9 제2항).
  가. 은행법 등 개별 법령에 따른 해당 사업연도의 이익준비금(상기 상법 제458조에 따른 이익준비금으로 적립하는 금액은 제외함)
  나. 금융회사 또는 공제조합이 해당 사업연도에 대손충당금 또는 대손준비금 등으로 의무적으로 적립하는 금액
  다. 보험업을 영위하는 법인이 해당 사업연도에 보험업법에 따라 배당보험손실보전준비금과 보증준비금으로 의무적으로 적립하는 금액
  라. 지방공기업법 제67조 제1항 제3호에 따라 지방공사가 감채적립금으로 의무적으로 적립하는 금액
  마. 자본시장과 금융투자업에 관한 법률에 따른 부동산신탁업을 경영하는 법인이 같은 법에 따라 해당 사업연도에 신탁사업적립금으로 의무적으로 적립하는 금액
- 「법인세법」 제13조 제1항 제1호에 따라 해당 사업연도에 공제할 수 있는 결손금. 이 경우 같은 조 제1항 각 호 외의 부분 단서의 한도는 적용하지 않으며, 합병법인 등의 경우에는 같은 법 제45조 제1항·제2항과 제46조의 4 제1항에 따른 공제제한 규정은 적용하지 않음
- 합병 시 피합병법인의 주주에 대한 의제배당금액(합병대가 중 주식등으로 받은 부분만 해당함)으로서 해당 사업연도에 익금에 산입한 금액(수입배당금의 익금불산입을 적용하기 전의 금액을 말함)
- 분할 시 분할법인 등의 주주에 대한 의제배당금액(분할대가 중 주식등으로 받은 부분만 해당함)으로서 해당 사업연도에 익금에 산입한 금액(수입배당금의 익금불산입을 적용하기 전의 금액을 말함)

항 목	내 용

- 기부금 손금산입 한도를 넘어 손금에 산입하지 아니한 금액
- 합병양도손익으로서 해당 사업연도에 익금에 산입한 금액
- 분할양도손익으로서 해당 사업연도에 익금에 산입한 금액
- 유동화전문회사 등이 배당한 금액
- 다음의 요건을 모두 갖춘 내국법인의 경우에는 주식등을 발행한 외국법인으로부터 받는 배당소득의 금액(시행규칙 제45조의9 제3항)
  - 가. 해당 내국법인은 외국법인이 발행한 주식 또는 출자지분(이하 "주식등"이라 함) 외에 다른 주식등을 보유하지 아니할 것
  - 나. 해당 내국법인이 보유한 외국법인 주식등 가액의 합계액이 해당 내국법인 자산총액의 50% 이상일 것. 이 경우 외국법인 주식등 가액의 합계액 및 내국법인 자산총액은 사업연도 종료일 현재 재무상태표상의 금액을 기준으로 계산한다.
  - 다. 설립일이 속하는 사업연도의 다음 사업연도 개시일부터 2년 이내에 자본시장과 금융투자업에 관한 법률 시행령 제176조의9 제1항에 따른 유가증권시장 또는 대통령령 제24697호 자본시장과 금융투자업에 관한 법률 시행령 일부개정령 부칙 제8조에 따른 코스닥시장에 해당 내국법인의 주권을 상장할 것. 이 경우 설립일이 속하는 사업연도의 다음 사업연도 개시일부터 2년이 되는 날까지는 해당 내국법인의 주권을 상장하지 아니하더라도 다음의 요건을 모두 갖춘 경우에는 전단의 요건을 충족한 것으로 본다.
    - ㄱ) 해당 사업연도의 과세표준 신고기한 종료일까지 해당 내국법인의 주권 상장계획을 확인할 수 있는 서류를 납세지 관할 세무서장에게 제출할 것
    - ㄴ) 설립일이 속하는 사업연도의 다음 사업연도 개시일부터 2년 이내에 주권을 상장하였음을 확인할 수 있는 서류를 주권을 상장한 날이 속하는 사업연도의 과세표준 신고기한 종료일까지 납세지 관할 세무서장에게 제출할 것

| ⑧ 자산투자액 | • 국내사업장에서 사용하기 위하여 새로이 취득하는 사업용 자산(중고품 및 제3조에 따른 금융리스 외의 리스자산은 제외하며, 법 제104조의10에 따라 해운기업에 대한 법인세 과세표준 계산 특례를 적용받는 내국법인의 경우에는 기획재정부령으로 정하는 자산으로 한정한다)으로서 다음 각 목의 자산. 다만, 가목의 자산(해당 사업연도 이전에 취득한 자산을 포함한다)에 대한 「법인세법 시행령」 제31조 제2항에 따른 자본적지출을 포함하되, 같은 조 제4항·제6항에 따라 해당 사업연도에 즉시상각된 분은 제외한다.
가. 다음의 사업용 유형고정자산
　1) 기계 및 장치, 공구, 기구 및 비품, 차량 및 운반 |

항 목	내 용
⑧ 자산투자액	구, 선박 및 항공기, 그 밖에 이와 유사한 사업용 유형고정자산 　2) 기획재정부령으로 정하는 신축·증축하는 업무용 건축물 나.「법인세법 시행령」 제24조 제1항 제2호 가목부터 라목까지 및 바목의 무형자산. 다만, 영업권(합병 또는 분할로 인하여 합병법인 등이 계상한 영업권을 포함한다)은 제외한다. •「벤처기업육성에 관한 특별조치법」 제2조 제1항에 따른 벤처기업에 다음 각 목의 어느 하나에 해당하는 방법으로 출자(법 제13조의2 제1항 제2호의 창업·벤처전문 경영참여형 사모집합 투자기구 또는 창투조합 등을 통한 출자를 포함한다)하여 취득한 주식 등 가. 해당 기업의 설립 시에 자본금으로 납입하는 방법 나. 해당 기업이 설립된 후 유상증자하는 경우로서 증자대금을 납입하는 방법
ⓒ 임금증가액	상시근로자의 해당 사업연도 임금증가금액으로서 다음 구분에 따른 금액이 있는 경우 그 금액을 합한 금액 1) 상시근로자의 해당 사업연도 임금이 증가한 경우 　가) 해당 사업연도의 상시근로자 수가 직전 사업연도의 상시근로자 수보다 증가하지 아니한 경우: 상시근로자 임금증가금액 　나) 해당 사업연도의 상시근로자 수가 직전 사업연도의 상시근로자 수보다 증가한 경우: 기존 상시근로자 임금증가금액에 100분의 150을 곱한 금액과 신규 상시근로자 임금증가금액에 100분의 200을 곱한 금액을 합한 금액 2) 해당 사업연도에 대통령령으로 정하는 청년정규직근로자 수가 직전 사업연도의 청년정규직근로자 수보다 증가한 경우: 해당 사업연도의 청년정규직근로자에 대한 임금증가금액 3) 해당 사업연도에 근로기간 및 근로형태 등 대통령령으로 정하는 요건을 충족하는 정규직 전환 근로자가 있는 경우: 정규직전환근로자(청년정규직근로자는 제외한다)에 대한 임금증가금액

항 목	내 용

⑪ 상생협력 출연금	• 법 제8조의3 제1항에 따라 같은 항 각 호의 어느 하나에 해당하는 출연을 하는 경우 그 출연금
	• 법 제8조의3 제1항 제1호에 따른 협력중소기업의 사내근로복지기금에 출연하는 경우 그 출연금
	• 「근로복지기본법」 제86조의2에 따른 공동근로복지기금에 출연하는 경우 그 출연금
	• 다음 각 목의 구분에 따른 법인이 기획재정부령으로 정하는 바에 따라 중소기업에 대한 보증 또는 대출지원을 목적으로 출연하는 경우 그 출연금
	  가. 「신용보증기금법」에 따른 신용보증기금에 출연하는 경우: 같은 법 제2조 제3호에 따른 금융회사 등
	  나. 「기술보증기금법」에 따른 기술보증기금에 출연하는 경우: 같은 법 제2조 제3호에 따른 금융회사
	  다. 「지역신용보증재단법」에 따른 신용보증재단 및 신용보증재단중앙회에 출연하는 경우: 같은 법 제2조 제4호에 따른 금융회사 등
	• 그 밖에 상생협력을 위하여 지출하는 금액으로서 기획재정부령으로 정하는 금액

위의 항목 중에 임금증가액을 계산하기 위해 필요한 항목들이 아래 표와 같다. 상시근로자 등의 항목은 기타 조세특례제한법의 세액공제 등에 이용되므로 정의와 계산식을 숙지하도록 하자.

항목	내용
상시근로자 수	[대상] 근로계약을 체결한 근로자 [제외 대상] ① 임원, ② 근로소득이 8천만 원 이상인 근로자, ③ 기업의 최대주주 또는 최대출자자(개인사업자의 경우에는 대표자를 말한다) 및 그와 친족관계인 근로자, ④ 근로소득세를 원천징수한 사실이 확인되지 아니하는 근로자, ⑤ 근로계약기간이 1년 미만인 근로자(다만, 근로계약의 연속된 갱신으로 인하여 그 근로계약의 총 기간이 1년 이상인 근로자는 제외한다), ⑥ 단시간근로자 [계산식] 상시근로자의 수 = 해당 과세연도의 매월 말 현재 상시근로자 수의 합 ÷ 해당 과세연도의 개월 수(100분의 1 미만은 절사)
기존 상시근로자 임금증가금액	해당 연도 상시근로자 임금증가금액에서 신규 상시근로자의 임금증가금액을 뺀 금액
신규 상시근로자 임금증가금액	(해당 연도 상시근로자 수 - 직전연도 상시근로자 수) × 해당 연도에 최초로 근로계약을 체결한 상시근로자(근로계약을 갱신하는 경우는 제외)에 대한 임금지급액의 평균액
임금지급액의 평균액	해당 사업연도에 최초로 「근로기준법」에 따라 근로계약을 체결한 상시근로자(근로계약을 갱신하는 경우는 제외)에 대한 임금지급액 ÷ 신규 상시근로자 수
청년정규직근로자	정규직 근로자로서 15세 이상 34세 이하인 자 (병역을 이행한 경우에는 그 기간(6년을 한도)을 현재 연령에서 빼고 계산한 연령이 34세 이하인 사람을 포함)
정규직전환근로자	근로계약을 체결한 근로자로서 아래의 요건을 모두 갖춘 자 • 직전 과세연도 개시일부터 해당 과세연도 종료일까지 계속하여 근무한 자로서 근로소득원천징수분에 따라 매월분의 근로소득세를 원천징수한 사실이 확인될 것 • 해당 과세연도 중에 비정규직 근로자에서 비정규직 근로자가 아닌 근로자로 전환하였을 것 • 직전 과세연도 또는 해당 과세연도 중에 상시근로자 제외대상 중 어느 하나에 해당하는 자가 아닐 것
임금증가액	소득세법에 따른 근로소득의 합계액으로 직전 사업연도 대비 증가한 금액

③ 미환류소득에 대한 법인세액

계산된 미환류소득에 전기로부터 이월된 초과환류액과 차기에 환류할 것을 목적으로 적립하는 금액을 제외한 잔액에 대해 20%의 세율을 곱하여 산출세액을 계산한다.

> 산출세액 = [미환류소득 - 차기환류적립금 - 이월된 초과환류액] × 100분의 20

이때 전기에 적립된 차기환류적립금이 있는 경우에는 상기 식에 포함하지 않고 당기 중 발생한 초과환류액을 차감하여 남은 금액에 대해 추가납부세액을 계산한다. 이는 직후에 이어서 설명한다.

미환류소득에 대한 법인세는 각 사업연도 종료일이 속하는 달의 말일부터 3개월 이내에 법인세과세표준신고서와 함께 미환류소득에 대한 법인세 신고서를 제출한다.

④ 차기환류적립금과 초과환류액

투자상생·협력촉진세제의 납세의무자는 매년의 기업소득에서 투자와 임금증가 등으로 환류한 금액을 차감하여 세액을 결정하는데 투자는 매년 비슷한 금액이 발생할 수도 있지만 그렇지 않은 경우 투자가 많이 발행한 사업연도에는 미환류소득이 음수인 초과한류액이 발생할 수 있다. 이때 초과환류액은 이월결손금과 마찬가지로 다음 사업연도로 이월하여 공제할 수 있지만 2개사업연도만 이월되고 그 이후에는 소멸한다.

또한 차기에 대규모 투자나 임금증가가 예정되어 있는 경우 당해 사업연도에는 세액이 발생하지만, 이어지는 사업연도에는 초과환류가 예상될 수도 있다. 이러한 경우 세액이 발생하는 당해 사업연도에 발생이 예상되는 미환류소득을 적립하여 과세하지 않고 다음 사업연도로 이를 이월하여 미환류소득으로 보아 차감하게 할 수 있다. 이를 차기환류적립금이라고 한다. 이렇게 차기환류적립금을 적립하여 다음 사업연도가 되면 아래의 금액을 추가로 과세한다.

추가납부액 = (차기환류적립금 - 해당 사업연도의 초과환류액) × 100분의20

미환류소득에 대한 법인세 규정과의 연속성
• 직전 연도에 '미환류소득에 대한 법인세 규정'에 따라 차기환류적립금을 적립한 경우 당해 사업연도 초과환류액 중 적립된 차기환류적립금을 차감한 잔액을 이월 공제 가능 • 직전 연도에 '미환류소득에 대한 법인세 규정'에 따라 초과환류액이 발생한 경우에는 당해연도의 미환류소득에서 공제 가능

⑤ 기타 내용

투자·상생협력촉진세제를 적용하기 위해 알아두어야 할 항목은 아래와 같다. 미환류소득을 계산하는 방식을 선택한 경우와 선택하지 않은 경우에 적용하는 방법과 미환류소득금액에서 차감한 투자로 자산을 취득하였지만 취득 자산을 매각하는 등 변동이 발생한 경우에 불이익 등을 규정하고 있다.

항 목	내 용
계산방식 유지기간	• 투자포함 방식: 3년 계속 적용 • 투자제외 방식: 1년 계속 적용
계산방식 미정 시 적용방법	최초로 미환류소득의 과세대상법인이 된 사업연도에 미환류소득이 적게 산정되거나 초과환류액이 많게 산정되는 방법을 선택·신고 간주

항 목	내 용
사후관리	자산투자액의 변동이 발생하는 경우에 미환류법인세액과 이자 추징 • 취득일로부터 2년 이내에 자산을 양도·대여하는 경우 • 업무용 건축물의 준공 후 2년 내에 임대, 위탁 등 업무 미사용하거나 처분, 착공하였지만 정당한 사유 없이 건설 중단한 경우 • 이자 추징액: 미환류법인세액 × 투자금액을 공제받은 사업연도의 법인세 과세표준 신고일의 다음날부터 이자상당액납부일까지의 기간 × 2.5/10,000

위의 계산방식 중에 투자포함 방식을 선택한 법인은 2019년도 이전에 적용되던 미환류소득세제 때부터 3년을 기산한다는 점을 유의할 필요가 있다. 제도의 세목과 규정은 개정되었지만, 사실상 동일한 제도로서 연속성을 인정하기 위하여 기존에 존재하던 유지기간을 계속 적용하도록 한 것이다.

사전-2018-법령해석법인-0133, 2018.3.28.

내국법인이 2017년 12월 31일이 속하는 사업연도에 「법인세법」 제56조에 의한 미환류소득에 대한 법인세 신고 시 같은 조 제2항 제1호에 따른 투자포함 방식을 최초로 선택한 경우에는 2018년 1월 1일 이후 개시하는 사업연도부터 2019년 12월 31일이 속하는 사업연도까지는 「조세특례제한법」 제100조의32(2017.12.19. 법률 제15227호로 개정된 것) 제2항 제1호에 따른 투자포함 방식을 적용하여 같은 조 제1항에 따라 미환류소득에 대한 법인세를 신고하여야 하는 것임.

---

⑥ 법인세법의 미환류소득세제와 투자상생·협력촉진세제의 차이점

투자상생·협력촉진세제는 기존에 존재하던 미환류소득세제의 일몰 종료로 새롭게 도입된 규정인데, 두 규정은 유사하지만 정책의 방향을 고려하여 일부 차이가 발생하게 되었다. 두 규정의 차이점을 비교하면 아래와 같다.

항 목	내 용
토지 투자 제외	토지의 투자에 대한 미환류소득 공제를 인정하지 않음.
배당 제외	배당을 통한 환류액의 미환류소득 공제를 인정하지 않음.
미환류소득 공제 가중치	임금 종류별 추가 가중치 부여, 상생협력 출연금 가중치 증가
세율 증가	미환류소득에 대한 세율이 10%에서 20%로 증가

항 목	가중치	
	기존	현재
투자(토지는 제외)	1	1
임금증가(상시근로자 증가 시)	1.5	1.5
고용증가에 따른 임금증가분	추가 없음	추가 0.5~1
청년정규직 임금증가분 정규직전환 임금증가분	추가 0.5	추가 1
배 당	0.5	0
상생협력출연금	1	3

4) 세무조정과 서식작성

① 세무조정 사례

㈜에스에이치랩의 당기 소득금액과 투자, 고용증가의 내역은 아래와 같다. 당해 사업연도의 미환류소득금액과 추가납부세액을 계산하고 세무조정에 대한 서식을 작성하시오.

(1) 기본 내역

회사는 「독점규제 및 공정거래에 관한 법률」 제31조 제1항에 따른 상호출자제한기업집단에 속하는 내국법인이다.

당기 중 최초로 투자·상생협력 촉진세제(미환류소득에 대한 법인세)의 납세의무자가 되었다.

당기 중 법인세신고 시에 법인세 최소화를 위해 적용 방식을 결정하여 신고하기로 결정하였다.

미환류소득 납부세액이 발생할 것으로 예상된다면 법인세 최소화를 위해 차기환류 적립을 선택하는 것으로 한다.

(2) 소득금액과 조정내역

구 분	금 액
각 사업연도소득금액	1,100,000,000원
당기투자자산의 감가상각비 손금산입액	43,060,000원
법인세비용 손금불산입	180,000,000원
일반기부금 한도초과	1,540,000원

(3) 당기 투자와 임금증가내역

항 목	투자금액
기계장치	80,000,000원
차량운반구	60,000,000원

• 당기 중 상시근로자 수는 30명에서 28명이 되었으며, 이 중 청년상시근로자는 3명에서 4명으로 증가하였다.

항 목	청년 제외 상시근로자	청년상시근로자
직전 사업연도 대비 근로소득 증가액	26,000,000원	20,000,000원

[세무조정]

(1) 기업소득금액 계산

(투자포함형)

= 1,100,000,000 + 43,060,000 − 180,000,000 − 1,540,000 = 961,520,000원

(투자미포함형)

= 1,100,000,000 − 180,000,000 − 1,540,000 = 918,460,000원

(2) 미환류소득 계산

(투자포함형)

= 961,520,000 × 70% − (140,000,000 + 46,000,000 + 20,000,000)

= 467,064,000

(투자미포함형)

= 918,460,000 × 15% - (46,000,000 + 20,000,000)

= 71,769,000

투자미포함형으로 선택하며 동 금액을 차기환류적립금으로 적립한다.

(3) 미환류소득에 대한 법인세

= (71,769,000 - 71,769,000) × 20% = 0

② 세무조정

항목(순서)	내 용
① 미환류소득금액 계산	세무조정이 아닌 별도 서식에 직접 작성한다.
② 초과환류액, 차기환류적립금 확정	
③ 당기 추가납부액 및 이자액 계산	

③ 서식작성

■ 조세특례제한법 시행규칙 【별지 제114호 서식】 <개정 2022. 3.18> (앞쪽)

사 업 년 도	2023.01.01 2023.12.31	**미환류소득에 대한 법인세 신고서**	법 인 명	(주) 에스에이지랩
			사업자등록번호	106-81-12345

1. 적용대상	① 자기자본 500억 초과 법인(중소기업, 비영리법인 등 제외)	일반 [ ]. 연결 [ ]
	② 상호출자제한기업집단 소속기업	일반 [√]. 연결 [ ]
2. 과세방식 선택	③ 투자포함 방식(A방식)	
	④ 투자제외 방식(B방식)	√

3. 미환류소득에 대한 법인세 계산

	⑤ 사업연도 소득		1,100,000,000
과세 대 상 소 득	가산항목	⑥ 국세 등 환급금 이자	
		⑦ 수입배당금 익금불산입액	
		⑧ 기부금 이월 손금산입액	
		⑨ 투자자산 감가상각분(A방식만 적용)	
		⑩ 소계 (⑥+⑦+⑧+⑨)	
	차감항목	⑪ 법인세액등	180,000,000
		⑫ 상법상 이익준비금 적립액	
		⑬ 법령상 의무적립금	
		⑭ 이월결손금 공제액	
		⑮ 피합병법인(분할법인) 의 주주인 법인의 의제배당소득	
		⑯ 기부금 손금한도 초과액	1,540,000
		⑰ 피합병법인(분할법인) 의 양도차익	
		⑱ 유동화전문회사 등이 배당한 금액	
		⑲ R&D 준비금 익금산입액	
		⑳ 해외자회사 배당수익	
		㉑ 공적자금 상환액	
		㉒ 소계 (⑪+⑫+⑬+⑭+⑮+⑯+⑰+⑱+⑲+⑳+㉑)	181,540,000
	㉓ 기업소득 (⑤+⑩-㉒)		918,460,000
	㉔ 연결법인 기업소득 합계액		
	㉕ 과세대상 소득 (㉓X70% 또는 15%, ㉔ ㉓/ ㉔X70% 또는 15%)		137,769,000
투 자 금 액	유형자산	㉖ 기계및장치등	
		㉗ 업무용 건물 건축비	
		㉘ 벤처기업에 대한 신규출자	
	㉙ 무형자산		
	㉚ 소계 (㉖+㉗+㉘+㉙)		
임금증가 금 액	상시근로자 임 금 증가 금 액 계산	㉛ 해당 사업연도 상시근로자 수	30.00
		㉜ 직전 사업연도 상시근로자 수	30.00
		㉝ 해당 사업연도 상시근로자 임금지급액	246,000,000
		㉞ 직전 사업연도 상시근로자 임금지급액	200,000,000
		㉟ 해당 사업연도 신규 상시근로자 임금지급평균액	
		㊱ 임금증가 계산금액 [(㉛-㉜) 0 이하인 경우 : (㉝-㉞) (㉛-㉜) >0 인 경우 : { (㉝-㉞)-(㉛-㉜) x ㉟} x1.5+(㉛-㉜) x ㉟x2]	46,000,000
	청년정규직 임 금 증가 금 액 계산	㊲ 해당 사업연도 청년정규직근로자 수	4.00
		㊳ 직전 사업연도 청년정규직근로자 수	3.00
		㊴ 해당 사업연도 청년정규직근로자 임금지급액	170,000,000
		㊵ 직전 사업연도 청년정규직근로자 임금지급액	150,000,000
		㊶ 임금증가 계산금액[㊲-㊳ > 0 인 경우만 (㊴- ㊵)]	20,000,000
	㊷ 정규직 전환 근로자(청년정규직 근로자 제외) 임금증가액		
	㊸ 소계 (㊱+ ㊶+ ㊷)		66,000,000
상생협력 지 출 금 액	㊹ 상생협력출연금		
	㊺ 사내근로복지기금 및 공동근로복지기금 출연금		
	㊻ 신용보증기금 등에 대한 출연금 등		
	㊼ 상생협력 지출금액 계산[(㊹+ ㊺+ ㊻) x3]		

210mm×297mm[백상지 80g/ ㎡ 또는 중질지 80g/ ㎡]

미환류소득	48A방식(70% 적용) [25~(30+ 43+ 47)]		50차기환류적립금	적립	√
	49B방식(15% 적용) [25~(43+ 47)]	71,769,000		금액	71,769,000
51초과환류액	A방식				
	B방식				

	직직전 사업연도	직전 사업연도	해당 사업연도
52미환류소득			71,769,000
53이월된초과환류액			
54차기환류적립금			71,769,000
55이월된차기환류적립금			
56초과환류액 (= 51)			
57 과 세 대 상 미 환 류 소 득 (52- 53- 54+ 55- 56)			

4. 미환류소득에 대한 법인세 납부액 (57X20%)

	58	.

「조세특례제한법 시행령」 제100조의32제3항에 따라 미환류소득에 대한 법인세 신고서를 제출합니다.

신고인(법 인)　　　　　　　　　(주)에스에이치랩　　　(인)

신고인(대표자)　　　　　　　　　이현준　　　　　(서명)

세무대리인은 조세전문자격자로서 위 신고서를 성실하고 공정하게 작성하였음을 확인합니다.

세무대리인　　　　　　　　　　　　주인규 (서명 또는 인)

　강남　　　　세무서장 귀하

작성방법

1. 해당 법인이 ①, ②에 해당하는 경우 각각 표시합니다.

2. 해당 법인이 선택하는 과세방식을 ③, ④란에 표시합니다.

3. ①~⑥은 2023.1.1. 이후 개시하는 사업연도부터 가산항목에서 제외되어 기재되지 않습니다.

4. ⑩을 계산할 때 해당 법인이 투자제외 방식을 선택한 경우 ⑨ 투자자산 감가상각분을 가산하지 않습니다.

5. 25과세대상 소득은 투자포함 방식 선택시 70%를, 투자제외 방식 선택시 15%를 23기업소득에 곱하여 계산합니다.
   연결법인인 경우 기업소득은 연결법인 합계액(3천억원 초과시 3천억원) × 개별연결법인 기업소득 ÷ 연결법인 기업소득 합계액으로 계산합니다.

6. 미환류소득은 투자포함 방식 선택시 48란에, 투자제외 방식 선택시 49란에 적습니다.

7. 「조세특례제한법」 제100조의32제5항에 따라 해당 사업연도의 미환류소득의 전부 또는 일부를 다음 2개 사업연도에 투자, 임금 또는 상생협력 지출금액 등으로 환류하기 위해 차기환류적립금을 적립하여 해당 사업연도의 미환류소득에서 공제하는 경우 50차기환류적립금란에 표시하고 적립금액을 적습니다.

8. 52및 56란에 매 사업연도의 미환류소득(차기환류적립금 적립액) 또는 초과환류액을 적되, 「조세특례제한법 시행령」 제100조의32제23항에 따라 합병법인 또는 분할신설법인이 미환류소득 또는 초과환류액을 승계한 경우에는 해당 승계금액을 포함하여 적습니다. 그리고, 피합병법인 또는 분할법인이 합병법인 또는 분할신설법인에게 미환류소득을 승계한 경우에는 해당 승계금액을 50차기환류적립금에 적습니다.

9. 53란은 「조세특례제한법」 제100조의32제2항 및 제8항에 따라 당기로 이월된 초과환류액을 의미합니다.

10. 55이월된 차기환류적립금 란에는 「조세특례제한법」 제100조의32제5항에 따라 전기에 적립한 차기환류적립금을 적습니다.

11. 58이 음수인 경우에는 "0" 으로 적습니다.

(6) 토지등 양도소득에 대한 법인세

1) 한마디 정의

당해 사업연도에 비사업용 토지나 주택의 양도로 양도차익이 발생한 경우 양도차익에 대해 각 사업연도소득에 포함하여 과세한 후 10%(20%)의 세율로 한 번 더 과세하는 소득을 말한다.

2) 읽어보기

법인이 비사업용 토지나 주택에 투자하여 투자차익이 발생하는 경우 해당 투자차익은 당기순이익에 포함되어 별다른 세무조정 없이 각 사업연도소득으로 과세된다. 이때 각 사업연도소득금액에 적용하는 세율은 10%에서 25% 정도이다. 반면에 토지나 주택에 개인이 투자하여 얻은 투자차익에 대해서는 양도소득에 대한 소득세로서 기본세율 6%에서 45%를 적용하거나 여기에 10%(다주택자 20% 또는 30%)의 세율을 가산하기도 한다. 결국 투자자의 종류에 따라 부과하는 세금의 종류와 세율이 달라지는 이유로 과세의 형평성에 문제가 발생하게 된다. 이를 완화화기 위해 법인세법에서는 비사업용 토지나 주택과 같이 제재의 대상이 되는 자산을 열거하고 열거된 자산의 양도차익에 대해서는 각 사업연도소득금액에 포함하여 1차적으로 과세하는 한편, 추가로 토지등 양도소득에 대한 법인세를 함께 부과하여 거주자와의 조세형평성을 맞추고자 하고 있다.

3) 주요 내용

아래의 요건에 해당하는 경우 자산의 투자차익에 대해 토지등 양도소득에 대한 법인세를 과세한다.

항 목	내 용
과세 대상 자산	• 주택(부수 토지를 포함하며 임대등 주택을 제외) 및 주거용 건축물로서 상시 주거용으로 사용하지 아니하고 휴양·피서·위락 등의 용도로 사용하는 건축물("별장")을 양도한 경우에는 토지등의 양도소득에 100분의 20(미등기 토지등의 양도소득에 대하여는 100분의 40)을 곱하여 산출한 세액. 다만, 농어촌주택(그 부속토지를 포함한다)은 제외 • 비사업용 토지를 양도한 경우에는 토지등의 양도소득에 100분의 10(미등기 토지등의 양도소득에 대하여는 100분의 40)을 곱하여 산출한 세액 • 주택을 취득하기 위한 권리로서 소득세법 제88조 제9호에 따른 조합원입주권 및 같은 조 제10호에 따른 분양권을 양도한 경우에는 토지등의 양도소득에 100분의 20을 곱하여 산출한 세액
토지의 비사업용 여부	유예기간 동안 아래의 조건을 갖춘 토지 • 논밭 및 과수원으로서 열거 대상에 해당하는 것 • 임야. 다만, 열거 대상에 해당하는 것은 제외 • 열거 대상에 해당하는 목장용지 • 농지, 임야 및 목장용지 외의 토지 중 다음 각 목을 제외한 토지 　가. 재산세가 비과세되거나 면제되는 토지 　나. 재산세 별도합산과세대상 또는 분리과세대상이 되는 토지 • 토지의 이용상황, 관계 법률의 의무이행 여부 및 수입금액 등을 고려하여 법인의 업무와 직접 관련이 있다고 인정할 만한 상당한 이유가 있는 토지 • 주택 부속토지 중 주택이 정착된 면적에 지역별로 대통령령으로 정하는 배율을 곱하여 산정한 면적을 초과하는 토지 • 별장의 부속토지. 다만, 별장에 부속된 토지의 경계가 명확하지 아니한 경우에는 그 건축물 바닥면적의 10배에 해당하는 토지를 부속토지로 본다. • 그 밖에 위에 규정된 토지와 유사한 토지로서 법인의 업무와 직접 관련이 없다고 인정할 만한 상당한 이유가 있는 토지
유예기간	1. 토지의 소유기간이 5년 이상인 경우에는 다음 각 목의 모두에 해당하는 기간 　가. 양도일 직전 5년 중 2년을 초과하는 기간 　나. 양도일 직전 3년 중 1년을 초과하는 기간 　다. 토지의 소유기간의 100분의 40에 상당하는 기간을 초과하는 기간. 이 경우 기간의 계산은 일수로 한다.

항 목	내 용
유예기간	2. 토지의 소유기간이 3년 이상이고 5년 미만인 경우에는 다음 각 목의 모두에 해당하는 기간 　가. 토지의 소유기간에서 3년을 차감한 기간을 초과하는 기간 　나. 양도일 직전 3년 중 1년을 초과하는 기간 　다. 토지의 소유기간의 100분의 40에 상당하는 기간을 초과하는 기간. 이 경우 기간의 계산은 일수로 한다. 3. 토지의 소유기간이 3년 미만인 경우에는 다음 각 목의 모두에 해당하는 기간. 다만, 소유기간이 2년 미만이면 가목은 적용하지 아니한다. 　가. 토지의 소유기간에서 2년을 차감한 기간을 초과하는 기간 　나. 토지의 소유기간의 100분의 40에 상당하는 기간을 초과하는 기간. 이 경우 기간의 계산은 일수로 한다.
비사업용 제외 여부	아래의 항목 등에 해당하는 경우 비사업용 토지로 보지 않을 수 있으므로 자세한 사항은 전문가와 상의해보도록 한다. • 부득이한 사유가 있어 비사업용 토지로 보지 않는 기준 • 파산선고에 의한 토지의 처분 등 • 수용되는 토지 등

4) 서식작성

㈜에스에이치랩의 당기 중 양도한 자산의 내역은 아래와 같다. 토지등 양도소득에 대한 법인세 계산을 수행하고 서식을 작성하시오.

(1) 양도자산
당기 중 양도한 자산의 종류와 양도차익은 아래와 같다.

종 류	과세 여부	양도차익
토지	과세	1,000,000,000원
주택	과세	300,000,000원

상기 자산은 모두 적법하게 등기하였다.

• 토지등 양도소득에 대한 법인세: 1,000,000,000 × 10% + 300,000,000 × 20%
　　　　　　　　　　　　　　　　 = 160,000,000원

사업 연도	2023.01.01 ~ 2023.12.31	법인세과세표준및세액조정계산서		법 인 명	(주)에스에이치랩
				사업자등록번호	106-81-12345

①각사업연도소득계산	⑩ 결산서상당기순손익	01	1,000,000,000		⑬ 감면분추가납부세액	29		
	소득조정 금 액	⑩ 익 금 산 입	02	161,104,091		⑭ 차 감 납 부 할 세 액 （⑩ - ⑩ + ⑩）	30	181,878,627
		⑩ 손 금 산 입	03	50,125,000	⑤ 토 지 등 양 도 소 득 에 대 한 법 인 세 계 산	양 도 차 익	⑮ 등 기 자 산	31	1,300,000,000
	⑩ 차 가 감 소 득 금 액 （⑩ + ⑩ - ⑩）	04	1,110,979,091			⑯ 미 등 기 자 산	32	
	⑩ 기 부 금 한 도 초 과 액	05	1,540,000		⑰ 비 과 세 소 득	33	
	⑩ 기부금한도초과이월액 손금산입	54			⑱ 과 세 표 준 （⑮ + ⑯ - ⑰）	34	1,300,000,000
	⑩ 각사업연도소득금액 （⑩ + ⑩ - ⑩）	06	1,112,519,091		⑲ 세 율	35	20
②과세표준계산	⑩ 각사업연도소득금액 （⑩ = ⑩）		1,112,519,091		⑩ 산 출 세 액	36	160,000,000
	⑩ 이 월 결 손 금	07	50,000,000		⑪ 감 면 세 액	37	
	⑩ 비 과 세 소 득	08			⑫ 차 감 세 액 （⑩ - ⑪）	38	160,000,000
	⑪ 소 득 공 제	09			⑬ 공 제 세 액	39	
	⑫ 과 세 표 준 （⑩ - ⑩ - ⑩ - ⑪）	10	1,062,519,091		⑭ 동업기업법인세배분액 （가산세 제외）	58	
	⑮ 선 박 표 준 이 익	55			⑮ 가 산 세 액 （동업기업 배분액 포함）	40	
③산출세액계산	⑬ 과세표준（⑫ + ⑮）	56	1,062,519,091		⑯ 가 감 계 （⑫ - ⑬ + ⑭ + ⑮）	41	160,000,000
	⑭ 세 율	11	19	기 납 부 세 액	⑰ 수 시 부 과 세 액	42	
	⑮ 산 출 세 액	12	181,878,627		⑱（ ）세 액	43	
	⑯ 지 점 유 보 소 득 （법인세법 제96조）	13			⑲ 계 （⑰ + ⑱）	44	
	⑰ 세 율	14			⑩ 차감납부할세액（⑯ - ⑲）	45	160,000,000
	⑱ 산 출 세 액	15						
	⑲ 합 계 （⑮ + ⑱）	16	181,878,627	⑥ 미 환 류 소 득 법 인 세	⑪ 과 세 대 상 미 환 류 소 득	59	
					⑫ 세 율	60	
④납부할세액계산	⑩ 산출세액（⑩ = ⑲）		181,878,627		⑬ 산 출 세 액	61	
	⑪ 최저한세 적용대상 공 제 감 면 세 액	17			⑭ 가 산 세 액	62	
	⑫ 차 감 세 액	18	181,878,627		⑮ 이 자 상 당 액	63	
	⑬ 최저한세 적용제외 공 제 감 면 세 액	19			⑯ 납부할세액（⑬+⑭+⑮）	64	
	⑭ 가 산 세 액	20						
	⑮ 가감계 （⑫ - ⑬ + ⑭）	21	181,878,627	⑦ 세 액 계	⑩ 차감납부할세액계 （⑩ + ⑩ + ⑩）	46	341,878,627
	기 납 부 세 액	기 한 내 납 부 세 액	⑯ 중 간 예 납 세 액	22			⑫ 사실과 다른회계처리 경정세액공제	57	
			⑰ 수 시 부 과 세 액	23		⑬ 분납세액 계산범위액 （⑩ - ⑩ - ⑬ - ⑭ - ⑫ + ⑩）	47	341,878,627
			⑱ 원 천 납 부 세 액	24		⑭ 분 납 할 세 액	48	
			⑩ 간접투자회사등의외국납부세액	25		⑮ 차 감 납 부 세 액 （⑩ - ⑫ - ⑭）	49	341,878,627
			⑩ 소계（⑯+⑰+⑱+⑩）	26					
			⑩ 신고납부전가산세액	27					
			⑫ 합 계 （⑩ + ⑩）	28					

210mm × 297mm[백상지 80g/m² 또는 중질지 80g/m²]

5) 세무조사 사례

조심 2016구4355, 2018.4.26.

[제목]

쟁점토지를 ○○레포츠센터의 고객용 주차장으로 사용한다 하더라도 쟁점토지가 「주차장법 시행령」 제12조의10 제1항에 따라 ○○레포츠센터의 부설주차장으로 등기되어 있지 아니한 이상 부설주차장용 토지의 요건을 갖추지 못한 것으로 보이는 점 등에 비추어 쟁점토지를 「법인세법」 제55조의2 제2항 제4호 다목에 따른 사업용 토지로 보기 어려움.

[이유]

가. 청구법인은 프로야구단 흥행사업, 운동레저사업, 광고용역사업, 운동기구 및 일용잡화 판매사업과 스포츠시설 관리운영사업 등을 영위하기 위해 1982.3.5. 설립된 법인으로서 스포츠시설 관리운영업과 관련하여 서울특별시 ○○○에 대형스포츠시설인 ○○○) 건립을 추진하는 과정에서 서울특별시 ○○○ 2,559.2㎡(이하 "쟁점토지"라 한다. 취득일 1991.9.10.)에 노외주차장(주차대수 102대) 설치를 조건으로 건축허가(1990년 7월)를 득하였다.

다. 청구법인은 2016.6.23. 쟁점토지가 비사업용 토지에 해당하지 않는다는 사유로 2015사업연도 법인세 ○○○원의 환급을 구하는 경정청구를 하였으나, 처분청은 쟁점토지가 비사업용 토지에 해당한다고 보아 2016.8.24. 청구법인의 경정청구를 거부하였다.

2. 청구법인 주장 및 처분청 의견

　가. 청구법인 주장

　　(1) 쟁점토지는 ○○○ 건축허가 조건에 따라 취득한 것으로 노외주차장 용도 외에 타 용도로 전환한 사실이 없고, 노외주차장 설치 후 현재까지 ○○○ 회원 전용 주차장으로 사용하고 있으며, (중략) 청구법인이 목적사업에 관한 행정관청의 허가 등을 받기 위하여 의무적으로 확보하여야 하는 토지에 해당하는바, 이는 토지의 이용현황, 관련 법령의 의무이행 여부 및 수입금액 등을 고려하여 청구법인의 업무와 직접 관련이 있다고 인정할 만한 상당한 사유가 있는 토지임.

　　(2) 쟁점토지는 종합합산과세대상으로 분류되어 재산세가 과세되었으나 실질적으로는 건축물의 부속토지에 해당하므로 별도합산과세대상으로 분류하는 것이 타당함.

나. 처분청 의견
    (1) 쟁점토지는 지목이 대지로 취득 후부터 양도할 때까지 건축물의 신축 등이 없어 보유기간 동안 재산세 종합합산과세가 되었고, 관할 관청 인 ○○○에 노외주차장으로 신고됨.
    (2) 쟁점토지는 당초 건축허가 시 실시된 교통영향평가결과에 따른 조건 이행을 위하여 취득한 것으로 법령에 의하여 직접적으로 사용이 금지 또는 제한된 토지에 해당되지 않고, 국세청 질의회신(법인-363, 2014.8.22.)에 따르면 토지를 취득한 후 법령에 따라 사용이 금지 또 는 제한된 토지는 사용이 금지 또는 제한된 기간을 비사업용 토지로 사용되지 아니한 것으로 보아 (중략) 법령에 따라 사용이 금지 또는 제한된 토지를 취득한 경우에는 금지 또는 제한된 기간에 대해 동 규 정을 적용할 수 없는 것임.

3. 심리 및 판단
    (3) 이상의 사실관계 및 관련 법령 등을 종합하여 살펴건대, (중략) ○○○구 청장은 청구법인이 쟁점토지를 취득한 이후로 계속하여 종합합산과세대 상으로 보아 재산세를 과세하고 있는 점, 쟁점토지는 ○○○센터와는 필 지가 다르고, ○○○ 부지와 쟁점토지 사이에 도로가 설치되어 있어 물리 적으로 분리되어 있는 것으로 보여 쟁점토지를 ○○○의 사업과 직접 관 련이 있어 경제적 일체를 이루고 있는 부속토지로 보기 어려운 점, 쟁점 토지를 ○○○의 고객용 주차장으로 사용한다 하더라도 쟁점토지가 ○ ○○의 부설주차장으로 부기등기가 되어 있지 아니한 이상 「지방세법 시 행령」 제101조 제3항 제11호의 별도합산과세대상인 부설주차장용 토지 의 요건을 갖추지 못하고 있는 것으로 보이는 점, 쟁점토지는 ○○○의 고객이 아닌 일반인의 이용이 제한되어 있지 아니한 주차장용 토지에 해 당하는 것으로 보이고, 「법인세법 시행령」 제92조의8 제1항 제2호의 요 건을 갖추지 못하여 「법인세법」 제55조의2 제2항 제4호 다목에 따른 사 업용 토지로 보기 어려운 점 등에 비추어 청구법인에게 한 이 건 경정청 구를 거부한 처분은 잘못이 없다고 판단됨.

6. 장려하기 세액공제

(1) 주요 세액공제 목록

본서에서는 법인세법과 조세특례제한법에 규정된 세액공제 항목 중 빈번하게 발생하는 주요 세액공제 항목에 대해서 자세히 다루도록 한다.

분 류	항 목	내 용
법인세법	외국납부세액공제	국외원천소득의 이중과세 방지
	재해손실세액공제	재해손실액의 일정 비율을 공제
	사실과 다른 회계처리 세액공제	분식회계로 인한 추가납부액 공제
조세특례제한법	고용증대세제	고용증가 시 증가 인원수에 따라 공제
	중소기업특별세액 감면	중소기업의 업종, 지역에 따라 감면
	연구인력개발비 세액공제	R&D비용을 요건에 따라 공제

(2) 기타의 세액공제

구 분	세액공제명	법조항(조특법)
연구소가 있는 경우	연구인력개발비 세액공제	제10조
고용이 증가한 경우	고용을 증대시킨 기업에 대한 세액공제	제29조의7
	중소기업 사회보험료 세액공제	제30조의4
	산업수요 고등학교 졸업자를 병역 후 복직시킨 것에 대한 세액공제	제29조의2
	경력단절 여성 재고용 기업에 대한 세액공제	제29조의3
	근로소득을 증대시킨 기업에 대한 과세특례	제29조의4
	정규직 근로자로의 전환에 따른 세액공제	제30조의2
	통합고용세액공제	제29조의8
투자가 있는 경우	통합투자세액공제	제24조
	영상콘텐츠 제작비용에 대한 세액공제	제25조의6

(3) 세액공제신청서의 작성

세액공제를 신청할 때에는 세액공제신청서를 작성하여야 하고, 세액공제의 항목별로 전용서식을 작성하여야 하는 경우도 있다.

세액공제를 신청할 때에 필수로 작성해야 하는 전용서식은 세액공제별로 아래와 같다.

분 류	항 목	서 식
법인세법	외국납부세액공제	8호 부표5
	재해손실세액공제	65호
	사실과 다른 회계처리 세액공제	52호의4
조세특례제한법	통합투자세액공제	조특 제8호의9
	연구인력개발비 세액공제	조특 3호
	고용을 증대시킨 기업에 대한 세액공제	조특 10호의8
	중소기업 사회보험료 세액공제	조특 11호의5
	산업수요 고등학교 졸업자를 병역 후 복직 세액공제	조특 10호
	경력단절 여성 재고용 기업에 대한 세액공제	조특 10호의2
	근로소득을 증대시킨 기업에 대한 과세특례	조특 10호의3
	정규직 근로자로의 전환에 따른 세액공제	조특 10호의4
	통합고용세액공제	조특 10호의9

1) 세액공제신청서

세액공제신청서는 규정된 세목에 따라 법인세법과 조세특례제한법에 의한 신청서를 각각 작성하여야 한다. 세액공제신청서는 최종적으로 '법인세 과세표준 및 세액조정 계산서(3호)' 서식에 세액공제액을 적용하기 직전에 세액공제의 금액을 항목별로 취합하는 서식이다. 서식의 종류와 작성예시를 잘 살펴보자.

분 류	항 목	내 용
법인세법	8호(갑), 8호(을)	공제감면세액 및 추가납부세액합계표(갑), (을)
조세특례제한법	1호, 2호	세액공제 신청서, 세액감면 신청서

■ 법인세법 시행규칙【별지 제8호 서식(갑)】<개정 2023. 3. 20.> (4쪽 중제1쪽)

사업 연도	2023.01.01 2023.12.31	공제감면세액 및 추가납부세액합계표(갑)	법 인 명	(주)에스에이치랩
			사업자등록번호	106-81-12345

1. 최저한세 적용제외 공제감면세액

	① 구 분	② 근 거 법 조 항	코드	③ 대 상 세 액	④ 감면(공제)세액
	⑩창업중소기업에 대한 세액감면(최저한세 적용제외)	조세특례제한법 제6조 제7항 외	110		
	⑩해외자원개발투자배당 감면	조세특례제한법 제22조	103		
	⑩수도권과밀억제권역 밖으로 이전하는 중소기업 세액감면(수도권 밖으로 이전)	조세특례제한법 제63조	169		
	⑭공장의 지방이전에 대한 세액감면(수도권 밖으로 이전)	조세특례제한법 제63조	108		
	⑮본사의 수도권 밖 이전에 대한 세액감면	조세특례제한법 제63조의2	109		
	⑯영농조합법인 감면	조세특례제한법 제66조	104		
	⑰영어조합법인 감면	조세특례제한법 제67조	107		
	⑱농업회사법인 감면(농업소득)	조세특례제한법 제68조	11B		
	⑲행정중심복합도시 등 공장이전에 대한 조세감면	조세특례제한법 제85조의2 제3항	11A		
	⑩위기지역 내 창업기업 세액감면(최저한세 적용제외)	조세특례제한법 제99조의9	11N		
	⑪해외진출기업의 국내복귀에 대한 세액감면(철수방식)	조세특례제한법 제104조의24제1항제1호	11F		
	⑫해외진출기업의 국내복귀에 대한 세액감면(유지방식)	조세특례제한법 제104조의24제1항제2호	11H		
세 액 감 면	⑬고도기술수반사업 외국인투자 세액감면	조세특례제한법 제121조의2 제1항제1호	186		
	⑭외국인투자지역내 외국인투자 세액감면	조세특례제한법 제121조의2제1항제2호또는제2호의5	187		
	⑮경제자유구역내 외국인투자 세액감면	조세특례제한법 제121조의2제1항제2호의2	188		
	⑯경제자유구역 개발사업시행자 세액감면	조세특례제한법 제121조의2 제1항 제2호의3	157		
	⑰제주투자진흥지구의 개발사업시행자 세액감면	조세특례제한법 제121조의2 제1항 제2호의4	158		
	⑱기업도시 개발구역내 외국인투자 세액감면	조세특례제한법 제121조의2 제1항제2호의6	159		
	⑲기업도시 개발사업의 시행자 세액감면	조세특례제한법 제121조의2 제1항 제2호의7	160		
	⑳새만금사업 외국인투자 세액감면	조세특례제한법 제121조의2 제1항 제2호의8	11J		
	㉑새만금사업 시행자 세액감면	조세특례제한법 제121조의2 제1항 제2호의9	11K		
	㉒기타 외국인투자유치를 위한 조세감면	조세특례제한법 제121조의2 제1항 제3호	167		
	㉓외국인투자기업의 증자에 대한 조세감면	조세특례제한법 제121조의4	172		
	㉔기술도입대가에 대한 조세면제(국내지점 등)	법률 제9921호 조특법 일부개정 법률 부칙 제77조	173		
	㉕제주첨단과학기술단지 입주기업 조세감면(최저한세 적용제외)	조세특례제한법 제121조의8	181		
	㉖제주투자진흥지구등 입주기업 조세감면(최저한세 적용제외)	조세특례제한법 제121조의9	182		
	㉗기업도시개발구역 등 입주기업 감면(최저한세 적용제외)	조세특례제한법 제121조의17 제1항제1·3·5호	197		
	㉘기업도시개발사업 등 시행자에 대한 감면(최저한세 적용제외)	조세특례제한법 제121조의17 제1항제2·4·6호	198		
	㉙아시아문화중심도시 투자진흥지구 입주기업 감면(최저한세 적용제외)	조세특례제한법 제121조의20 제1항	11C		
	㉚금융중심지 창업기업에 대한 감면(최저한세 적용제외)	조세특례제한법 제121조의21 제1항	11G		
	㉛동업기업 세액감면 배분액(최저한세 적용제외)	조세특례제한법 제100조의18제4항	11D		
	㉜사회적기업에 대한 감면	조세특례제한법 제85조의6	11L		
	㉝장애인 표준사업장에 대한 감면	조세특례제한법 제85조의6	11M		
	㉞첨단의료복합단지 입주기업에 대한 감면(최저한세 적용제외)	조세특례제한법 제121조의22 제1항 호	17A		
	㉟국가식품클러스터 입주기업에 대한 감면(최저한세 적용제외)	조세특례제한법 제121조의22 제1항2 호	17B		
	㊱연구개발특구 입주기업에 대한 감면(최저한세 적용제외)	조세특례제한법 제12조의2	17C		
	㊲감염병 발생에 따른 특별재난지역 내 중소기업에 대한 감면	조세특례제한법 제99조의11	17D		
			161		
	㊳소 계		170		
세 액 공 제	㊴외국납부세액공제	법인세법 제57조	101		
	㊵재해손실세액공제	법인세법 제58조	102		
	㊶신성장·원천기술 연구개발비세액공제 (최저한세 적용제외)	조세특례제한법 제10조 제1항제1호	16A		
	㊷국가전략기술 연구개발비세액공제(최저한세 적용제외)	조세특례제한법 제10조 제1항제2호	10D		
	㊸일반 연구·인력개발비세액공제(최저한세 적용제외)	조세특례제한법 제10조 제1항제3호	16B		
	㊹동업기업 세액공제 배분액(최저한세 적용제외)	조세특례제한법 제100조의18제4항	12D		
	㊺성실신고 확인비용에 대한 세액공제	조세특례제한법 제126조의6	10A		
	㊻상가임대료를 인하한 임대사업자에 대한 세액공제	조세특례제한법 제96조의3	10B		
	㊼용역제공자에 관한 과세자료의 제출에 대한 세액공제	조세특례제한법 제104조의32	10C		
			199		
	㊽소 계		180		
	㊾합 계 (㊳+ ㊽)		110		

210mm×297mm[백상지 80g/㎡ 또는 중질지 80g/㎡]

2. 최저한세 적용대상 공제감면세액

	① 구 분	② 근 거 법 조 항	코드	③ 대 상 세 액	④ 감면세액
세액감면	⑯창업중소기업에 대한 세액감면 (최저한세 적용대상)	조세특례제한법 제6조제1~6항	111		
	⑰창업벤처중소기업의 세액감면	조세특례제한법 제6조제2항	174		
	⑱에너지신기술 중소기업 세액감면	조세특례제한법 제6조제4항	13E		
	⑭중소기업에 대한 특별세액감면	조세특례제한법 제7조	112		
	⑮연구개발특구 입주기업에 대한 세액감면(최저한세 적용대상)	조세특례제한법 제12조의2	179		
	⑯국제금융거래이자소득 면제	조세특례제한법 제21조	123		
	⑰사업전환 중소기업에 대한 세액감면	조세특례제한법 제33조의2	192		
	⑱무역조정지원기업의 사업전환 세액감면	조세특례제한법 제33조의2	13A		
	⑲기업구조조정 전문회사 주식양도차익 세액감면	법률제9272호 조특법 일부개정법률부칙 제10조 제40조	13B		
	⑳혁신도시 이전 등 공공기관 세액감면	조세특례제한법 제62조제4항	13F		
	㉑공장의 지방이전에 대한 세액감면 (중소기업의 수도권 안으로 이전)	조세특례제한법 제63조	116		
	㉒농공단지입주기업 등 감면	조세특례제한법 제64조	117		
	㉓농업회사법인 감면(농업소득 외의 소득)	조세특례제한법 제68조	119		
	㉔소형주택 임대사업자에 대한 세액감면	조세특례제한법 제96조	13I		
	㉕상가건물 장기임대사업자에 대한 세액감면	조세특례제한법 제96조의2	13N		
	㉖산림개발소득 감면	조세특례제한법 제102조	124		
	㉗동업기업 세액감면 배분액(최저한세 적용대상)	조세특례제한법 제100조의18제4항	13D		
	㉘첨단의료복합단지 입주기업에 대한 감면(최저한세 적용대상)	조세특례제한법 제121조의22	13H		
	㉙기술이전에 대한 세액감면	조세특례제한법 제12조제1항	13J		
	㉚기술대여에 대한 세액감면	조세특례제한법 제12조제3항	13K		
	㉛제주첨단과학기술단지 입주기업 조세감면(최저한세 적용대상)	조세특례제한법 제121조의8	13P		
	㉜제주투자진흥지구등 입주기업 조세감면(최저한세 적용대상)	조세특례제한법 제121조의9	13Q		
	㉝기업도시개발구역 등 입주기업 감면(최저한세 적용대상)	조세특례제한법 제121조의2제1항제1·3·5호	13R		
	㉞위기지역 내 창업기업 세액감면(최저한세 적용대상)	조세특례제한법 제99조의9	13S		
	㉟아시아문화중심도시 투자진흥지구 입주기업 감면(최저한세 적용대상)	조세특례제한법 제121조의20제1항	13T		
	㊱금융중심지 창업기업에 대한 감면(최저한세 적용대상)	조세특례제한법 제121조의21제1항	13U		
	㊲국가식품클러스터 입주기업에 대한 감면(최저한세 적용대상)	조세특례제한법 제121조의22제2항	13V		
			164		
	㊳소 계		130		

210mm×297mm[백상지 80g/㎡ 또는 중질지 80g/㎡]

① 구 분	② 근 거 법 조 항	코드	⑤ 전기이월액	⑥ 당기발생액	⑦ 공제세액
⑯중소기업 등 투자세액공제	조세특례제한법 제5조	131			
⑯상생결제 지급금액에 대한 세액공제	조세특례제한법 제7조의4	14Z			
⑯대중소기업 상생협력을 위한 기금출연 세액공제	조세특례제한법 제8조의3제1항	14M			
⑯협력중소기업에 대한 유형고정자산 무상임대 세액공제	조세특례제한법 제8조의3제2항	18D			
⑯수탁기업에 설치하는 시설에 대한 세액공제	조세특례제한법 제8조의3제3항	18L			
⑯교육기관에 무상기증하는 중고자산에 대한 세액공제	조세특례제한법 제8조의3제4항	18R			
⑯신성장·원천기술 연구개발비세액공제 (최저한세 적용대상)	조세특례제한법 제10조 제1항제1호	13L			
⑯국가전략기술 연구개발비세액공제 (최저한세 적용대상)	조세특례제한법 제10조 제1항제1호	10E			
⑯일반 연구·인력개발비세액공제(최저한세 적용대상)	조세특례제한법 제10조 제1항제3호	13M			
⑯기술취득에 대한 세액공제	조세특례제한법 제12조 제2항	176			
⑯기술혁신형 합병에 대한 세액공제	조세특례제한법 제12조의3	14T			
⑯기술혁신형 주식취득에 대한 세액공제	조세특례제한법 제12조의4	14U			
⑯벤처기업등 출자에 대한 세액공제	조세특례제한법 제13조의2	18E			
⑯성과공유 중소기업 경영성과급 세액공제	조세특례제한법 제19조	18H			
⑯연구·인력개발설비 투자세액공제	조세특례제한법 제25조제1항제1호	134			
⑯에너지절약시설 투자세액공제	조세특례제한법 제25조제1항제2호	177			
⑯환경보전시설 투자세액공제	조세특례제한법 제25조제1항제3호	14A			
⑯근로자복지증진시설 투자세액공제	조세특례제한법 제25조제1항제4호	142			
⑯안전시설투자 세액공제	조세특례제한법 제25조제1항제5호	136			
⑯생산성향상시설투자세액공제	조세특례제한법 제25조제1항제6호	135			
⑳의약품 품질관리시설투자 세액공제	조세특례제한법 제25조의4	14B			
⑳신성장기술 사업화를 위한 시설투자 세액공제	조세특례제한법 제25조의5	14F			
⑳영상콘텐츠 제작비용에 대한 세액공제	조세특례제한법 제25조의6	18C			
⑳초연결 네트워크 시설투자에 대한 세액공제	조세특례제한법 제25조의7	181			
⑳고용창출투자세액공제	조세특례제한법 제26조	14N			
⑳산업수요맞춤형고등학교등 졸업자를 병역이행 후 복직시킨 중소기업에 대한 세액공제	조세특례제한법 제29조의2	14S			
⑳경력단절 여성 고용 기업 등에 대한 세액공제	조세특례제한법 제29조의3	14X			
⑳육아휴직 후 고용유지 기업에 대한 인건비 세액공제	조세특례제한법 제29조의3	18J			
⑳근로소득을 증대시킨 기업에 대한 세액공제	조세특례제한법 제29조의4	14Y			
⑳청년고용을 증대시킨 기업에 대한 세액공제	조세특례제한법 제29조의5	18A			
⑳고용을 증대시킨 기업에 대한 세액공제	조세특례제한법 제29조의7	18F			
㉑통합고용세액공제	조세특례제한법 제29조의8	18S			
㉑정규직근로자 전환 세액공제	조세특례제한법 제30조의2	14H			
㉑고용유지중소기업에 대한 세액공제	조세특례제한법 제30조의3	18K			
㉑중소기업 고용증가 인원에 대한 사회보험료 세액공제	조세특례제한법 제30조의4 제1항	14Q			
㉑중소기업 사회보험 신규가입에 대한 사회보험료 세액공제	조세특례제한법 제30조의4 제3항	18G			
㉑전자신고에 대한 세액공제 (납세의무자)	조세특례제한법 제104조의8 제1항	184			
㉑전자신고에 대한 세액공제 (세무법인 등)	조세특례제한법 제104조의8 제3항	14J			
㉑제3자 물류비용 세액공제	조세특례제한법 제104조의14	14E			
㉑대학 맞춤형 교육비용 등 세액공제	조세특례제한법 제104조의18 제1항	14I			
㉑대학 등 기부설비에 대한 세액공제	조세특례제한법 제104조의18 제2항	14K			
㉒기업의 운동경기부 설치·운영비용 세액공제	조세특례제한법 제104조의22	140			
㉒동업기업 세액공제 배분액(최저한세 적용대상)	조세특례제한법 제100조의18제4항	14L			
㉒산업수요맞춤형 고등학교 등 재학생에 대한 현장 훈련수당 등 세액공제	조세특례제한법 제104조의18 제4항	14R			
㉒석유제품 전자상거래에 대한 세액공제	조세특례제한법 제104조의25	14P			
㉒금 현물시장에서 거래되는 금지금에 대한 과세특례	조세특례제한법 제126조의7제8항	14V			
㉒금사업자와 스크랩등사업자의 수입금액증가등 세액공제	조세특례제한법 제122조의4	14W			
㉒우수 선화주 인증 국제물류주선업자 세액공제	조세특례제한법 제104조의30	18M			
㉒소재·부품·장비 수요기업 공동출자 세액공제	조세특례제한법 제13조의3제1항	18N			
㉒소재·부품·장비 외국법인 인수세액 공제	조세특례제한법 제13조의3제3항	18P			
㉒선결제 금액에 대한 세액공제	조세특례제한법 제99조의12	18O			
㉓통합투자세액공제(일반)	조세특례제한법 제24조	13W			
㉓통합투자세액공제(신성장·원천기술)	조세특례제한법 제24조	13X			
㉓통합투자세액공제(국가전략기술)	조세특례제한법 제24조	13Y			
		165			
㉓소 계		149			
㉓합 계(⑯+ ㉓)		150			
㉓공제감면세액총계(⑯+ ㉓)		151			
㉓기술도입대가에 대한 조세면제	법 제9921 호 조특법 일부개정법률 부칙 제77조	183			
㉓간주·간접 외국납부세액공제	법인세법 제57조제3항·제4항·제6항	189			

210mm×297mm [백상지 80g / ㎡ 또는 중질지 80g / ㎡]

세액공제신청서

❋ 뒤쪽의 작성방법을 읽고 작성하여 주시기 바랍니다.

접수번호	접수일		처리기간	즉시

❶신청인	①상호 또는 법인명	(주)에스에이치랩	②사업자등록번호	106-81-12345
	③대표자 성명	이현준	④생년월일	
	⑤주소 또는 본점소재지	서울 강남구 논현동 1-1(1st Avenue)	(☎	02-000-0000)

❷ 과세연도 2023년 01월 01일부터 2023년 12월 31일까지

❸ 신청내용

⑥구분	⑦ 근거법령	⑧코드	⑨공제율	⑩대상세액	⑪공제세액
⑩ 중소기업 등 투자세액공제	영 제4조제8항 (2021.2.17. 대통령령 제31444호로 개정되기 전의 것)	131			
⑩ 상생결제 지급금액에 대한 세액공제	영 제6조의4제4항	14Z			
⑩ 대·중소기업상생협력기금 출연 세액공제	영 제7조의2제5항	14M			
⑩ 협력중소기업에 대한 유형고정자산 무상임대 세액공제	영 제7조의2제9항	18D			
⑩ 수탁기업에 설치하는 시설에 대한 세액공제	영 제7조의2제12항	18L			
⑩ 교육기관에 무상 기증하는 중고자산에 대한 세액공제	영 제7조의2제16항	18R			
⑩ 신성장·원천기술 연구개발비 세액공제 (최저한세적용제외)	영 제9조제11항	13L			
⑩ 국가전략기술 연구개발비 세액공제 (최저한세 적용대상)	영 제9조제11항	10E			
⑩ 일반 연구 및 인력개발비 세액공제 (최저한세적용대상)	영 제9조제11항	13M			
⑩ 신성장·원천기술 연구개발비 세액공제 (최저한세 적용제외)	영 제9조제11항	16A			
⑪ 국가전략기술 연구개발비 세액공제 (최저한세 적용제외)	영 제9조제11항	10D			
⑫ 일반 연구 및 인력개발비 세액공제 (최저한세적용제외)	영 제9조제11항	16B			
⑬ 기술취득에 대한 세액공제	영 제11조제6항	176			
⑭ 기술혁신형 합병에 대한 세액공제	영 제11조의3제14항	14T			
⑮ 기술혁신형 주식취득에 대한 세액공제	영 제11조의4제12항	14U			
⑯ 벤처기업등 출자에 대한 세액공제	영 제12조의2제5항	18E			
⑰ 소재·부품·장비 수요기업 공동출자 세액공제	영 제12조의3제13항	18N			
⑱ 소재·부품·장비 외국법인 인수 세액공제	영 제12조의3제14항	18P			
⑲ 성과공유 중소기업 경영성과급 세액공제	영 제17조제5항	18H			
⑳ 통합투자세액공제(일반)	영 제21조제13항	13W			
㉑ 통합투자세액공제(신성장·원천기술)	영 제21조제13항	13X			
㉒ 통합투자세액공제(국가전략기술)	영 제21조제13항	13Y			
㉓ 초연결 네트워크 투자에 대한 세액공제	영 제22조의11제7항 (2021.2.17. 대통령령 제31444호로 개정되기 전의 것)	18I			
㉔ 연구 및 인력개발 설비투자 세액공제	영 제22조 (2021.2.17. 대통령령 제31444호로 개정되기 전의 것)	134			
㉕ 에너지 절약시설투자 세액공제	영 제22조의2 (2021.2.17. 대통령령 제31444호로 개정되기 전의 것)	177			
㉖ 환경보전시설투자세액공제	영 제22조의3 (2021.2.17. 대통령령 제31444호로 개정되기 전의 것)	14A			
㉗ 근로자복지증진설비투자 세액공제	영 제22조의4 (2021.2.17. 대통령령 제31444호로 개정되기 전의 것)	142			
㉘ 안전시설투자 세액공제	영 제22조의5 (2021.2.17. 대통령령 제31444호로 개정되기 전의 것)	136			
㉙ 생산성향상시설투자세액공제	영 제22조의6 (2021.2.17. 대통령령 제31444호로 개정되기 전의 것)	135			

210mm x 297mm[백상지 80g/㎡ 또는 중질지 80g/㎡]

❸ 신청내용

⑥구분	⑦ 근거법령	⑧코드	⑨공제율	⑩대상세액	⑪공제세액
⑬⁰ 의약품품질관리개선시설투자 세액공제	영 제22조의8	14B			
⑬¹ 신성장기술 사업화를 위한 시설투자 세액공제	영 제22조의9 (2021.2.17. 대통령령 제31444호로 개정되기 전의 것)	18B			
⑬² 영상콘텐츠 제작비용에 대한 세액공제	영 제22조의10	18C			
⑬³ 고용창출투자 세액공제	영 제23조 제15항 부터제17항까지	14N			
⑬⁴ 산업수요맞춤형고등학교등 졸업자를 병역이행 후 복직시킨 중소기업에 대한 세액공제	영 제26조의2제3항	14S			
⑬⁵ 경력단절 여성 고용 기업 등에 대한 세액공제	영 제26조의3제6항	14X			
⑬⁶ 육아휴직 후 고용유지 기업에 대한 인건비 세액공제	영 제26조의3제6항	18J			
⑬⁷ 근로소득을 증대시킨 기업에 대한 세액공제	영 제26조의4제17항	14Y			
⑬⁸ 청년고용을 증대시킨 기업에 대한 세액공제	영 제26조의5제11항	18A			
⑬⁹ 고용을 증대시킨 기업에 대한 세액공제	영 제26조의7제10항	18F			
⑭⁰ 통합고용세액공제	영 제26조의8제11항	18S			
⑭¹ 고용유지중소기업에 대한 세액공제	영 제27조의3제3항	18K			
⑭² 정규직근로자 전환 세액공제	법 제30조의2제3항	14H			
⑭³ 중소기업 고용증가 인원 사회보험료 세액공제	법 제30조의4제5항	14Q			
⑭⁴ 중소기업 사회보험 신규가입에 대한 사회보험료 세액공제	법 제30조의4제5항	18G			
⑭⁵ 상가임대료를 인하한 임대사업자에 대한 세액공제	영 제96조의3제8항	10B			
⑭⁶ 선결제 금액에 대한 세액공제	영 제99조의11제4항	18Q			
⑭⁷ 전자신고에 대한 세액공제(납세의무자)	영 제104조의5제6항	184			
⑭⁸ 전자신고에 대한 세액공제(세무법인)	영 제104조의5제6항	14J			
⑭⁹ 제3자 물류비용에 대한 세액공제	영 제104조의14제2항	14E			
⑮⁰ 기업운동경기부 설치운영 세액공제	영 제104조의20제4항	140			
⑮¹ 석유제품 전자상거래에 대한 세액공제	영 제104조의22제3항	14P			
⑮² 대학맞춤형교육비용 세액공제	법 제104조의18제1항 (2021.2.17. 대통령령 제31444호로 개정되기 전의 것)	14I			
⑮³ 대학등 기부설비에 대한 세액공제	법 제104조의18제2항 (2021.2.17. 대통령령 제31444호로 개정되기 전의 것)	14K			
⑮⁴ 산업수요맞춤형 고등학교등 재학생에대한 현장훈련수당등 세액공제	법 제104조의18제4항 (2021.2.17. 대통령령 제31444호로 개정되기 전의 것)	14R			
⑮⁵ 우수 선화주 인증 국제물류주선업자 세액공제	영 제104조의27제3항	18M			
⑮⁶ 용역제공자에 관한 과세자료의 제출에 대한 세액공	영 제104조의29제2항	10C			
⑮⁷ 금 사업자와 스크랩등사업자의 수입금액의 증가등에 대한 세액공제	법 제117조의4제3항	14W			
⑮⁸ 금 현물시장에서 거래되는 금지금에 대한 과세특례	법 제126조의7제13항	14v			
⑯⁰ 세액공제 합계		1A3			

「조세특례제한법」 및 같은 법 시행령에 따라 위와 같이 세액공제를 신청합니다.

2024년 03월 31일

신 청 인: (주)에스에이치랩 이현준 (서명 또는 인)

강남 세무서장 귀하

210mm×297mm[백상지 80g/㎡ 또는 중질지 80g/㎡]

288

(4) [법인세법] 외국납부세액공제

1) 공제 취지

국내 기업이 해외로 진출하여 사업을 하는 경우 진출하는 형태는 크게 두 가지로 나누어 볼 수 있다. 먼저 진출하고자 하는 국가에 신규 법인을 설립하여 자회사를 두는 방식과 별도의 법적 실체를 두지 않고 단지 기본적인 인적·물적 설비를 두고 지사의 형태로 직접 진출하는 방식이 있을 것이다. 이때 두 가지 진출방식은 벌어들이는 소득에 대해 우리나라와 해당 진출국가에서 모두 과세될 수 있다. 기본적으로 자회사의 형태로 진출하였다면 자회사는 해당 국가의 내국법인에 해당하므로 법인세가 과세될 것이고, 지사의 형태로 직접 진출하였다면 법인세는 과세되지 않을 수 있지만 사업소득을 대한민국으로 송금하는 경우 원천징수의 형태로 과세될 수 있다. 그런데 직접 진출한 경우에 진출국가에 국내사업장이 있는 것으로 판단되는 경우 해당 국가에서 발생한 국내원천소득에 대해 법인세가 과세될 수 있는데, 이는 진출국가의 법인세법과 대한민국과의 조세조약에 따라 달라질 것이다.

형 태	대한민국		진출국가	
	모회사	자회사	모회사	자회사
자회사 설립	배당소득 법인세	–	배당 원천징수	법인세
직접 진출	사업 법인세	사업 법인세	사업 원천징수	법인세

결국 대한민국의 모회사 입장에서는 자회사를 설립하고 배당받는 경우 배당소득에 대해 해당 국가에서 원천징수의 형태로 과세가 되고, 배당소득 전액이 모회사의 소득에 합산되어 대한민국에서 한 번 더 법인세가 과세될 것이다. 또한 직접 진출한다면 해당 국가에서 발생한 사업소득에 대해 원천징수의 형태나 해당 국가의 법인세로 과세되고, 해당 소득금액은

내국법인의 소득에 고스란히 포함되어 국내에서 법인세가 한번 더 과세될 것이다. 이렇게 두 진출 형태 모두 하나의 소득에 대해 이중과세가 될 여지가 있다. 법인세법에서는 이러한 이중과세를 완화하기 위해 국외에서 발생한 소득금액에 과세된 국외의 법인세액을 대한민국의 법인세 계산 시 공제해주도록 하고 있다.

이때 공제는 소득에서 공제하는 손금산입의 방식과 한도 이내로 세액에서 공제하는 방식 모두가 가능하다. 물론 한도가 충분하다면 세액공제의 방식이 유리하므로 법인의 상황에 맞게 신청하면 될 것이다.

항 목	내 용
손금산입 방식	외국납부세액을 손금산입하여 과세표준을 줄이는 방식
세액공제 방식	외국납부세액을 한도 이내로 세액공제하여 납부세액을 줄이는 방식

이하에서는 진출의 형태에 따라 발생할 수 있는 외국납부세액을 살펴보고, 해당 외국납부세액을 공제하는 방식을 배울 것이다.

2) 세액공제 내용

외국납부세액에 대해 세액공제의 방식을 적용하고자 한다면, 먼저 외국에 납부하는 법인세액의 종류와 명칭을 기억해 둘 필요가 있다.

항 목	내 용
자회사 진출방식	자회사 진출 시 소득의 종류와 직접·간접외국납부세액 계산
직접 진출방식	직접 진출 시 소득의 종류와 직접외국납부세액 계산
세액공제 한도	외국납부세액의 합산금액 중 공제 한도 이내의 금액을 공제
(보론) 간주외국 납부세액	진출국가에서 조세감면의 혜택을 받는 경우 세액공제

① 자회사 진출방식

진출국가에 현지 법인을 설립하는 경우 내국법인은 법인 설립의 자본을 제공하고 주식을 발행받아 현지법인의 주주가 되고 모(parent)－자(subsidiary)관계를 형성한다. 이때 자회사인 현지법인은 해당 국가에 법인세를 납부하는데, 이 법인세를 차감한 회사의 이익을 모회사에 배당할 수 있게 된다. 이때 배당을 지급받는 모회사는 두 가지 종류의 외국납부세액이 발생할 수 있다. 먼저 배당에는 이미 자회사가 해당 국가에 납부한 법인세가 차감되어 있으므로 하나의 사업소득에 대해 자회사가 납부한 법인세액을 평균적으로 모회사가 납부한 것으로 볼 수 있다. 이를 간접외국납부세액이라고 한다. 또한 자회사가 지급하는 배당에 대해 자회사의 소재 국가에서 원천징수를 할 수 있는데, 모회사는 배당소득을 벌어들이는 회사로서 이 배당소득에 대한 원천징수금액을 징수당하게 된다. 이를 직접외국납부세액이라고 한다. 결국 자회사의 형태로 국외에 진출하는 경우 간접외국납부세액이 발생하고 추가로 원천징수의 여부에 따라 직접외국납부세액도 발생할 수 있다. 이는 모두 법인세법상 공제대상 외국납부세액에 해당한다.

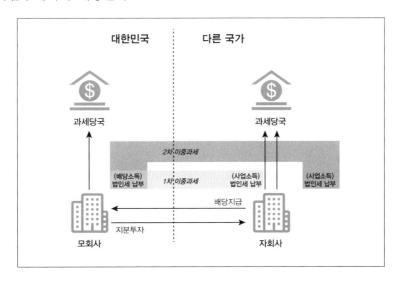

㉮ 자회사 진출방식: 법인세 과세표준 신고(간접외국납부세액)

항목	내용
공제대상 법인세액	배당에 포함된 외국납부세액의 계산
지분 요건	25% 이상의 지분을 6개월 이상 보유하여야 공제 대상
외국손회사 요건	국외 손회사의 자회사에 대한 배당에 포함된 간접외국납부세액의 계산

㉠ 공제대상 법인세액

국외 자회사로부터 배당을 받는 내국법인은 아래의 산식에 따라 계산된 금액을 외국납부세액으로 보아 공제받을 수 있다.

$$\text{외국자회사의 해당 사업연도 법인세액} \times \frac{\text{수입배당금액}}{\text{외국자회사의 해당 사업연도 소득금액} - \text{외국자회사의 해당 사업연도 법인세액}}$$

㉡ 지분 요건

국외 자회사의 의결권 있는 발행주식총수 또는 출자총액의25% 이상을 출자하고 있어야 한다. 이때 자회사의 주식을 내국법인이 직접 보유해야하며 25% 이상을 외국자회사의 배당확정일 현재 6개월 이상 계속하여 보유하여야 한다. 이때 배당확정일이란 배당금 지급을 결의한 날을 말한다.

㉢ 외국손회사 요건

외국자회사가 직접 국외에 자회사를 둔다면 내국법인의 입장에서 해당 법인은 외국손회사가 된다. 이때 외국손회사는 외국자회사에게 배당을 지급할 수 있는데 이 배당금액도 외국손회사의 소재 국가에서 과세된다면 ㉮의 '수입배당금액'에 포함하고, 외국손회사의 소재지국에 납부한 법인세액도 ㉮의 '외국 자회사의 해당 사업연도 법인세액'에 포함한다. 결국 외국손회사의 자회사에 대한 배당금액에 포함된 외국납부세액도 내국법인의 세액공제에 포함할 수 있는데, 마찬가지로 지분 요건이 있다.

[판단하기: 외국손회사 외국납부세액공제 지분 요건]

법인세법 시행령 제94조 제10항

"외국손회사"(공제 대상 외국손회사)란 다음 각 호의 요건을 모두 갖춘 법인을 말한다.

1. 해당 외국자회사가 직접 외국손회사의 의결권 있는 발행주식총수 또는 출자 총액의 100분의 25 이상을 해당 외국손회사의 배당확정일 현재 6개월 이상 계속하여 보유하고 있을 것
2. 내국법인이 외국손회사의 의결권 있는 발행주식총수 또는 출자총액의 100분 의25 이상을 법 제57조 제5항에 따른 외국자회사를 통하여 간접 소유할 것. 이 경우 주식의 간접소유비율은 내국법인의 외국자회사에 대한 주식소유비 율에 그 외국자회사의 외국손회사에 대한 주식소유비율을 곱하여 계산한다.

㉯ 자회사 진출방식: 배당소득 원천징수(직접외국납부세액)

해외 자회사가 국내에 소재한 모회사로 배당을 지급할 때 자회사가 소재한 국가의 법인세법에 따라 원천징수를 할 수 있다. 마찬가지로 우리나라의 법인세법에도 해외 모회사로 보내는 배당에 대해서는 원천징수하도록 하고 있다. 하지만 이때 배당을 지급받은 국내 모회사는 배당소득을 익금으로 보아 각 사업연도소득에 포함하여 과세되지만, 원천징수된 금액을 이미 납부했기 때문에 이중과세의 불합리함이 발생하게 된다. 이렇게 국제적으로 이중과세가 발생할 때 각 국가 간에 과세권을 조정하기 위해 조세조약을 체결하는 경우가 있다. 조세조약에는 소득의 종류별로 두 국가 간에 과세권이 충돌할 때 한 국가 혹은 두 국가 간에 과세권을 어디까지 인정하고 제한할 것인지 정하는 내용을 두고 있다. 따라서 국가 간에 부의 이동이 발생할 때에는 소득의 종류와 각 국가의 세법, 그리고 조세조약을 살펴보아 원천징수의 의무가 발생하는지 검토하여야 한다.

[판단하기: 조세조약]

한일 조세조약의 과세소득과 주요 내용

구 분	국내원천소득 과세권 관련 주요내용
대상조세	소득세, 법인세, 주민세, 농특세
거주자	일본에서 납세의무가 있는 인(개인, 법인, 기타 단체)
	* 그 국가 내의 원천소득에 대해서만 납세의무가 있는 인은 제외
사업이윤	국내 소재 고정사업장을 통하여 사업을 수행하는 경우 그 고정사업장 귀속 이윤에 대해 과세
배당	배당을 지급하는 법인이 국내 거주자(법인)인 경우 과세
	단, 배당수취인이 수익적 소유자인 경우 다음의 세율로 과세
	수익적 소유자가 이윤배분이 발생한 회계기간 종료 직전 6월동안 배당을 지급하는 법인의 의결권 주식 25% 이상을 직접 소유하는 법인인 경우 배당총액의 5%
	그 밖의 경우 배당총액의 15%
이자	이자가 국내에서 발생(지급)하는 경우 과세
	단, 이자수취인이 수익적 소유자인 경우 10%의 세율로 과세
사용료	사용료가 국내에서 발생(지급)하는 경우 과세
	단, 사용료수취인이 수익적 소유자인 경우 10%의 세율로 과세
	산업적 · 상업적 · 학술적 장비의 사용이나 사용권 대가는 사용료에 포함
	저작권 · 특허권 · 상표권 · 의장 · 신안 · 도면 · 비밀공식, 공정 양도소득 포함
독립적 인적용역소득	국내 고정시설에 귀속되는 소득에 대해 과세
	역년 중 총 183일 이상 국내 체재 시 과세
	* 거주자(개인, 법인, 기타 단체) 적용

해외 자회사가 국내 모회사로 배당소득을 송금할 때 원천징수를 한다면 국내 모회사는 자신의 이름으로 해당 국가에 직접 법인세를 납부하고, 해당 세액을 포함한 전체 배당소득을 법인세법에 따라 익금으로 과세받는다. 이때 만약에 모회사가 이러한 원천징수액을 세액공제의 방식으로 조정하고자 한다면 원천징수 당시 세금과공과 등으로 손금으로 기록한 원천징수금액을 손금불산입하고 한도 이내의 금액을 세액공제하게 된다.

[판단하기: 배당 원천징수]

회계처리와 세무조정

1. 해외 자회사로부터 배당금 10,000,000원을 지급받는 경우 회계처리

차 변		대 변	
현금	8,500,000원	배당금수입	10,000,000원
세금과공과*	1,500,000원		

* 해외에서 원천징수율 15%로 과세

2. 배당금 원천징수금액을 세액공제 결정 시 세무조정

　[손금불산입] 　1,500,000원 　기타사외유출

---

② 직접 진출방식

내국법인이 해외에서 사업을 하지만 해당 국가에서 별도의 법인을 설립하지 않은 경우라도 해당 국가에서 과세될 수 있다. 물론 해당 소득은 우리나라의 각 사업연도소득에 포함되어 과세되고 따라서 그런 경우 국제적으로 이중과세가 발생하게 된다.

이때 해외에서 발생한 사업소득을 해당 국가에서 과세하는 방식은 두 가지로 나눌 수 있다. 첫 번째는 해당 국가에 법인을 설립하지 않았음에도 국가에서 발생한 소득에 대해 법인세의 신고의무가 있는 경우이다. 이는 해외에서의 사업을 운영하는 주체가 법인세법과 조세조약에 규정된

'국내사업장(내국사업장)'을 구성한 것으로 인정될 경우이다. 두 번째는 해당 국가에서 발생한 사업소득을 거래처로부터 지급받을 때 소득의 지급자가 일정 금액을 원천징수하여 법인세를 부담하는 경우이다.

종 류	내 용
법인세 신고	국외에 국내사업장을 보유한 경우
원천징수	해외 거래처로부터 소득에 대해 원천징수하는 경우

먼저 첫 번째의 국내사업장 규정을 살펴보도록 하자. 국내사업장은 우리나라의 법인세법에서 정의하는 용어로서 본래 외국법인이 우리나라에서 사업을 수행하는 경우에 과세하기 위해 제작되었다. 진출한 국가의 법인세법에 아래와 같은 국내사업장의 규정이 있는 경우 해당 규정에 해당한다면 원칙적으로 법인세가 과세되겠지만, 해당 국가와 우리나라 사이에 체결된 조세조약을 한 번 더 살펴보아야 한다. 조약에 따라 사업소득에 대해 과세권이 없을 수도 있기 때문이다. 법인세법의 규정과 한일 조세조약의 국내사업장, 고정사업장의 정의를 예시로 살펴보도록 하자.

[판단하기: 국내(고정)사업장] 법인세법과 조세조약의 국내사업장

1. 법인세법의 국내사업장
[법인세법 제94조]
① 외국법인이 국내에 사업의 전부 또는 일부를 수행하는 고정된 장소를 가지고 있는 경우에는 국내사업장이 있는 것으로 한다.
② 제1항에 따른 국내사업장에는 다음 각 호의 어느 하나에 해당하는 장소를 포함하는 것으로 한다.
• 지점, 사무소, 영업소
• 상점과 같은 고정된 판매장소
• 작업장, 공장, 창고
• 고용인을 통하여 용역을 제공하는 경우로서 다음 어느 하나에 해당되는 장소
　가. 용역의 제공이 계속되는 12개월 중 총 6개월을 초과하는 기간 동안 용역이 수행되는 장소

나. 용역의 제공이 계속되는 12개월 중 총 6개월을 초과하지 아니하는 경우로
　　　　서 유사한 종류의 용역이 2년 이상 계속적·반복적으로 수행되는 장소
　•6개월을 초과하여 존속하는 건축 장소, 건설·조립·설치공사의 현장 또는 이
　　와 관련되는 감독 활동을 수행하는 장소
　•광산·채석장 또는 해저천연자원이나 그 밖의 천연자원의 탐사 및 채취 장소
　　[국제법에 따라 우리나라가 영해 밖에서 주권을 행사하는 지역으로서 우리나
　　라의 연안에 인접한 해저지역의 해상(海床)과 하층토(下層土)에 있는 것을
　　포함한다]
③ 외국법인이 제1항에 따른 고정된 장소를 가지고 있지 아니한 경우에도 다음
각 호의 어느 하나에 해당하는 자 또는 이에 준하는 자로서 대통령령으로 정하
는 자를 두고 사업을 경영하는 경우에는 그 자의 사업장 소재지(사업장이 없는
경우에는 주소지로 하고, 주소지가 없는 경우에는 거소지로 한다)에 국내사업장
을 둔 것으로 본다.
1. 국내에서 그 외국법인을 위하여 다음 각 목의 어느 하나에 해당하는 계약(이
　　하 이 항에서 "외국법인 명의 계약등"이라 한다)을 체결할 권한을 가지고 그
　　권한을 반복적으로 행사하는 자
　　가. 외국법인 명의의 계약
　　나. 외국법인이 소유하는 자산의 소유권 이전 또는 소유권이나 사용권을 갖
　　　　는 자산의 사용권 허락을 위한 계약
　　다. 외국법인의 용역제공을 위한 계약
2. 국내에서 그 외국법인을 위하여 외국법인 명의 계약등을 체결할 권한을 가지
　　고 있지 아니하더라도 계약을 체결하는 과정에서 중요한 역할(외국법인이 계
　　약의 중요사항을 변경하지 아니하고 계약을 체결하는 경우로 한정한다)을 반
　　복적으로 수행하는 자
④ 다음 각 호의 장소가 외국법인의 사업 수행상 예비적이며 보조적인 성격을
가진 활동을 하기 위하여 사용되는 경우에는 제1항에 따른 국내사업장에 포함
되지 아니한다.
1. 외국법인이 자산의 단순한 구입만을 위하여 사용하는 일정한 장소
2. 외국법인이 판매를 목적으로 하지 아니하는 자산의 저장이나 보관만을 위하
　　여 사용하는 일정한 장소
3. 외국법인이 광고, 선전, 정보의 수집 및 제공, 시장조사, 그 밖에 이와 유사한
　　활동만을 위하여 사용하는 일정한 장소
4. 외국법인이 자기의 자산을 타인으로 하여금 가공하게 할 목적으로만 사용하
　　는 일정한 장소
⑤ 제4항에도 불구하고 특정 활동 장소가 다음 각 호의 어느 하나에 해당하는

경우에는 제1항에 따른 국내사업장에 포함한다.
1. 외국법인 또는 대통령령으로 정하는 특수관계가 있는 외국법인(비거주자를 포함한다. 이하 이 항에서 "특수관계가 있는 자"라 한다)이 특정 활동 장소와 같은 장소 또는 국내의 다른 장소에서 사업을 수행하고 다음 각 목의 요건을 모두 충족하는 경우
   가. 특정 활동 장소와 같은 장소 또는 국내의 다른 장소에 해당 외국법인 또는 특수관계가 있는 자의 국내사업장이 존재할 것
   나. 특정 활동 장소에서 수행하는 활동과 가목의 국내사업장에서 수행하는 활동이 상호 보완적일 것
2. 외국법인 또는 특수관계가 있는 자가 특정 활동 장소와 같은 장소 또는 국내의 다른 장소에서 상호 보완적인 활동을 수행하고 각각의 활동을 결합한 전체적인 활동이 외국법인 또는 특수관계가 있는 자의 사업 활동에 비추어 예비적이며 보조적인 성격을 가진 활동에 해당하지 아니하는 경우

2. 조세조약의 고정사업장

[한일 조세조약 제7조]
1. 일방체약국 기업의 이윤에 대하여는, 그 기업이 타방체약국 안에 소재하는 고정사업장을 통하여 동 타방체약국에서 사업을 수행하지 아니하는 한, 동 일방체약국에서만 과세한다. 기업이 앞에 언급한 것과 같이 사업을 수행하는 경우 그 기업의 이윤 중 동 고정사업장에 귀속시킬 수 있는 부분에 대하여만 동 타방체약국에서 과세할 수 있다.

[한일 조세조약 제5조]
1. 이 협약의 목적상 "고정사업장"이라 함은, 기업의 사업이 전적으로 또는 부분적으로 수행되는 고정된 사업장소를 말한다.
2. "고정사업장"이라 함은 특히 다음의 것을 포함한다.
   가. 관리장소
   나. 지점
   다. 사무소
   라. 공장
   마. 작업장 및
   바. 광산·유전·가스정·채석장 또는 기타 천연자원의 채취장소
3. 건축장소, 건설·설치공사 또는 이와 관련된 감독활동은 그러한 장소·공사 또는 활동이 6월을 초과하여 존속하는 경우에만 고정사업장을 구성한다.
4. 이 조 전항들의 규정에 불구하고 "고정사업장"은 다음을 포함하지 아니하는

것으로 본다.

가. 기업 소유의 재화 또는 상품의 저장·전시 또는 인도만을 목적으로 한 시설의 이용

나. 저장·전시 또는 인도만을 목적으로 한 기업 소유의 재화 또는 상품의 재고 보유

다. 다른 기업에 의한 가공만을 목적으로 한 기업 소유의 재화 또는 상품의 재고 보유

라. 기업을 위한 재화 또는 상품의 구입 또는 정보의 수집만을 목적으로 한 고정된 사업장소의 유지

마. 기업을 위한 기타 예비적 또는 보조적인 성격의 활동만을 수행하는 것을 목적으로 한 고정된 사업장소의 유지

바. 이 항 가목 내지 마목에 규정된 활동의 복합만을 위한 고정된 사업장소의 유지. 다만, 이러한 복합으로부터 초래되는 고정된 사업장소의 전반적 활동이 예비적이거나 보조적인 성격의 것이어야 한다.

위의 규정된 바에 따라 해당 국가의 법인세법이나 조세조약에 따라 국내사업장에 해당될 경우에는 해당 국가에 법인세를 신고·납부할 의무를 지고, 이렇게 법인세를 납부하는 경우 해당 금액은 국내회사의 직접외국납부세액에 해당하게 된다.

두 번째의 과세 방식은 해당 사업의 주체가 국내사업장에 해당되지 않는 경우 소득의 종류에 따라 원천징수로 과세하는 방식이다. 이는 마찬가지로 해당 국가의 법인세법과 조세조약에 정해진 바에 따라 과세하게 되며, 마찬가지로 내국법인에게는 직접외국납부세액에 해당한다.

③ 세액공제 한도

외국납부세액을 세액공제의 방식으로 공제하고자 하는 경우 법인세법에서는 공제의 한도를 두어 한도를 초과하는 해당 사업연도에 공제하지 않고 10년간 이월하여 추가로 공제하도록 하고 있다. 이때 외국납부세액의 공제한도는 아래와 같다.

$$\text{외국납부세액 공제한도} = \text{해당사업연도 법인세액} \times \frac{\text{해당 사업연도 국외원천소득}}{\text{해당 사업연도의 과세표준}}$$

위의 산식에 포함되는 항목들을 계산할 때에는 몇 가지 주의해야 할 점이 있다.

항 목	내 용
국외원천소득	국외에서 발생한 소득으로서 과세표준에 포함되어 있고, 내국법인의 각 사업연도소득의 계산에 관한 규정을 준용하여 산출한 금액
비용 배분	국외원천소득에 직접 또는 간접으로 대응하는 손금이 있는 경우에는 그 금액을 차감하여 국외원천소득금액을 계산
한도계산방식	현행 법인세법에서는 국가별로 한도를 따로 계산하는 방식임.
이월세액공제	10년간 이월하여 공제함.
외국법인세액	국외원천소득에 대하여 외국 정부나 지방자치단체로부터 과세되어 납부하였거나 납부할 법인세액

㉮ 국외원천소득

국외에서 소득금액이 발생하는 경우 이를 국외원천소득으로 부른다. 국외원천소득의 범위는 우리나라의 세법에 의하여 계산한 국외원천소득을 말한다.

[판단하기: 국외원천소득]

국외원천소득과 법인세법의 국내원천소득
법인세법 기본통칙 57 - 0…1
　법 제57조 제1항의 규정에서 "국외원천소득"이라 함은 우리나라 세법에 의하여 계산한 국외원천소득을 말한다.

국외원천소득금액을 계산할 때 주의해야 할 점은 국외 매출액이 아닌 소득금액이라는 점이다. 앞서 각 사업연도소득금액을 계산할 때에도 수익에 해당하는 익금에서 공제대상 손금의 금액을 차감하였듯이 국외원천소득금액을 계산할 때에도 국외수입금액에 대응하는 손금을 차감하여 손금을 계산하여야 한다. 물론 차감한 손금의 금액만큼 외국납부세액의 공제한도는 감소할 것이다. 자세한 사항은 이어서 자세히 살펴보도록 하자.

> [판단하기: 국외원천소득에서 차감할 필요경비]
>
> **법인세법 시행령 제94조 제2항**
>
> 법 제57조 제1항이 적용되는 국외원천소득은 국외에서 발생한 소득으로서 내국법인의 각 사업연도소득의 과세표준 계산에 관한 규정을 준용해 산출한 금액으로 하고, 같은 항에 따라 공제한도금액을 계산할 때의 국외원천소득은 그 국외원천소득에서 해당 사업연도의 과세표준을 계산할 때 손금에 산입된 금액(국외원천소득이 발생한 국가에서 과세할 때 손금에 산입된 금액은 제외한다)으로서 국외원천소득에 대응하는 다음 각 호의 비용을 뺀 금액으로 한다.
> 1. 직접비용: 해당 국외원천소득에 직접적으로 관련되어 대응되는 비용. 이 경우 해당 국외원천소득과 그 밖의 소득에 공통적으로 관련된 비용은 제외한다.
> 2. 배분비용: 해당 국외원천소득과 그 밖의 소득에 공통적으로 관련된 비용 중 기획재정부령으로 정하는 방법에 따라 계산한 국외원천소득 관련 비용(법칙 제47조 제3항)
>   가. 국외원천소득과 그 밖의 소득의 업종이 동일한 경우의 공통손금은 국외원천소득과 그 밖의 소득별로 수입금액 또는 매출액에 비례하여 안분계산
>   나. 국외원천소득과 그 밖의 소득의 업종이 다른 경우의 공통손금은 국외원천소득과 그 밖의 소득별로 개별 손금액에 비례하여 안분계산

㉯ 비용 배분

앞서 살펴본 것처럼 국외원천소득금액을 계산하기 위해서는 관련한 직접비용과 배분비용을 차감해야 하고, 이로 인해 국외원천소득금액이 감소되어 결과적으로 외국납부세액공제의 한도가 감소하게 된다. 따라서 국외원천소득에 대응하는 비용을 명확히 구분해야 하지만 납세의무자와

과세관청 사이에 관련비용의 범위에 대한 다툼이 빈번하게 발생하는 편이다.

㉰ 한도계산방식

　외국납부세액의 공제를 세액공제로 신청하는 경우 2014년도까지는 국외원천소득금액이 여러 국가에서 발생한 경우 모든 국가의 한도를 일괄하여 한도를 적용할 수도 있었고, 국가별로 한도를 계산하여 적용할 수도 있었다. 즉, 법인이 유리한 과세방식을 선택할 수 있었는데 이를 일괄한도와 국별한도의 방식으로 불렀다. 하지만 2015년도부터는 법인세법의 개정으로 국별한도만이 적용이 가능하여 2개 이상의 국가에서 국외원천소득이 발생하는 경우 국가별로 한도를 계산하여 적용하고 한도가 초과되는 세액 또한 국가별로 이월하여 공제해야 한다.

[판단하기: 국외원천소득]

법인세법 시행령 제94조 제7항

  법 제57조 제1항에 따른 공제한도금액(외국납부세액공제 한도)을 계산할 때 국외사업장이 2 이상의 국가에 있는 경우에는 국가별로 구분하여 이를 계산한다.

보론 / :: **국별한도의 계산방식**

기본통칙 57-94…1

【2개 이상의 국가에 국외사업장이 있는 경우 외국납부세액공제 한도액 계산】

  영 제94조 제7항의 규정에 의하여 외국납부세액공제 한도액을 국가별로 구분하여 계산하는 경우에 어느 국가의 소득금액이 결손인 경우의 기준국외 원천소득금액 계산은 각국별 소득금액에서 그 결손금액을 총소득금액에 대한 국가별 소득금액 비율로 안분계산하여 차감한 금액으로 한다.

1. 국별 외국납부세액공제 한도액 계산

국가	외국납부세액	국별소득	기준국외 원천소득	세액공제한도액	비고
A국	100	500	$500 - (600 \times \frac{500}{1,000}) = 200$	$120 \times \frac{200}{400}) = 60$	
B국	0	△600			산출세액 120
C국	60	300	$300 - (600 \times \frac{300}{1,000}) = 120$	$120 \times \frac{120}{400}) = 36$	
국내	-	200			
계	160	△600 1,000	320	96	

2. 국별한도방식의 세액공제

구 분				국별한도액		
구 분	소득금액	세율	외국납부세액	공제한도	공제세액	미공제세액
A국	1,000	25%	250	300	250	–
B국	2,000	35%	700	600	600	100
C국	3,000	37.5%	1,125	900	900	225
국내	4,000	30.0%	–	–	–	–
합계	10,000	–	2,075	–	1,750	325
총부담세액				(3,000+2,075−1,750)=3,325		

3. 국별한도와 일괄한도의 비교

구 분				국별한도액			일괄한도액		
구분	소득금액	세율	외국납부세액	공제한도	공제세액	미공제세액	공제한도	공제세액	미공제세액
A국	1,000	25%	250	300	250	–	1,800	1,800	275
B국	2,000	35%	700	600	600	100			
C국	3,000	37.5%	1,125	900	900	225			
국내	4,000	30.0%	–	–	–	–			
합계	10,000	–	2,075	–	1,750	325		1,800	275
총부담세액				(3,000+2,075−1,750)=3,325			(3,000+2,075−1,800)=3,275		

㉑ 이월세액공제

외국정부에 납부하였거나 납부할 외국법인세액이 공제한도를 초과하는 경우 그 초과하는 금액은 해당 사업연도의 다음 사업연도 개시일부터 10년 이내에 끝나는 각 사업연도에 이월하여 그 이월된 사업연도의 공제한도 범위에서 공제받을 수 있다.

㉕ 외국 법인세액

한도를 계산하였다면 이제 외국에 납부한 법인세액과 비교하여 한도 이내의 금액을 세액공제할 수 있다. 이때 외국에 납부한 법인세액이란 국외원천소득에 대하여 외국 정부나 지방자치단체로부터 과세되어 납부하였거나 납부할 아래의 세액을 말한다.

> 1. 초과이윤세 및 기타 법인의 소득 등을 과세표준으로 하여 과세된 세액
> 2. 법인의 소득 등을 과세표준으로 하여 과세된 세의 부가세액
> 3. 법인의 소득 등을 과세표준으로 하여 과세된 세와 동일한 세목에 해당하는 것으로서 소득 외의 수익금액 기타 이에 준하는 것을 과세표준으로 하여 과세된 세액

보론 ⠿ **간주외국납부세액**

외국납부세액공제가 가능한 외국납부세액의 종류는 총 세 가지이다.
- 직접외국납부세액
- 간접외국납부세액
- 간주외국납부세액

간주외국납부세액이란 해외에서 특별법을 적용받아 법인세를 공제·감면받는 경우에 그 공제·감면받는 금액을 해외에 납부한 것으로 간주하여 국내에서 법인세를 신고할 때 외국납부세액공제를 받는 것을 말한다. 이는 해외 자본의 유치를 통해 국가의 발전을 도모하는 제3국에 투자하는 기업에게 해당 국가에서 공제·감면받는 혜택을 유지하여 주고자 만든 개념이다. 만약에 해외에서 공제·감면받은 금액을 있는 그대로 적용하는 경우 회사는 외국에서 납부한 법인세가 없으므로 회사는 국내에서 고스란히 법인세를 납부하여야 한다. 따라서 간주외국납부세액공제는 국내기업이 해외 개발도상국에 투자를 장려하는 정책이다. 따라서 이는 우리나라의 법인세 세수를 낮추는 역할을 하므로 적용에 엄격한 요건이 있어야 할 것이다. 간주외국납부세액공제를 적용하기 위해서는 아래의 요건을 충족하여야 한다.
- 국외 투자국의 특별법에 따라 법인세가 감면됨.
- 해당 국가와의 조세조약에 간주외국납부세액공제의 내용이 명시될 것

(5) [조세특례제한법] 고용을 증대시킨 기업에 대한 세액공제

1) 한마디 정의

기업이 상시근로자의 고용을 전년대비 증가시키는 경우 증가한 근로자의 구분과 지역, 기업의 규모에 따라 해당 과세연도와 1년에서 2년이 되는 과세연도까지 일정한 금액을 세액공제한다(조특 제29조의7 및 조특 29조의8).

근로자의 종류	중소기업		중견기업	대기업
	수도권 내	수도권 밖		
일반 상시근로자	700	770	450	–
청년 등 상시근로자	1,100	1,200	800	400

2) 읽어보기

조세특례제한법에는 정부가 기업들로 하여금 정책적인 목적에 따라 경영활동을 수행하도록 유도하기 위해 다양한 세액공제와 감면과 같은 장려책이 담겨있다. 이 중 법인세에 대한 장려책은 고용과 투자를 늘릴 때 공제하는 항목들이 많은데, 기존에 존재하던 고용창출투자세액공제의 추가공제 항목과 청년고용증대세제를 통합하여 2018년도부터 강화된 고용을 증가시킨 기업에 대한 세액공제가 만들어졌다. 기본적으로 고용을 늘릴 때마다 늘어나는 인원 한 명당 최저 400만 원에서 최고 1,200만 원을 공제하여 주는데 증가한 직원의 종류와 증가된 지역, 기업의 규모에 따라 해당 과세연도와 1년에서 2년이 되는 과세연도까지 금액을 차등하여 공제하여 주는 것이 특징이다.

한편, 2023년 사업연도부터 고용 관련 세액공제를 통합하여 조특법 제29조의 8에 통합고용세액공제 규정을 신설하였으며, 2023년에는 통합고용세액공제와 고용을 증대시킨 기업에 대한 세액공제 등 타 고용 관련 세

액공제 중 높은 금액을 선택하여 적용할 수 있다.

3) 주요 내용

항 목	내 용
공제요건	세액공제를 적용하기 위해 업종, 근로자 수의 증가요건 존재
공제금액의 계산	회사의 규모와 증가된 근로자의 구분, 지역에 따라 공제금액 차등
사후관리	2년간 근로자의 수가 감소할 경우 공제액을 추징

① 공제요건

㉮ 업종

고용증대세액공제의 공제대상은 negative방식에 따라 공제가 불가능한 업종을 정해놓고 있다.

[판단하기: 세액공제 제외 업종]

조세특례제한법 시행령 제29조 제3항

법 제32조 제1항에서 "대통령령으로 정하는 소비성서비스업"이란 다음 각 호의 어느 하나에 해당하는 사업을 말한다.
1. 호텔업 및 여관업(「관광진흥법」에 따른 관광숙박업은 제외한다)
2. 주점업(일반유흥주점업, 무도유흥주점업 및 「식품위생법 시행령」 제21조에 따른 단란주점 영업만 해당하되, 「관광진흥법」에 따른 외국인전용유흥음식점업 및 관광유흥음식점업은 제외한다)
3. 그 밖에 오락 · 유흥 등을 목적으로 하는 사업으로서 기획재정부령으로 정하는 사업

상기 업종 중 "그 밖에 오락 · 유흥 등을 목적으로 하는 사업으로서 기획재정부령으로 정하는 사업"은 현재 시행규칙에 정하고 있지 않다.

㉯ 공제기간

일반적으로 조세특례제한법의 세액공제는 해당 요건을 충족한 사업연도만 공제해주는 것과 달리 고용증대세제에서는 공제받은 사업연도 이후 상시근로자 수가 감소하지 않는 요건을 충족하면 아래의 기간에 따라 공제를 계속하여 준다.

항목	공제기간	추가 공제금액
대기업	1년	• 청년 등 상시근로자 수가 감소하지 아니한 경우: 공제 사업 연도에 공제받은 금액 상당액
중견기업	2년	• 상기 외의 경우: 제1항 제2호에 따라 공제받은 금액 상당액
중소기업	2년	

2018년도의 세법개정으로 공제기간이 1년씩 추가되었고, 추가 공제금액을 결정하는 "청년 등 상시근로자"란 청년 정규직 근로자, 장애인 근로자, 60세 이상인 근로자 등 대통령령으로 정하는 상시근로자를 말한다. 청년 등 상시근로자는 이어지는 내용을 확인하도록 하자.

㉰ 상시근로자 수 증가

조세특례제한법에는 상시근로자 수가 증가하는 경우를 요건으로 하는 세액공제가 몇 가지 있다. 상시근로자 수의 증감 요건에 대해 기술하고 있는 법문상의 문구는 상시근로자 수가 변동이 없는 경우 해석이 일부 달라질 수 있어 이를 잘 판단하여야 한다. 상시근로자는 근로계약을 체결한 내국인 근로자 중에 단기간근로자나 임원, 최대주주의 배우자와 직계존비속 등을 제외한 사람을 말한다. 상시근로자의 수를 계산할 때에는 매월 상시근로자의 평균으로 계산한다. 상시근로자 수의 증감에 대한 규정된 내용은 아래와 같다.

- **정의**: 상시근로자는 「근로기준법」에 따라 근로계약을 체결한 내국인 근로자
- 상시근로자에서 제외하는 경우
  1. 근로계약기간이 1년 미만인 근로자. 다만, 근로계약의 연속된 갱신으로 인하여 그 근로계약의 총 기간이 1년 이상인 근로자는 상시근로자로 본다.
  2. 「근로기준법」 제2조 제1항 제9호에 따른 단시간근로자. 다만, 1개월간의 소정근로시간이 60시간 이상인 근로자는 상시근로자로 본다.
  3. 「법인세법 시행령」 제40조 제1항 각 호의 어느 하나에 해당하는 임원
  4. 해당 기업의 최대주주 또는 최대출자자(개인사업자의 경우에는 대표자를 말한다)와 그 배우자
  5. 제4호에 해당하는 자의 직계존비속(그 배우자를 포함한다) 및 「국세기본법 시행령」 제1조의2 제1항에 따른 친족관계인 사람
  6. 「소득세법 시행령」 제196조에 따른 근로소득원천징수부에 의하여 근로소득세를 원천징수한 사실이 확인되지 아니하고, 다음 각 목의 어느 하나에 해당하는 금액의 납부사실도 확인되지 아니하는 자
     가. 「국민연금법」 제3조 제1항 제11호 및 제12호에 따른 부담금 및 기여금
     나. 「국민건강보험법」 제69조에 따른 직장가입자의 보험료

- 상시근로자 수와 청년 등 상시근로자 수의 계산

$$\text{상시근로자 수} = \frac{\text{해당 과세연도의 매월 말 현재 상시근로자 수의 합}}{\text{해당 과세연도의 개월 수}}$$

$$\text{청년 등 상시근로자 수} = \frac{\text{해당 과세연도의 매월 말 현재 청년 등 상시근로자 수의 합}}{\text{해당 과세연도의 개월 수}}$$

1. 1개월간의 소정근로시간이 60시간 이상인 근로자 1명은 0.5명
2. 아래의 지원요건을 모두 충족하는 경우에는 0.75명
   가. 해당 과세연도의 상시근로자 수(제10항 제2호 단서에 따른 근로자는 제외한다)가 직전 과세연도의 상시근로자 수(제10항 제2호 단서에 따른 근로자는 제외한다)보다 감소하지 아니하였을 것
   나. 기간의 정함이 없는 근로계약을 체결하였을 것
   다. 상시근로자와 시간당 임금(「근로기준법」 제2조 제1항 제5호에 따른 임금, 정기상여금·명절상여금 등 정기적으로 지급되는 상여금과 경영성과에 따른 성과금을 포함한다), 그 밖에 근로조건과 복리후생 등에 관

한 사항에서 「기간제 및 단시간근로자 보호 등에 관한 법률」 제2조 제3호에 따른 차별적 처우가 없을 것

라. 시간당 임금이 「최저임금법」 제5조에 따른 최저임금액의 100분의 130 (중소기업의 경우에는 100분의 120) 이상일 것

② 공제금액의 계산

㉮ 계산식

고용증대세재의 세액공제금액을 계산하기 위해서는 '청년 등 상시근로자'와 '수도권'의 기준을 이해하고 회사가 어떤 범주에 속하는지 알아야 한다.

보론 / :: **고용증대세액공제 계산식**

공제액
= 아래 분류에 따른 근로자의 수가 증가하는 경우에 1인 증가당 아래의 금액을 합산한 금액
(일반 상시근로자 증가당 세액공제액 + 청년 정규직 근로자 증가당 세액공제액)

근로자의 종류	중소기업		중견기업	대기업
	수도권 내	수도권 밖		
일반 상시근로자(청년 등 외)	700	770	450	–
청년 등 상시근로자	1,100	1,200	800	400

㉯ **청년 정규직 근로자, 장애인 근로자, 60세 이상인 근로자 등 대통령령으로 정하는 상시근로자**

회사의 일반 상시근로자 중 아래의 요건을 충족하는 근로자의 수가 증가하는 경우 상기 표의 청년 정규직 근로자의 증가로 보아 더 높은 공제금액을 적용할 수 있다. 이때 청년 정규직 근로자, 장애인 근로자, 60세

이상인 근로자 등 대통령령으로 정하는 상시근로자를 '청년 등 상시근로자'로 줄여서 표기하고 있다.

보론 / :: 청년 등 상시근로자

- 15세 이상 34세 이하인 사람 중 다음 각 목의 어느 하나에 해당하는 사람을 제외한 사람. 다만, 해당 근로자가 제27조 제1항 제1호 각 목의 어느 하나에 해당하는 병역을 이행한 경우(현역병, 사회복무요원, 현역 복무 중인 장교, 준사관, 부사관)에는 그 기간(6년을 한도로 한다)을 현재 연령에서 빼고 계산한 연령이 34세 이하인 사람을 포함한다.
  - 가. 「기간제 및 단시간근로자 보호 등에 관한 법률」에 따른 기간제근로자 및 단시간근로자
  - 나. 「파견근로자보호 등에 관한 법률」에 따른 파견근로자
  - 다. 「청소년 보호법」 제2조 제5호 각 목에 따른 업소에 근무하는 같은 조 제1호에 따른 청소년
- 「장애인복지법」의 적용을 받는 장애인과 「국가유공자 등 예우 및 지원에 관한 법률」에 따른 상이자
- 「5·18민주유공자예우에 관한 법률」 제4조 제2호에 따른 5·18민주화운동부상자와 「고엽제후유의증 등 환자지원 및 단체설립에 관한 법률」 제2조 제3호에 따른 고엽제후유의증환자로서 장애등급 판정을 받은 사람
- 근로계약 체결일 현재 연령이 60세 이상인 사람

㉣ 수도권

고용증대세제에서는 상시근로자와 청년 등 상시근로자가 증가할 때 중소기업의 수도권 밖의 지역 증가분에 더 많은 공제혜택을 부여하고 있다. 조세특례제한법의 세액공제에는 이렇게 수도권지역, 수도권 내의 과밀억제권역, 수도권 밖의 지역의 공제를 차등 적용하는 경우가 더러 있다. 이때 수도권이란 서울특별시와 인천광역시, 경기도 지역을 말한다.

- 조세특례제한법 제2조: "수도권"이란 「수도권정비계획법」 제2조 제1호에 따른 수도권을 말한다.
- 수도권 정비계획법 제2조: "수도권"이란 서울특별시와 대통령령으로 정하는 그 주변 지역을 말한다.
- 수도권 정비계획법 시행령 제2조: "대통령령으로 정하는 그 주변 지역"이란 인천광역시와 경기도를 말한다.

③ 사후관리

법인세를 공제받은 내국인이 공제를 받은 과세연도의 종료일부터 2년이 되는 날이 속하는 과세연도의 종료일까지의 기간 중 각 과세연도의 '청년 등 상시근로자 수' 또는 '전체 상시근로자 수'가 공제를 받은 과세연도보다 감소한 경우에는 대통령령으로 정하는 바에 따라 공제받은 세액에 상당하는 금액을 추징한다.

다음의 금액을 추징한다.
1. 법 제29조의7 제1항에 따라 최초로 공제받은 과세연도의 종료일부터 1년이 되는 날이 속하는 과세연도의 종료일까지의 기간 중 최초로 공제받은 과세연도보다 상시근로자 수 또는 청년 등 상시근로자 수가 감소하는 경우: 다음 각 목의 구분에 따라 계산한 금액(해당 과세연도의 직전 1년 이내의 과세연도에 법 제29조의7 제1항에 따라 공제받은 세액을 한도로 한다)
   가. 상시근로자 수가 감소하는 경우
      1) 청년 등 상시근로자의 감소한 인원 수가 상시근로자의 감소한 인원 수 이상인 경우

[최초로 공제받은 과세연도 대비 청년 등 상시근로자의 감소한 인원 수(최초로 공제받은 과세연도에 청년 등 상시근로자의 증가한 인원 수를 한도로 한다) − 상시근로자의 감소한 인원 수] × (법 제29조의7 제1항 제1호의 금액 − 같은 항 제2호의 금액) + (상시근로자의 감소한 인원 수 × 법 제29조의7 제1항 제1호의 금액)

  2) 그 밖의 경우

[최초로 공제받은 과세연도 대비 청년 등 상시근로자의 감소한 인원 수(상시근로자의 감소한 인원 수를 한도로 한다) × 법 제29조의7 제1항 제1호의 금액] + [최초로 공제받은 과세연도 대비 청년 등 상시근로자 외 상시근로자의 감소한 인원 수(상시근로자의 감소한 인원 수를 한도로 한다) × 법 제29조의7 제1항 제2호의 금액]

  나. 상시근로자 수는 감소하지 않으면서 청년 등 상시근로자 수가 감소한 경우

최초로 공제받은 과세연도 대비 청년 등 상시근로자의 감소한 인원 수(최초로 공제받은 과세연도에 청년 등 상시근로자의 증가한 인원 수를 한도로 한다) × (법 제29조의7 제1항 제1호의 금액 − 같은 항 제2호의 금액)

2. 제1호에 따른 기간의 다음 날부터 법 제29조의7 제1항에 따라 최초로 공제받은 과세연도의 종료일부터 2년이 되는 날이 속하는 과세연도의 종료일까지의 기간 중 최초로 공제받은 과세연도보다 상시근로자 수 또는 청년 등 상시근로자 수가 감소하는 경우: 다음 각 목의 구분에 따라 계산한 금액(제1호에 따라 계산한 금액이 있는 경우 그 금액을 제외하며, 해당 과세연도의 직전 2년 이내의 과세연도에 법 제29조의7 제1항에 따라 공제받은 세액의 합계액을 한도로 한다)

  가. 상시근로자 수가 감소하는 경우

    1) 청년 등 상시근로자의 감소한 인원 수가 상시근로자의 감소한 인원 수 이상인 경우

[최초로 공제받은 과세연도 대비 청년 등 상시근로자의 감소한 인원 수(최초로 공제받은 과세연도에 청년 등 상시근로자의 증가한 인원 수를 한도로 한다) - 상시근로자의 감소한 인원 수] × (법 제29조의7 제1항 제1호의 금액 - 같은 항 제2호의 금액) × 직전 2년 이내의 과세연도에 공제받은 횟수 + (상시근로자의 감소한 인원 수 × 법 제29조의7 제1항 제1호의 금액 × 직전 2년 이내의 과세연도에 공제받은 횟수)

  2) 그 밖의 경우: 최초로 공제받은 과세연도 대비 청년 등 상시근로자 및 청년 등 상시근로자 외 상시근로자의 감소한 인원 수(상시근로자의 감소한 인원 수를 한도로 한다)에 대해 직전 2년 이내의 과세연도에 공제받은 세액의 합계액
  나. 상시근로자 수는 감소하지 않으면서 청년 등 상시근로자 수가 감소한 경우

최초로 공제받은 과세연도 대비 청년 등 상시근로자의 감소한 인원 수(최초로 공제받은 과세연도에 청년 등 상시근로자의 증가한 인원 수를 한도로 한다) × (법 제29조의7 제1항 제1호의 금액 - 같은 항 제2호의 금액) × 직전 2년 이내의 과세연도에 공제받은 횟수

(6) [조세특례제한법] 중소기업에 대한 특별세액감면

1) 한마디 정의

법에서 정한 업종을 영위하는 중소기업이 2025년도까지 발생한 소득에 대해서는 기업의 규모, 사업장의 위치와 업종에 따라 5%에서 30%까지 법인세를 감면한다.

2) 읽어보기

중소기업을 지원하기 위한 정책적인 목적으로 도입된 세법의 규정으로, 중소기업에 해당하고 제외대상 업종이 아니라면 소재지역과 업종에 따라 차등된 세액감면을 받을 수 있다.

항 목	내 용
중소기업	회사의 규모에 따라 중소기업, 소기업 여부를 판단
분류별 감면비율	회사의 업종과 소재지에 따라 감면비율 확인

3) 주요 내용

① 중소기업

내국인으로서 감면대상 업종을 영위하는 중소기업이 중소기업특별세액감면 대상이다. 따라서 조세특례제한법에 따른 중소기업인지 여부를 판단하여야 하며, 중소기업 내에서 소기업에 해당한다면 더 높은 감면율을 적용할 수 있다. 중소기업의 판단기준은 해당 단원을 참고하고, 여기에서는 소기업의 업종별 분류기준을 살펴보자.

소기업은 업종별 매출액이 기준금액 이내이어야 한다.

해당 기업의 주된 업종	규모 기준
1. 식료품 제조업	
2. 음료 제조업	
3. 의복, 의복액세서리 및 모피제품 제조업	
4. 가죽, 가방 및 신발 제조업	
5. 코크스, 연탄 및 석유정제품 제조업	
6. 화학물질 및 화학제품 제조업(의약품 제조업은 제외한다)	
7. 의료용 물질 및 의약품 제조업	해당 사업연도 매출액 120억 원 이하
8. 비금속 광물제품 제조업	
9. 1차 금속 제조업	
10. 금속가공제품 제조업(기계 및 가구 제조업은 제외한다)	
11. 전자부품, 컴퓨터, 영상, 음향 및 통신장비 제조업	
12. 전기장비 제조업	
13. 그 밖의 기계 및 장비 제조업	
14. 자동차 및 트레일러 제조업	

해당 기업의 주된 업종	규모 기준
15. 가구 제조업	
16. 전기, 가스, 증기 및 공기조절 공급업	
17. 수도업	
18. 농업, 임업 및 어업	해당 사업연도 매출액 80억 원 이하
19. 광업	
20. 담배 제조업	
21. 섬유제품 제조업(의복 제조업은 제외한다)	
22. 목재 및 나무제품 제조업(가구 제조업은 제외한다)	
23. 펄프, 종이 및 종이제품 제조업	
24. 인쇄 및 기록매체 복제업	
25. 고무제품, 및 플라스틱제품 제조업	
26. 의료, 정밀, 광학기기 및 시계 제조업	
27. 그 밖의 운송장비 제조업	
28. 그 밖의 제품 제조업	
29. 건설업	
30. 운수 및 창고업	
31. 금융 및 보험업	
32. 도매 및 소매업	해당 사업연도 매출액 50억 원 이하
33. 정보통신업	
34. 수도, 하수 및 폐기물 처리, 원료재생업(수도업은 제외한다)	해당 사업연도 매출액 30억 원 이하
35. 부동산업	
36. 전문·과학 및 기술 서비스업	
37. 사업시설관리, 사업지원 및 임대 서비스업	
38. 예술, 스포츠 및 여가 관련 서비스업	
39. 산업용 기계 및 장비 수리업	해당 사업연도 매출액 10억 원 이하
40. 숙박 및 음식점업	
41. 교육 서비스업	
42. 보건업 및 사회복지 서비스업	

해당 기업의 주된 업종	규모 기준
43. 수리(修理) 및 기타 개인 서비스업	

② 분류별 감면비율

회사는 중소기업특별세액감면을 적용받기 위해 먼저 적용대상 업종을 영위하여야 한다. 이때 회사가 영위하는 업종 중 일부가 감면대상에 해당하여도 감면대상사업에서 발생한 소득에 대해 감면을 적용한다.

[감면대상업종] (색 글씨는 법에서 열거한 지식기반산업)

- 작물재배업, 축산업, 어업, 광업
- 제조업
- 하수·폐기물 처리(재활용을 포함), 원료재생 및 환경복원업
- 건설업, 도매 및 소매업
- 운수업 중 여객운송업, 출판업
- 영상·비디오물 및 방송프로그램 제작업, 영화·비디오물 및 방송프로그램 제작 관련 서비스업, 영화·비디오물 및 방송프로그램 배급업, 오디오물 출판 및 원판녹음업
- 방송업, 전기통신업
- 컴퓨터 프로그래밍·시스템 통합 및 관리업, 정보서비스업(블록체인 기반 암호화자산 매매 및 중개업은 제외), 연구개발업
- 광고업(광고물 문안, 도안 및 설계 등 작성업 포함), 그 밖의 과학기술 서비스업
- 포장 및 충전업, 전문디자인업
- 창작 및 예술관련 서비스업 (자영예술가는 제외)
- 수탁생산업, 엔지니어링사업, 물류산업

- 「해운법」에 따른 선박관리업
- 「의료법」에 따른 의료기관을 운영하는 사업
- 「관광진흥법」에 따른 관광사업(카지노, 관광유흥음식점업 및 외국인전용 유흥음식점업은 제외)
- 「노인복지법」에 따른 노인복지시설을 운영하는 사업
- 「전시산업발전법」에 따른 전시산업
- 인력공급 및 고용알선업 (농업노동자 공급업을 포함)
- 콜센터 및 텔레마케팅 서비스업
- 「에너지이용 합리화법」 제25조에 따른 에너지절약전문기업이 하는 사업
- 「노인장기요양보험법」 제31조에 따른 장기요양기관 중 재가급여를 제공하는 장기요양기관을 운영하는 사업
- 무형재산 임대업(「지식재산 기본법」 제3조 제1호에 따른 지식재산을 임대하는 경우로 한정)
- 「국가과학기술 경쟁력 강화를 위한 이공계지원 특별법」 제2조 제4호 나목에 따른 연구개발지원업

- 「학원의 설립·운영 및 과외교습에 관한 법률」에 따른 직업기술 분야를 교습하는 학원을 운영하는 사업 또는 「근로자직업능력개발법」에 따른 직업능력개발훈련시설을 운영하는 사업(직업능력개발 훈련을 주된 사업으로 하는 경우에 한함)
- 자동차정비공장을 운영하는 사업
- 건물 및 산업설비 청소업
- 경비 및 경호서비스업
- 시장조사 및 여론조사업
- 사회복지 서비스업
- 보안시스템 서비스업, 임업
- 통관 대리 및 관련 서비스업
- 개인간병 및 유사서비스업, 사회교육시설, 직원훈련기관, 기타 기술 및 직원훈련학원, 도서관
- 사적지 및 유사여가관련 서비스업 (독서실 운영업은 제외)
- 「민간주택임대에 관한 특별법」에 따른 주택임대 관리업
- 「신에너지 및 재생에너지 개발·이용·보급 촉진법」에 따른 신·재생에너지 발전사업
- 소프트웨어 개발 및 공급업
- 서적, 잡지 및 기타 인쇄물출판업
- 자동차 임대업(「여객자동차 운수사업법」 제31조 제1항에 따른 자동차대여사업자로서 같은 법 제28조에 따라 등록한 자동차 중 100분의 50 이상을 「환경친화적 자동차의 개발 및 보급 촉진에 관한 법률」 제2조 제3호에 따른 전기자동차 또는 같은 조 제6호에 따른 수소전기자동차로 보유한 경우로 한정한다)

상기 감면대상업종 중 색 글씨의 업종은 법에서 열거한 지식기반산업으로 낮은 감면율을 적용한다. 감면대상업종을 영위하는 경우 분류에 따른 감면율은 아래와 같다.

규 모	소재지	감면업종	감면율	통관대리 및 관련서비스업
소기업	수도권 내	도소매, 의료업 외	20%	10%
		도소매, 의료업	10%	–
	수도권 밖	도소매, 의료업 외	30%	15%
		도소매, 의료업	10%	–
중기업	수도권 내	지식기반산업	10%	
	수도권 밖	도소매, 의료업 외	15%	7.5%
		도소매, 의료업	5%	–

이때 감면금액은 아래의 식에 따라 계산하며, 감면금액에는 한도가 있다.

[감면세액]

$$감면세액 = 산출세액 \times \frac{감면소득}{과세표준} \times 감면율$$

[감면한도]
- 상시근로자 수가 직전 과세연도의 상시근로자 수보다 감소한 경우:
  1억 원 – (감소한 상시근로자 수 × 5백만 원)
- 그 밖의 경우: 1억 원

(7) [조세특례제한법] 연구인력개발비 세액공제

1) 한마디 정의

사업자가 지출한 법정 연구비나 인력개발비 금액에 대해 기업의 규모와 비용의 종류, 기업의 계산 방법 선택에 따라 일정한 비율의 금액을 법인세나 소득세에서 공제하여 준다.

2) 읽어보기

조세특례제한세법에서 장려하는 법인의 사업활동 중 투자와 고용을 제외하고 가장 중요한 항목이 연구개발이다. 연구개발은 필수적으로 현금이 소요되는데, 대표적으로 연구소에서 연구활동을 수행하는 연구원의 인건비와 연구과정에서 소요되는 시약과 같은 재료비 지출액이 큰 편이다. 법인세법에서는 회사가 수행하는 연구개발을 장려하기 위해 회사가 지출한 연구개발비의 일정 비율을 회사의 규모와 연구활동의 종류에 따라 정하여 공제하여 준다. 2017년도 국세통계 중 세액공제의 비중을 살펴보면 연구인력개발비 세액공제의 중요성을 느낄 수 있다. 2016년도에 총 23,756개 법인이 신청하였고 1조 785억 원이 신고되어 전체 세액공제 신고금액 중 약 76%를 차지한다. 즉, 실제 법인의 세액공제에서 차지하는 비중이 매우 큰 가장 중요한 항목이므로 자세히 공부하여 해당 항목이 있는 경우 공제를 받도록 검토하여야 할 것이다.

3) 주요 내용

연구인력개발비를 세액공제의 대상으로 지정하려면 어떤 비용을 세액공제의 대상으로 할지, 연구개발의 분야를 모든 분야로 할지 아니면 특정 분야만을 대상으로 할지 등을 결정하여야 한다. 먼저 세법에서는 연구개발의 분야 중 '신성장동력·원천기술'을 지정하여 더 높은 공제효과를 거두도록 공제율을 높게 설정하고, 그 외의 연구인력개발비에 대해서는 공통적으로 적용할 수 있는 공제율을 정하였다. 따라서 회사가 지출한 연구개발비가 세법에서 정하는 '신성장동력·원천기술' 분야에 해당하는지 살펴보아야 한다.

다음으로 세법에서는 '신성장동력·원천기술' 분야의 연구개발비는 연구소에서 직접 지출하는 인건비와 견본품, 부품, 원재료와 시약류 구입비를 공제대상으로 하고, 위탁공동연구비도 포함하도록 하고 있다. 그리고 그 외의 연구인력개발비는 자체연구개발비와 위탁공동연구개발비로 나누어 공제대상 비용의 종류를 구분하고 있다.

항 목	내 용
공제대상 기술 분야	신성장동력·원천기술연구개발비, 일반연구개발비의 구분
공제대상 비용 종류	공제대상 비용을 구분하여 세액공제금액 계산
세액공제액 계산	공제대상기술과 비용의 종류에 따라 계산식을 적용
주요 유권해석	세액공제는 과세관청의 해석이 빈번히 바뀌므로 검토 필요

① 공제대상 기술 분야

세액공제대상 연구인력개발비는 두 가지로 분류하고 있다. 회사에서 발생하는 일반적인 연구개발비는 당연히 그 대상으로 하고, 특별히 연구개발을 장려하고자 하는 분야에 대해서는 더 높은 세액공제율을 적용하여 주도록 한 것이다. 이때 특별히 장려하고자 정한 분야는 '신성장동력·원천기술' 분야로 명명하고 정부의 정책에 맞추어 세법의 개정으로 그 범위를 조정하고 있다. 현행 신성장동력·원천기술 분야는 아래와 같다.

신성장동력·원천기술의 종류(조세특례제한법 시행령 별표7)	
분 야	분 야
1. 미래형자동차	8. 에너지신산업·환경
가. 자율 주행차	가. ESS
나. 전기 구동차	나. 신재생에너지
2. 지능정보	다. 에너지효율향상
가. 인공지능	라. 온실가스저감 및 탄소자원화
나. IoT(사물인터넷)	마. 원자력
다. 클라우드(Cloud)	바. 재활용
라. 빅데이터(Big Data)	9. 융복합소재
마. 착용형스마트기기	가. 고기능섬유

분 야	분 야
바. IT 융합	나. 초경량 금속
사. 블록체인	다. 하이퍼 플라스틱
아. 양자컴퓨터	라. 타이타늄
3. 차세대 SW 및 보안	마. 구리합금
가. 기반 SW	바. 몰리브덴
나. 융합보안	사. 특수강
4. 콘텐츠	아. 기능성 탄성·접착소재
가. 실감형 콘텐츠	10. 로봇
나. 문화콘텐츠	가. 첨단제조 및 산업로봇
5. 차세대전자정보 디바이스	나. 안전로봇
가. 지능형 반도체·센서	다. 의료 및 생활 로봇
나. 반도체 등 소재	라. 로봇공통
다. OLED	11. 항공·우주
라. 3D프린팅	가. 무인이동체
마. AR디바이스	나. 우주
6. 차세대 방송통신	12. 첨단소재·부품·장비
가. 5G(5세대)이동통신	가. 첨단소재
나. UHD	나. 첨단부품
7. 바이오·헬스	다. 첨단장비
가. 바이오·화합물의약	
나. 의료기기·헬스케어	
다. 바이오 농수산·식품	
라. 바이오 화학	

상기와 같은 분야에서 발생하는 연구개발비라면 세액공제를 적용할 때 높은 세액공제율을 적용할 수 있다.

② 공제대상 비용 종류

연구개발 기술에 따라 비용의 분류가 끝나면 각 비용의 분류에 따라 공제대상인 비용의 종류를 알아야 한다.

항 목	내 용
신성장동력·원천기술연구개발비	1. 자체 연구개발의 경우: 다음 각 목의 비용 　가. 기획재정부령으로 정하는 연구소 또는 전담부서에서 별표7에 따른 신성장동력·원천기술 분야별 대상기술의 연구개발업무 (이하 이 조에서 "신성장동력·원천기술연구개발업무"라 한다)에 종사하는 연구원 및 이들의 연구개발업무를 직접적으로 지원하는 사람에 대한 인건비. 다만, 기획재정부령으로 정하는 사람에 대한 인건비는 제외한다. 　나. 신성장동력·원천기술연구개발업무를 위하여 사용하는 견본품, 부품, 원재료와 시약류 구입비 2. 위탁 및 공동연구개발의 경우: 기획재정부령으로 정하는 기관에 신성장동력·원천기술연구개발업무를 위탁(재위탁을 포함한다)함에 따른 비용(전사적 기업자원 관리설비 등 시스템 개발을 위한 위탁 비용은 제외한다) 및 이들 기관과의 공동연구개발을 수행함에 따른 비용

항 목	연구개발비	인력개발비
일반연구인력개발비 [별표6]	자체연구개발비	위탁훈련비
	위탁공동연구개발비	직업능력개발훈련비
		생산성향상을 위한 인력개발비
		중소기업 인력개발비
		사내기술대학 및 사내대학 운영비

③ 세액공제액 계산

연구인력개발비 세액공제액은 지출한 비용의 기술 종류에 따라 공제액
의 계산식이 달라진다.

기술분야	계산방식	공제액
신성장 등	당기분 방식	당해 발생 연구인력개발비 × (㉮ + ㉯) ㉮ 중소기업 30%, 코스닥상장중견기업 25%, 기타 20% ㉯ 신성장 등 비용/매출액 × 3 단, 한도 10%(코스닥상장 중견기업 15%)
일반	전기분 초과방식	(당해연도 연구개발비 – 직전 연구개발비) × 회사별 비율 [회사별 비율] 중소기업 50%, 중견기업 40%, 일반 25%
	당기분 방식	당해연도 연구개발비 × 회사별 비율 [회사별 비율] 중소기업 25%, 중견기업 8%, 중소기업 유예기간 3년 내 15%, 유예기간 3년 후 2년간 10%, 일반 MIN [일반연구개발비/당해 매출액 × 2분의 1, 2%]

④ 주요 유권해석

항 목	내 용
기본통칙 10 - 0···1	회계에서 자산계정으로 처리한 연구인력개발비도 세액공제 가능
기본통칙 10 - 9···1	② 규칙 제7조 제8항 제1호의 규정에 의한 위탁훈련비에는 국외 훈련에 따르는 체류경비는 포함되지 아니한다. ③ 규칙 제7조 제8항의 규정에 의한 위탁훈련비에는 경리 · 인사 · 총무 등 관리부문에 종사하는 종업원에 대한 자체 · 위탁 교육비 등은 포함되지 아니한다.
집행기준 10 - 0 - 2	① 연구개발출연금 등을 지급받아 연구개발비로 지출하는 금액은 연구 · 인력개발비 세액공제를 적용받을 수 없다. ② 국가, 지방자치 단체, 「공공기관의 운영에 관한 법률」에 따른 공공기관 및 「지방공기업법」에 따른 지방공기업으로부터 연구개발 등을 목적으로 출연금 등의 자산을 받아 연구개발비로 지출하는 금액은 연구 · 인력개발비 세액공제를 적용받을 수 없다.

(8) [조세특례제한법] 전자신고 세액공제

1) 한마디 정의

납세자가 직접 전자신고의 방식으로 법인세, 소득세, 부가가치세를 신고하는 경우 납부세액에서 연간 2만 원을 공제하여 준다.

2) 읽어보기

이제는 세금의 신고가 전자신고의 방식으로 정착이 되었지만 온라인과 전산이 일상화되기 전에는 법정서식을 작성하여 세무서에 제출하는 형태로 세법에 따른 신고를 수행하여왔다. 이에 따라 납세의무자와 과세관청의 행정업무가 크게 가중되었기 때문에 이를 전자적 방식으로 신고하도록 시스템을 개발하였고 납세의무자로 하여금 가급적 전자신고를 하도록 유도하여 왔다. 하지만 납세의무자의 입장에서는 전자신고를 위해 신고서를 전자적인 형태로 변환하여야 하고 이를 위해 하드웨어 장비를 도입하고 전문 소프트웨어를 배워야 하는 부담이 생기게 된다. 따라서 세법에서는 납세의무자로 하여금 전자신고를 할 유인을 제공하고자 전자신고 세액공제를 도입하였다. 이때 전자신고란 홈택스와 같은 국세정보통신망에서 신고서를 제출하는 것을 말하며, 납세의무자의 홈택스 아이디를 통해 직접 신고해야 공제 대상이 된다. 만약에 세무대리인의 아이디를 통해 납세의무자의 법인세를 신고하는 경우 전자신고 세액공제의 적용대상에 해당하지 않는다.

3) 세무조정

법인세 신고 시에 전자신고 세액공제를 적용하기 위한 별도의 서식을 작성하지는 않는다. 단지, 세액공제신청서를 작성하면 되는데 '세액공제신청서의 작성(조세특례제한법)'을 참고하도록 하자.

(9) 최저한세

1) 한마디 정의

정책목적상 조세특례제도를 이용하여 세금을 감면하여 주는 경우에도 소득이 있으면 누구나 최소한의 세금을 내도록 하기 위한 제도이다.

2) 읽어보기

국세의 각 세목에서 규정한 세액공제와 감면제도를 하나로 모아 만든 세목이 조세특례제한법이다. 따라서 조세특례제한법에는 정책적인 목적으로 도입된 세액공제 감면제도가 모여 있는데 각기 취지에 따라 공제를 해주다보면 어떤 법인은 다른 법인에 비해 과도하게 조세혜택을 보는 경우가 생길 수 있다. 아무리 정책의 목적이라 할지라도 기본적인 소득에 대한 과세 형평성을 해친다면 납세의무자 간에 갈등이 발생하거나 특정 사업에 대한 상대적인 불이익을 줄 가능성이 있다. 따라서 조세특례를 적용하여도 소득의 일정 비율에 대해서는 세금을 내도록 제한할 필요성이 생기게 되었고, 이를 위해 도입된 제도가 최저한세 제도이다.

3) 주요 내용

[최저한세]

[1] 각종 감면 후의 세액
- 최저한세가 적용되는 조특법에 따른 준비금·특별 감가상각비, 소득공제·익금불산입·비과세 금액, 세액공제, 법인세 면제 및 감면 → 적용 후의 세액

[2] 각종 감면 전의 과세표준 × 최저한세율
- 조세특례제한법에 의한 준비금·특별 감가상각비, 소득공제·익금불산입·비과세 금액 → 전의 과세표준 × 최저한세율

→ 중 큰 금액

+

[3] 최저한세 계산 후의 금액에 추가하여 납부하여야 하는 금액
- 가산세
- 이자상당가산액
- 감면세액의 추징세액

−

[4] 최저한세 계산 후에 공제하는 금액
- 외국납부세액
- 재해손실세액
- 기타 최저한세가 적용되지 않는 세액공제·세액면제 및 감면

[최저한세 적용세율]

구 분	과세표준	'11~'12년	'13년	'14년~
중소기업	유예기간 4년 포함	7%	7%	7%
일반기업	유예기간 이후 1~3년 차	8%	8%	8%
	유예기간 이후 4~5년 차	9%	9%	9%
	100억 원 이하	10%	10%	10%
	1천억 원 이하	11%	12%	12%
	1천억 원 초과	14%	16%	17%

7. 최종 신고하기

(1) 기납부세액

1) 한마디 정의

세법에서 정한 법인세 과세표준의 신고와 납부의무는 각 사업연도 중한 번이지만 행정편의나 세수확보의 이유로 법인세 신고 전에 미리 납부하게 하는 제도이다.

2) 읽어보기

법인세법에 따르면 법인의 과세표준 신고는 각 사업연도 종료일이 속한 달의 말일부터 3개월 이내에 한 번 신고하면 된다. 일반적인 법인은 사업연도를 1년의 기간으로 정하고 있으므로 원칙적으로 1년에 한 번 법인세를 납부하게 된다. 하지만 정부의 지출은 연중 연속적으로 발생하므로 세액을 1년에 한 번보다는 여러 번 나누어 받을 수 있다면 재정을 좀더 효율적으로 사용할 수 있게 될 것이다. 따라서 법인세법에서는 사업연도 중 앞선 6개월의 소득금액에 대해 미리 부과하는 '중간예납'제도와 이자와 특정 배당소득에 대해 소득을 법인에게 지급하는 자가 소득의 일부를 미리 떼어 월 1회 납부하도록 하는 '원천징수'제도를 운영하고 있다. 이들 모두 법인의 각 사업연도소득에 대한 법인세를 미리 납부하는 제도로 실제 법인세 과세표준 신고 시에는 사업연도의 기간 중에 미리 납부한 중간예납금액과 원천징수금액을 차감하여 납부한다. 이렇게 미리 납부한 세금을 기납부세액이라고 부른다.

항 목	내 용
중간예납	사업연도 개시일부터 6개월간의 소득에 대한 법인세를 미리 납부하는 제도로서 납부한 해당 금액을 기납부세액으로 공제함.
원천징수	법인에게 이자와 특정 배당소득을 지급하는 자가 소득의 일부를 떼어 지급하고 미리 납부하는 제도로서 소득을 받은 자가 지급받지 못한 금액을 기납부세액으로 공제함.

위의 기납부제도는 법인의 소득에 대한 법인세를 미리 납부하는 것으로 과세대상 소득의 종류와 납부(징수)의무자, 납부기간이나 방식이 모두 다르다. 그리고 위의 절차를 행하지 않았을 경우 가산세의 의무가 부과되는데, 가산세의 계산식도 서로 다르다. 상기의 내용에 대해서는 항목별로 나누어 자세히 알아보도록 하자.

3) 중간예납

① 납세의무

내국법인(학교법인, 산학협력단, 국립대학법인 서울대학교와 국립대학법인 인천대학교, 사립학교를 경영하는 학교법인과 중소기업으로서 직전 사업연도의 산출세액을 기준으로 하는 방법에 따라 계산한 금액이 50만 원 미만인 내국법인은 제외한다)으로서 각 사업연도의 기간이 6개월을 초과하는 법인은 해당 사업연도 개시일부터 6개월간을 중간예납기간으로 하여 그 기간의 소득에 대한 법인세를 미리 납부한다.

[제목]

직전 사업연도에 중소기업으로서 결손인 경우, 당해 사업연도의 중간예납세액 납부의무가 면제되는지 여부

[요지]

내국법인이 2018.12.24. 신설된 「법인세법」 제63조 제1항 제2호에 따라 직전 사업연도의 중소기업으로서 같은 법 제63조의2 제1항 제1호의 계산식에 따라 계산한 금액이 가산세를 포함하여 30만 원 미만인 경우에는 당해 사업연도의 중간예납세액 납부의무가 면제됨.

[답변내용]

내국법인이 직전 사업연도에 중소기업으로서 직전 사업연도에 결손 등이 발생한 경우를 포함하여 「법인세법」 제63조의2 제1항 제1호의 계산식에 따라 계산된 법인세로서 확정된 산출세액(가산세를 포함하며 「법인세법」 제55조의2에 따른 토지 등 양도소득에 대한 법인세액 및 「조세특례제한법」 제100조의32에 따른 투자·상생협력 촉진을 위한 과세특례를 적용하여 계산한 법인세액은 제외)이 30만 원 미만인 경우에는 「법인세법」 제63조 제1항 제2호에 따라 당해 사업연도의 법인세 중간예납세액을 납부할 의무가 없는 것임.

② 중간예납 계산 방식의 선택

중간예납세액을 계산하는 방식은 둘 중의 방식 하나를 선택하여 적용한다.

항 목	내 용
직전 연도분 방식	직전 연도의 산출세액에서 일부 금액을 차감한 나머지의 6개월치 납부
가결산 방식	6개월의 중간예납기간을 1사업연도로 보아 세액을 계산하여 납부

회사가 중간예납의 계산방식을 결정할 수 있는 경우 법인세를 최소화하기 위한 방법을 선택할 필요가 있다. 아래에 직전 연도분 방식을 선택할 수 없는 법인이 아니라면 가결산 방식과 직전 연도분 방식 중 세액의

유출이 적은 방식을 이용할 수 있다. 하지만 외부 세무대리인에게 위탁하는 경우에는 추가적인 용역비도 함께 고려하여야 한다. 만약에 법인이 별도로 선택하지 않는 경우 직전 연도분 방식을 적용하는 것이 원칙이다. 직전 연도분 방식이란 직전 사업연도의 산출세액에서 몇 가지 항목을 가감한 잔액을 기준으로 6개월치의 법인세액을 계산하여 납부하는 방식을 말한다. 직전 연도분 방식의 계산식은 아래와 같다.

보론 ∷ 직전 연도분 방식의 계산식

[직전 사업연도의 산출세액(토지등 양도소득에 대한 법인세, 미환류소득에 대한 법인세 및 투자·상생협력 촉진을 위한 과세특례를 적용하여 계산한 법인세는 제외) + 가산세 − 직전 사업연도에 감면된 법인세액(소득에서 공제되는 금액은 제외) − 직전 사업연도에 법인세로서 납부한 원천징수세액 − 직전 사업연도에 법인세로서 납부한 수시부과세액] × 6 ÷ 직전 사업연도의 월수

(*) 상기 "감면된 법인세액"에는 다음 각 호의 감면세액을 포함하는 것으로 한다.
   1. 외국납부세액 공제액
   2. 세법 이외의 법률의 규정에 의한 감면세액

만약 해당 법인이 가결산의 방식을 선택하여 적용하거나, 직전 사업연도의 법인세로서 확정된 산출세액이 없는 등의 경우, 분할신설법인 및 분할합병의 상대방 법인의 분할 후 최초의 사업연도의 경우에는 중간예납세액을 가결산의 방식으로 계산하여 납부하여야 한다. 이때 법인세 산출세액은 있으나 중간예납세액·원천징수세액 및 수시부과세액이 산출세액을 초과함으로써 납부한 세액이 없는 경우에는 직전 사업연도의 법인세액이 없는 경우로 보지 않고 직전 연도분 방식으로 할 수 있다.

③ 납부절차

그 중간예납기간이 지난 날부터 2개월 이내에 납세지 관할 세무서, 한국은행(그 대리점을 포함한다) 또는 체신관서(이하 "납세지 관할 세무서 등"이라 한다)에 납부하여야 하는데, 세액계산방식에 따라 납부하는 서식의 종류가 달라진다.

항 목	내 용
직전 연도분 방식	법인세 중간예납신고납부계산서를 납세지 관할 세무서장에게 제출
가결산 방식	법인세 중간예납신고납부계산서에 법 제60조 제2항 각 호의 서류(이익잉여금처분계산서 또는 결손금처리계산서는 제외한다)를 첨부

중간예납의 기간이 법인세 과세표준 신고기간과 다른 점은 월 말부터 2개월 이내가 아닌 중간예납기간이 지난 날을 시점으로 계산한다는 점이다. 따라서 월 말이 결산일이 아닌 법인의 경우 중간예납의 기간도 월 말이 아닌 시점으로 끝나게 된다는 점에 유의하여야 한다.

④ 서식 작성

■ 법인세법 시행규칙【별지 제58호 서식】< 개정 2021.10.28 > <어려운 법령용어 정비를 위한 개별소비세법 시행규칙>

법인세 중간예납 신고납부계산서

(앞 쪽)

※ 뒤쪽의 작성방법을 읽고 작성하시기 바랍니다.

① 사업자등록번호	106-81-12345				② 법인등록번호	111111-222222		
③ 법 인 명	(주)에스에이치랩				④ 전화번호	02-000-0000		
⑤ 대표자성명	이현준							

⑥ 법 인 구 분	① 내국 2. 외국 3. 외투		⑦ 종류별 구분	중소기업	일반기업			당기순이익 과세
					중견기업	상호출자 제한기업	그외기업	
			영리법인	30	③	83	93	
			비영리법인	60	74	84	94	50

⑧ 소 재 지	서울 강남구 논현동 1-1 (1st Avenue)		
⑨ 업 태		⑩ 종 목		⑪주업종코드	
⑫ 사 업 연 도	2023.01.01~2023.12.31	⑬직전사업연도월수	12	⑭예납기간	2023.01.01~2023.06.30
⑮ 수 입 금 액		⑯신고일	2023.08.31		
⑰신고납부 구분	① 정기신고		2. 기한후신고		

신고및납부세액의계산

구분				법인세
① 직전사업연도 산출세액 기준 (「법인세법」 제63조의2 제1항제1호)	직전 사업연도 법인세	⑩산 출 세 액	01	
		⑩공 제 감 면 세 액	02	
		⑩가 산 세 액	03	
		⑩확정세액 (⑩+ ⑩- ⑩)	04	
		⑩수 시 부 과 세 액	05	
		⑩원 천 납 부 세 액	06	
		⑩차감세액 (⑩- ⑩- ⑩)	07	
	⑩중간예납세액[⑩× ───── 6 ───── 직전사업연도월수]		09	
	⑩고용 창출 투자세액 공제액		11	
	⑩차감중간예납세액 (⑩- ⑩)		12	
	(미납세액, 미납일수, 세율) ⑪가 산 세 액		13	(. . 3 /10,000)
	⑪납 부 할 세 액 계 (⑩+ ⑪)		14	
	⑪분 납 세 액		15	
	⑪납 부 세 액 (⑪- ⑪)		16	
② 해당 중간예납기간 법인세액 기준 (「법인세법」 제63조의2 제1항제2호)	⑮과 세 표 준		31	
	⑯세 율		32	
	⑰산 출 세 액		33	
	⑱공 제 감 면 세 액		34	
	⑲가 산 세 액		42	
	⑩수 시 부 과 세 액		35	
	⑩원 천 납 부 세 액		36	
	⑩중간예납세액 (⑰- ⑱+ ⑲- ⑳- ⑳)		37	
	⑩납부할세액계 (⑩)		39	
	⑩사실과 다른 회계처리 경정세액		43	
	⑮분 납 세 액		40	
	⑩납 부 세 액 (⑩- ⑩- ⑩)		41	

		대표자	(주)에스에이치랩 이현준	
강남 세 무 서 장 귀하				(서명 또는 인)

첨부서류	1. 재무상태표, 2. (포괄) 손익계산서, 3. 세무조정계산서, 4. 「법인세법 시행령」 제97조제5항에 따른 서류 (전자신고의 경우에는 1. 표준재무상태표, 2. 표준손익계산서, 3. 세무조정계산서, 4. 「법인세법 시행령」 제97조제5항에 따른 서류)

210mm×297mm[백상지 80g/㎡ 또는 중질지 80g/㎡]

⑤ 가산세

중간예납세액을 납부하지 않은 경우 국세기본법에 따른 납부지연가산세를 적용한다. 중간예납의 경우 별도의 신고제도는 정하고 있지 않으므로 신고불성실가산세는 부과하지 않는다.

4) 원천징수

① 납세의무

원천징수는 거주자나 법인에게 소득을 지급하는 자가 지급하는 소득의 일부를 떼어 대신 과세관청에 신고·납부하는 것을 말한다. 이때 소득을 지급하는 자는 원천징수의무자가 되고 소득을 지급받는 자는 원천납세의무자로 표현한다. 원천징수와 관련하여 아래의 항목에 대한 이해가 필요하다.

항 목	내 용
원천징수 대상 소득	원천징수 대상에 따라 원천징수하는 소득의 종류가 달라짐.
원천징수 시기	소득을 지급하는 때에 원천징수, 다음달 10일까지 신고·납부
원천징수 금액	소득의 종류에 따라 원천징수세율이 달라짐.
분리과세	원천징수만으로 납세의무가 종료되는 과세 형태
가산세	원천징수 등 납부지연가산세의 계산

② 원천징수 대상 소득과 원천징수 시기

소득을 지급하는 자는 항상 원천징수의무에 대한 검토가 필요하다. 먼저 원천징수는 해당 소득을 지급받는 자의 종류에 따라 적용 세목이 달라진다.

소득자	세목	원천징수 대상 소득
거주자(개인)	소득세	이자, 배당, 연금, 근로, 기타, 퇴직(사업, 양도 제외)
법인	법인세	이자, 투자신탁의 이익

예를 들어 법인은 회사의 근로자에게 근로소득을 지급하거나 계열사로부터 자금 차입에 따라 이자를 지급할 때에는 각자 소득세법과 법인세법에 따라 원천징수를 하여야 한다. 이때 지급받는 자에 따라 세목을 결정하고 해당 세법에 규정된 방식으로 원천징수하는 것이다. 이때 소득세법에 규정된 6가지 종합소득과 퇴직, 양도소득은 대부분의 사업소득과 양도소득을 제외하고 전부 원천징수 대상이다. 하지만 법인세법에 규정된 원천징수 대상은 이자소득과 투자신탁의 이익으로 제한되어 있는데 법인은 직접 소득을 확정하여 신고·납부할 인적·물적자원이 충분하기 때문에 굳이 원천징수의 복잡한 절차를 두지 않은 것이다.

이러한 소득을 지급하는 자는 원천징수는 소득을 지급할 때 수행하며, 원천징수한 금액은 다음달 10일까지 원천징수이행상황신고서를 작성하여 신고·납부한다.

[판단하기: 투자신탁의 이익]

아래의 규정을 모두 만족하는 집합투자기구로부터의 이익 중 자본시장법에 따른 투자신탁의 이익
1. 자본시장법에 따른 집합투자기구일 것
2. 해당 집합투자기구의 설정일부터 매년 1회 이상 결산·분배할 것. 다만, 다음 각 목의 어느 하나에 해당하는 이익금은 분배를 유보할 수 있으며, 이익금이 0보다 적은 경우에도 분배를 유보할 수 있다(같은 법 제9조 제22항에 따른 집합투자규약에서 정하는 경우에 한정한다).
   가. 자본시장법 제234조에 따른 상장지수집합투자기구가 지수 구성종목을 교체하거나 파생상품에 투자함에 따라 계산되는 이익
   나. 자본시장법 제238조에 따라 평가한 집합투자재산의 평가이익
   다. 자본시장법 제240조 제1항의 회계처리기준에 따른 집합투자재산의 매매이익
3. 금전으로 위탁받아 금전으로 환급할 것(금전 외의 자산으로 위탁받아 환급하는 경우로서 해당 위탁가액과 환급가액이 모두 금전으로 표시된 것을 포함한다)

이때 집합투자기구로부터의 이익은 자본시장법에 따른 각종 보수·수수료 등을 뺀 금액으로 한다.

③ 원천징수 금액

원천징수의 금액은 지급하는 소득금액에 비례하도록 소득금액에 원천
징수율을 곱하여 계산한다. 따라서 지급하는 소득금액에 따라 아래의 원
천징수율을 적용하여 계산하여야 한다.

소득자	소득	원천징수 세율
거주자 (개인)	이자, 배당	14%
	비영업대금의 이익, 출자공동사업자 배당	25%
	사적 연금	나이에 따른 차등세율
	근로, 퇴직, 공적연금	간이세액표에 기재된 금액
	기타	20%(15%, 30% 소득 존재)
	원천징수 대상 사업소득	3%
법인	비영업대금의 이익	25%
	기타 이자수익	14%
	투자신탁의 이익	14%

실제로 위의 방법에 따라 원천징수를 수행할 때에는 지방소득세법에
따른 특별징수도 고려하여야 한다. 특별징수는 원천징수 금액의 10%를
곱하여 수행한다.

[판단하기: 지방세법의 특별징수의무]

지방세법 제103조의29 【특별징수의무】
① 「법인세법」 제73조 및 제73조의2에 따른 원천징수의무자가 내국법인으로부
터 법인세를 원천징수하는 경우에는 원천징수하는 법인세의 100분의 10에 해
당하는 금액을 법인지방소득세로 특별징수하여야 한다.

지방세법 제103조의13 【특별징수의무】
① 「소득세법」 또는 「조세특례제한법」에 따른 원천징수의무자가 거주자로부터
소득세를 원천징수하는 경우에는 대통령령으로 정하는 바에 따라 원천징수하

는 소득세의 100분의 10에 해당하는 금액을 소득세 원천징수와 동시에 개인지
방소득세로 특별징수하여야 한다.

④ 분리과세

원천징수는 소득자의 세금을 미리 거두는 의미와 함께 소득자의 납세
의무를 간결하게 종료할 수 있는 기능도 가지고 있다. 예를 들어 이자나
배당소득이 발생한 거주자는 해당 소득 중 원천징수의 금액을 차감한 잔
액만을 지급받는다. 이때 소득자는 이자와 배당소득이 포함된 종합소득
세의 납세의무가 생기는데 실제 납부금액을 계산하기 위해 다른 종합소
득을 합산하고 종합소득세를 계산하게 되어 누진세율의 부담이 생기는
한편 세법에 대한 깊은 이해도 필요하게 된다. 따라서 세법에서는 납세의
무자의 납세협력비용 증가를 완화하기 위해 소득의 종류별로 일정금액
이하의 소득에 대해 선택에 따라 원천징수로서 납세의무를 종료하고 종
합소득에 합산하지 않도록 하고 있다. 이를 분리과세라고 한다. 이러한
분리과세는 법인보다 개인에 대한 과세에서 중요한 내용으로 자세한 사
항은 소득세법의 학습을 통해 습득하도록 하자.

⑤ 가산세

원천징수의무자가 원천징수를 수행하지 않거나 모자라는 금액을 징수
한 경우에 원천징수 등 납부지연가산세를 부과한다. 납부금액을 기준으
로 적게 납부하거나 납부를 하지 않은 경우에 해당 금액의 3%와 함께 미
납기간의 일수마다 0.022%의 세액을 추가로 부과한다. 이렇게 가산세의
계산식이 두 금액의 합계로 만들어진 이유는 별도의 신고불성실가산세를
부과하지 않는 대신 3%의 고정률을 적용하고, 추가적으로 미납기간에 비
례하도록 하여 성실한 의무의 이행을 도모하고자 한 것이다.

[판단하기: 원천징수납부 등 불성실가산세]

국세기본법 제47조의5 【원천징수납부 등 불성실가산세】
① 국세를 징수하여 납부할 의무를 지는 자가 징수하여야 할 세액을 법정납부기한까지 납부하지 아니하거나 과소납부한 경우에는 납부하지 아니한 세액 또는 과소납부분 세액의 100분의 50(제1호의 금액과 제2호 중 법정납부기한의 다음 날부터 납부고지일까지의 기간에 해당하는 금액을 합한 금액은 100분의 10)에 상당하는 금액을 한도로 하여 다음 각 호의 금액을 합한 금액을 가산세로 한다.
1. 납부하지 아니한 세액 또는 과소납부분 세액의 100분의 3에 상당하는 금액
2. 납부하지 아니한 세액 또는 과소납부분 세액 × 법정납부기한의 다음 날부터 납부일까지의 기간(납부고지일부터 납부고지서에 따른 납부기한까지의 기간은 제외한다) × 금융회사 등이 연체대출금에 대하여 적용하는 이자율 등을 고려하여 대통령령으로 정하는 이자율(10만분의 25)

(2) 법인세 신고

1) 법인세 신고기한

법인세는 각 사업연도 종료일이 속한 달의 말일부터 3개월 이내에 신고하여야 한다. 대부분의 법인이 12월 31일을 종료일로 하는 사업연도를 가지므로 보통 3월 말까지 법인세 신고를 하게 된다. 그런데 사업연도 기간을 법인이 자유롭게 정할 수 있으므로 법인세의 신고기한도 그에 맞추어 결정된다는 것을 기억하자.

한편, 법인세법과 국세기본법에서 정한 아래 사유에 해당하는 경우 법인세의 신고를 연장할 수 있다.

세 목	사 유
법인세법	「주식회사 등의 외부감사에 관한 법률」에 따라 감사인에 의한 감사를 받아야 하는 내국법인이 해당 사업연도의 감사가 종결되지 아니하여 결산이 확정되지 아니하였다는 사유로 신고기한의 연장을 신청한 경우에는 그 신고기한을 1개월의 범위에서 연장할 수 있다.
국세기본법	아래의 사유로 이 법 또는 세법에서 규정하는 신고, 신청, 청구, 그 밖에 서류의 제출, 통지, 납부를 정해진 기한까지 할 수 없다고 인정하는 경우나 납세자가 기한 연장을 신청한 경우에는 관할 세무서장은 그 기한을 연장할 수 있다. 1. 납세자가 화재, 전화(戰禍), 그 밖의 재해를 입거나 도난을 당한 경우 2. 납세자 또는 그 동거가족이 질병이나 중상해로 6개월 이상의 치료가 필요하거나 사망하여 상중(喪中)인 경우 3. 납세자가 그 사업에서 심각한 손해를 입거나, 그 사업이 중대한 위기에 처한 경우(납부의 경우만 해당한다) 4. 정전, 프로그램의 오류, 그 밖의 부득이한 사유로 한국은행(그 대리점을 포함한다) 및 체신관서의 정보통신망의 정상적인 가동이 불가능한 경우 5. 금융회사 등(한국은행 국고대리점 및 국고수납대리점인 금융회사 등만 해당한다) 또는 체신관서의 휴무, 그 밖의 부득이한 사유로 정상적인 세금납부가 곤란하다고 국세청장이 인정하는 경우 6. 권한 있는 기관에 장부나 서류가 압수 또는 영치된 경우 7. 납세자의 형편, 경제적 사정 등을 고려하여 기한의 연장이 필요하다고 인정되는 경우로서 국세청장이 정하는 기준에 해당하는 경우(납부의 경우만 해당한다) 8. 「세무사법」 제2조 제3호에 따라 납세자의 장부 작성을 대행하는 세무사(같은 법 제16조의4에 따라 등록한 세무법인을 포함한다) 또는 같은 법 제20조의2에 따른 공인회계사(「공인회계사법」 제24조에 따라 등록한 회계법인을 포함한다)가 화재, 전화, 그 밖의 재해를 입거나 도난을 당한 경우 9. 제1호, 제2호 또는 제6호에 준하는 사유가 있는 경우

위의 사유가 발생한 경우 연장을 위해서는 별도로 관할 세무서에 신청하여야 하며, 연장승인을 얻어야 연장이 가능하다.

2) 법인세 신고절차

법인세는 신고서식을 작성하여 관할 세무서에 신고하지만, 대부분 홈택스에 전자신고의 방식으로 신고하고 있다. 전자신고는 법인세의 세액을 계산에 필요한 법정 서식을 작성한 후에 이를 전자신고 파일로 변환하고 홈택스에 등록하는 절차를 가진다. 법인세는 납세의무자인 법인이 직접 신고할 수도 있고 회계법인과 같은 세무대리인에게 맡길 수도 있다. 이때 아래와 같은 일정 규모 이상의 법인은 세무조정계산서의 작성을 외부 세무조정대리인에게 맡겨야 할 의무가 있다.

[판단하기: 외부 세무조정 대상법인]

- 직전 사업연도의 수입금액이 70억 원 이상인 법인 및 「주식회사 등의 외부감사에 관한 법률」 제4조에 따라 외부의 감사인에게 회계감사를 받아야 하는 법인
- 직전 사업연도의 수입금액이 3억 원 이상인 법인으로서 법 제29조 · 제30조 · 제45조 또는 「조세특례제한법」에 따른 조세특례(같은 법 제104조의8에 따른 조세특례는 제외한다)를 적용받는 법인
- 직전 사업연도의 수입금액이 3억 원 이상인 법인으로서 해당 사업연도 종료일 현재 법 및 「조세특례제한법」에 따른 준비금 잔액이 3억 원 이상인 법인
- 해당 사업연도 종료일부터 2년 이내에 설립된 법인으로서 해당 사업연도 수입금액이 3억 원 이상인 법인
- 직전 사업연도의 법인세 과세표준과 세액에 대하여 법 제66조 제3항 단서에 따라 결정 또는 경정받은 법인
- 해당 사업연도 종료일부터 소급하여 3년 이내에 합병 또는 분할한 합병법인, 분할법인, 분할신설법인 및 분할합병의 상대방 법인
- 국외에 사업장을 가지고 있거나 법 제57조 제5항에 따른 외국자회사를 가지고 있는 법인

(3) 법인지방소득세

세금은 여러 기준으로 분류할 수 있지만, 세금을 누가 거두어 사용하는지에 따라 국세와 지방세로 분류해볼 수 있다. 국세는 국가가 국민에게 부과하고, 지방세는 지방자치단체가 과세권자가 된다. 우리가 지금까지 배워본 법인세는 국세의 일종으로 국가가 과세권자이지만 해당 법인이 소재한 지역의 지방자치단체도 법인의 소득에 대해 지방세를 과세하고 있다. 이를 법인지방소득세라고 한다. 2014년도 이후로 법인지방소득세의 과세 방식이 개편되어 법인세와는 별도로 법인지방소득세를 각 사업연도의 종료일이 속하는 달의 말일부터 4개월 이내에 신고·납부하여야 한다.

법인지방소득세는 법인세의 계산과 크게 다르지 않지만 세율과 세액공제 등에 상당한 차이가 있으니 세액의 계산 시 주의를 기울여야 한다.

(4) 가산세

세법에 규정하는 의무의 성실한 이행을 확보할 목적으로 그 의무를 위반한 경우에 당해 세법에 따라 산출한 세액에 더하여 징수하는 금액을 말한다. 가산세가 규정된 세목별 가산세의 종류는 아래와 같다.

1) 법인세법

항목별 가산세
① 무기장 가산세 장부를 비치·기장하지 아니한 경우(토지 등 양도소득 및 미환류소득에 대한 법인세는 적용하지 않음)
산출세액의 20%와 수입금액의 0.07% 중 큰 금액

항목별 가산세

② 주주 등의 명세서 제출 불성실 가산세
  제출하지 아니하거나 누락 또는 불분명하게 제출한 경우
  (법인설립등기일로부터 2개월 이내 또는 법인설립 신고 전 사업자등록하는 때에 제출)

> 미제출·누락·불분명한 주식 등의 액면금액 또는 출자가액의 0.5%
> (경과 후 1월 이내 제출 시에는 0.25%)

③ 지출증명서류 수취 불성실 가산세
  재화 또는 용역을 공급받고 세금계산서, 계산서 또는 신용 카드매출전표, 현금영수증 등 정규영수증을 수취하지 아니한 경우

> 수취하지 아니한 금액 중 손금으로 인정되는 금액의 2%에 상당하는 금액

④ 주식 등 변동 상황 명세서 제출 불성실 가산세
  제출하지 아니하거나 변동 상황을 누락 또는 불분명하게 제출한 경우

> 미제출·누락·불분명한 주식 등의 액면금액 또는 출자가액의 1%
> (경과 후 1월 이내 제출 시에는 0.5%)

⑤ 지급명세서 제출 불성실 가산세
  소정기한 내 제출하지 아니하거나 제출된 지급명세서가 불분명한 경우

> 미제출(불분명)한 금액의 1%(경과 후 3월 이내 제출 시에는 0.5%)

⑥ 계산서 교부 불성실 가산세
  계산서 미발급 또는 적어야 할 사항을 적지 아니하거나 사실과 다르게 적은 경우(적격증빙미수취가산세와 중복배제)

> 미발급, 가공·위장수수: 공급가액의 2%(그 외 공급가액의 1%)

⑦ 전자계산서 발급명세 제출 불성실 가산세
  (지연전송) 제출기한 경과 후 전송하는 경우로서 공급시기가 속하는 사업연도 말의 다음달 11일까지 전송하는 경우

> 공급가액의 0.5%

항목별 가산세
(미전송) 제출기한 경과 후 공급시기가 속하는 사업연도 말의 다음달 11일까지 전송하지 아니한 경우
공급가액의 1%

⑧ 계산서합계표 제출 불성실 가산세
매입·매출처별 계산서 합계표 미제출 또는 적어야 할 사항을 적지 아니하거나 사실과 다르게 적은 경우

공급가액의 0.5%(경과 후 1월 이내 제출 시에는 0.25%)

⑨ 세금계산서 합계표 제출 불성실 가산세
매입처별 세금계산서합계표 미제출 또는 적어야 할 사항을 적지 아니하거나 사실과 다르게 적은 경우(면세법인)

공급가액의 0.5%(경과 후 1월 이내 제출 시에는 0.25%)

⑩ 기부금 영수증 불성실 가산세
기부금 영수증을 사실과 다르게 기재 또는 기부금액 및 기부자 인적사항 등 주요사항이 기재되지 아니하거나 발급 명세를 작성·보관하지 아니한 경우

• 다르게 기재 또는 주요사항 미기재: 해당 금액의 5% • 발급명세 미작성·미보관: 해당 금액의 0.5%

⑪ 신용카드 거래거부 등 불성실 가산세
신용카드 거래 거부 또는 매출 전표를 사실과 다르게 발급한 경우

건별 발급거부금액 또는 사실과 다르게 발급한 금액의 5% (건별 계산금액이 5천 원 미만이면 5천 원)

⑫ 현금영수증 발급 거부 등 불성실 가산세
현금영수증가맹점 미가입, 발급 거부 또는 사실과 다르게 발급한 경우

• 미가입한 경우: 사업연도 수입 금액의 1% × 미가맹기간 • 발급 거부 등: 발급거부금액 또는 사실과 다르게 발급한 금액의 5% (건별 계산금액이 5천 원 미만이면 5천 원)

항목별 가산세
⑬ 특정 외국법인의 유보소득 계산 명세서 제출 불성실 가산세 유보소득 계산명세서 미제출 또는 제출한 명세서의 전부 또는 일부를 적지 않는 등 불분명한 경우 배당가능한 유보소득금액의 0.5%
⑭ 성실신고확인서 제출 불성실 가산세 성실신고 확인대상인 내국법인이 각 사업연도의 종료일이 속하는 달의 말일부터 4개월 이내에 성실신고확인서를 납세지 관할 세무서장에게 제출하지 아니한 경우 법인세 산출세액(토지등 양도소득에 대한 법인세액 및 투자상생협력 촉진을 위한 과세특례를 적용하여 계산한 법인세액은 제외)의 100분의 5
⑮ 업무용승용차 관련비용 명세서 제출 불성실 가산세 업무용승용차 관련비용 등을 손금에 산입한 내국법인이 업무용승용차 관련비용 등에 관한 명세서를 제출하지 아니하거나 사실과 다르게 제출한 경우 명세서를 제출하지 않거나 사실과 다르게 제출한 금액의 100분의 1

2) 국세기본법

항목별 가산세
① 무신고 가산세 법정신고기한 내 신고하지 않은 때 • 부정 무신고: 무신고 납부세액의 40%(부정 국제 거래는 60%)와 수입금액의 0.14% 중 큰 금액 • 일반 무신고: 무신고 납부세액의 20%와 수입 금액의 0.07% 중 큰 금액

항목별 가산세
② 과소신고 · 초과 환급 가산세 납부할 세액을 신고하여야 할 세액보다 적게 신고하거나 환급세액을 신고하여야 할 금액보다 많이 신고한 때 • 부정행위로 인한 과소신고: 과소신고 납부세액의 40%(부정 국제거래는 60%)와 수입 금액의 0.14% 중 큰 금액 + (과소신고 납부세액 등 − 부정 과소신고 납부세액 등) × 10% • 일반과소신고: 과소신고 납부세액의 10%
③ 납부지연가산세 세액을 납부하지 않거나 미치지 못하게 납부한 때 또는 세액을 초과환급 받은 때 미납부세액 또는 초과환급세액의 0.022% × 미납(초과환급)일수
④ 원천징수 불성실 가산세 납부기한 내에 납부하지 아니하거나 부족하게 납부하는 경우 ①과 ②를 합한 금액(10% 한도) ① 미납금액 × 0.022% × 미납일수(미납부금액의 10% 한도) ② 미납부금액의 3%

가산세는 요건에 해당하는 경우 당연히 부과되지만, 부과의 원인이 되는 사유가 국세기본법 제6조 제1항에 따른 기한 연장사유에 해당하거나 납세자가 의무를 불이행한 것에 대하여 정당한 사유가 있는 경우에는 해당 가산세를 부과하지 않는다.

3) 기타 벌칙 규정

항목별 벌칙
① 해외현지법인 명세서등의 자료제출 의무불이행 등에 대한 과태료 　해외현지법인 명세서등(해외부동산등의 투자 명세 및 해외부동산등과 관련된 자료는 제외)의 자료제출 의무가 있는 법인이 해외현지법인 명세서등을 기한 내에 제출하지 아니하거나 거짓된 해외현지법인 명세서등을 제출하는 경우 그 법인에 대해서는 5천만 원 이하의 과태료를 부과
② 해외부동산등의 투자명세 등 자료제출 의무불이행 과태료 　해외부동산등의 투자명세 및 해외부동산등과 관련된 자료의 제출의무가 있는 법인이 해외부동산등의 투자명세등을 기한 내에 제출하지 아니하거나 거짓된 해외부동산등의 투자명세등을 제출하는 경우 그 법인에 대해서는 대통령령으로 정하는 해외부동산등의 취득가액, 처분가액 및 투자운용 소득의 100분의 10 이하의 과태료(1억 원을 한도)를 부과

|저|자|소|개|

■ 윤상철

2010년 한국공인회계사 시험을 합격하고 같은 해 10월 삼일회계법인에 입사하였다. 삼일회계법인에서는 재무자문과 가치평가 및 실사업무, 세무업무를 수행하였다.

현재 스타트업에서 CFO로 활동하고 있으며, 디지털을 활용한 데이터 분석에 관한 연구와 함께 관련 강의를 수행하고 있다. 삼성과 LG그룹, 현대자동차, 롯데와 같은 대기업과 스타트업, 그리고 금융감독원, 한국부동산원, 서울회생법원과 같은 공공기관을 대상으로 회계와 세무, 가치평가, 파이썬을 이용한 데이터 분석의 주제로 지식의 소통을 이어가고 있다.

■ 김동현

2010년 한국공인회계사 시험을 합격하고 같은 해 12월 삼일회계법인에 입사하였다. 삼일회계법인에서는 조세본부에서 세무업무를 수행하였다. 현재까지 법인세 신고, 합병 & 분할 등 구조조정 세제, 일반세무자문 등 국내 조세 업무를 전문분야로 하여 SK 및 CJ와 같은 대기업과 안랩, 마크로젠 등의 중견기업 등을 대상으로 다양한 업무를 수행하고 있다.

■ 주인규

2012년도 세무사 자격을 취득하고 2014년도 서울시립대학교 세무전문대학원을 졸업. 이후 삼일회계법인에 입사하였다. 법인세 신고, 이전가격 검토, 세무진단 및 조사대응 등 업무를 삼일회계법인 조세본부에서 수행하였다. 2017년도부터는 미래에셋생명 세무컨설팅팀에서 중소기업 가치평가 및 세무컨설팅 업무를 담당하였다. 현재는 세무법인 신율 청담 지점의 대표 세무사로서 세무 전문 역량을 발휘하고 있다.